Bring Flow in dein Leben

Marlies Terstegge

Bring Flow in dein Leben

Der aktive Weg zum Glück

Aus dem Niederländischen von Bärbel Jänicke

Patmos Verlag

Für Elise und Daniël

Für die Schwabenverlag AG ist Nachhaltigkeit ein wichtiger Maßstab ihres Handelns. Wir achten daher auf den Einsatz umweltschonender Ressourcen und Materialien. Dieses Buch wurde auf FSC®-zertifiziertem Papier gedruckt. FSC (Forest Stewardship Council®) ist eine nicht staatliche, gemeinnützige Organisation, die sich für eine ökologische und sozial verantwortliche Nutzung der Wälder unserer Erde einsetzt.

© der niederländischen Originalausgabe: 2011, Uitgeverij Lannoo nv. Original title: Geef flow aan je leven. Translated from the Dutch language. www.lannoo. com

© für die deutschsprachige Ausgabe: 2014 Patmos Verlag der Schwabenverlag AG, Ostfildern
www.patmos.de

Umschlaggestaltung: Finken & Bumiller, Stuttgart
Druck: C. H. Beck, Nördlingen
Hergestellt in Deutschland
ISBN 978-3-8436-0497-0 (Print)
ISBN 978-3-8436-0498-7 (eBook)

INHALT

Kapitel 5: **Glücksforschung**

Kapitel 6: **Bring Flow in dein Leben**

Kapitel 7: **Leben als Flow-Mensch**

EINLEITUNG

In diesem Buch möchte ich Sie mit einem besonderen Phänomen bekannt machen: dem *Flow*. Ich möchte Ihnen zeigen, wie eine Flow-Erfahrung aussieht, wie Sie davon profitieren und wie Sie diese Erfahrung erweitern können. Denn wenn Sie wissen, wie Flow funktioniert, können Sie mehr Flow in Ihr eigenes Leben bringen. Und wenn Sie häufiger im Flow sind, werden Sie Ihre eigenen Möglichkeiten besser ausschöpfen und sich glücklicher fühlen. Meine Erfahrungen mit dem Flow-Konzept haben mich so stark inspiriert und mir so viele neue Erkenntnisse gebracht, dass ich sie gerne mit anderen teilen möchte. Nachdem ich die Theorie zunächst in meinem persönlichen Leben angewandt habe, arbeite ich jetzt auch als Psychologin und Psychotherapeutin damit. Inzwischen haben viele meiner Klienten in ihrem Leben selbst Flow-Erfahrungen gemacht und ich konnte aus nächster Nähe miterleben, wie sie ihr Leben bereichert haben.

Nachdem ich so viele wundervolle Lebenswege begleitet habe, wage ich heute zu behaupten, dass das Flow-Konzept nicht nur theoretisch außerordentlich inspirierend ist, sondern sich in Form einer Lebenskunst oder Lebensweisheit auch praktisch sehr gut anwenden lässt.

Was besagt dieses Konzept nun genau? Kurz gefasst Folgendes: Flow ist ein Gefühl, das wir erleben, wenn wir sehr konzentriert einer Tätigkeit nachgehen, in der wir aufgehen und die wir genießen. Doch wir geraten nur dann in einen Flow, wenn dieses Tun authentisch ist und unseren eigenen Werten und Charaktereigenschaften entspricht. Im Flow-Prozess arbeiten wir auf Lebensziele hin, die auf einer höheren Ebene miteinander verbunden sind. Ein authentisches Ziel kann zu einem persönlichen Lebensthema werden, das unsere Konzentration steuert und allem, was wir tun, Sinn und Bedeutung verleiht. Auf diese Weise verbindet ein stimmiges Lebensthema unser Denken, Fühlen und Handeln miteinander und gibt unseren persönlichen Interessen und Lebensentscheidungen eine Richtung. Wer in seinem Alltag regelmäßig im Flow ist, fühlt sich glücklicher als Menschen, die diese Erfahrung selten oder nie machen.

Die Flow-Theorie, der ich mit dieser kurzen Darstellung natürlich nicht gerecht werden kann, wurde von dem ungarisch-amerikanischen Psychologen Mihaly Csikszentmihalyi im Laufe seiner mehr als vierzig Jahre währenden wissenschaftlichen Forschungstätigkeit entwickelt. Als Psychologieprofessor hat er wunderbare Bücher über Kreativität, Glück, Sinngebung und Flow im Alltag geschrieben. Seine Bücher spannen einen philosophischen Horizont und sind thematisch und konzeptionell breit gefächert.

Ich halte ihn für einen äußerst originären Forscher – einen Pionier, der sich zu seiner Zeit auf ein unbekanntes Terrain vorgewagt hat – und für einen weisen Mann, der es verstanden hat, in der gelungenen Darstellung seiner Ergebnisse disparate wissenschaftliche Bereiche miteinander zu verknüpfen.

In der Hoffnung, dass sich etwas von meinem Enthusiasmus auch auf andere überträgt und sie neugierig macht, werde ich im Folgenden des Öfteren auf sein Werk verweisen und daraus zitieren.

Weil die Ideen der Flow-Theorie stark meinem eigenen Menschenbild entsprechen, hat sich meine Arbeitsweise als Psychotherapeutin im Laufe der Jahre stark verändert. Schon seit Beginn meines Psychologiestudiums habe ich mich dafür interessiert, wie der menschliche Geist funktioniert, und besonders dafür, wie es Menschen gelingen kann, ihr geistiges Potenzial zu erkennen und zu nutzen. So wurde ich auf die Humanistische Psychologie aufmerksam, die sich eingehend mit diesem Thema befasst. Ich beschäftigte mich intensiv mit dem Konzept von Abraham Maslow und Carl Rogers, die die Psychologie des geistig gesunden Menschen und den Prozess der Selbstverwirklichung erforscht haben, und stieß auch auf Charles Tart und seine Forschung zu veränderten Bewusstseinszuständen.

Aber nach meinem Studium hatte ich es als klinische Psychologin vor allem mit der pathologischen Seite der menschlichen Entwicklung zu tun. In dieser Zeit – in den Siebzigerjahren des letzten Jahrhunderts – lagen weitaus mehr Erkenntnisse über Probleme und Störungen als über die positiven Seiten des menschlichen Lebens vor.

In den gut fünfundzwanzig Jahren, in denen ich nun als Psychotherapeutin arbeite, habe ich viele Klienten mit psychischen Problemen über eine lange Zeit begleitet. Doch der nachfolgende Prozess, in dem sie sich auf ihrem Weg in einen gutes und sinnvolles Leben weiterentwickelten, war nicht Teil meiner therapeutischen Arbeit. Dabei hegte ich gerade für diesen Bereich schon immer ein starkes Interesse. Ich wünsche mir, einen Klienten über das Stadium der »Beschwerdefreiheit« hinaus zu begleiten. Gemessen an einer Bewertungsskala der Lebensqualität möchte ich mit ihm nicht nur auf eine Steigerung von minus acht auf null hinarbeiten, sondern mit ihm auch den Weg von null zu plus acht zu gehen.

Als ich Anfang der Neunzigerjahre eines von Mihaly Csikszentmihalyis Büchern über Kreativität und Flow las, wirkte vieles darin überraschenderweise auf mich sehr vertraut. Es kam mir vor wie eine Rückkehr zur früheren Humanistischen Psychologie, die philosophische Lebensfragen thematisiert und den Geist gesunder, kreativer Menschen erforscht hatte. Die Künstler und Wissenschaftler, die er in seinen Studien beschrieb, zeigten Ähnlichkeit mit Maslows »selbstaktualisierendem Menschen«. Anders jedoch als die früheren Theorien konnten sich Csikszentmihalyis Konzepte auf groß angelegte empirische Studien stützen. Daher verstehe ich die Flow-Theorie auch nicht als völligen Neuansatz, sondern als das Resultat einer langfristigen soliden Forschung zu den angesprochenen Themen, die zuvor lediglich phänomenologisch erforscht worden waren.

Um die Jahrtausendwende etablierte sich innerhalb der Psychologie auch offiziell eine neue Richtung: die Positive Psychologie. Sie legt ihr Augenmerk vor allem auf die positiven Aspekte des menschlichen Lebens: auf Glück und Erfüllung, Flow und Sinngebung, Talente, positive Emotionen, Kreativität, Tugenden und Weisheit.

Was geht eigentlich in den Köpfen und Herzen der Menschen vor, die sich glücklich und wohl fühlen? Was können wir von ihnen lernen? Und wie können Psychologen diese Erkenntnisse für ihre Arbeit nutzen?

Ich war sehr froh über das Aufkommen der Positiven Psychologie, in der Flow ein ganz zentrales Thema darstellt. Ich vertiefte mich in die entsprechenden Schriften – die ich mit dem Gefühl las, endlich eine Heimat gefunden zu haben – und entwickelte eine Methode, meinen Klienten den Flow näherzubringen.

Vor sechs Jahren gründete ich die »Praxis für Flow & Inspiration« und konnte von nun an mein theoretisches Modell auch in der Praxis erproben und zu einem geeigneten Instrument weiterentwickeln. Ich erstellte Fragebögen, machte die Theorie praktisch nutzbar und evaluierte die Ergebnisse. Da ich meinen Klienten gerne Literatur an die Hand gebe, die mich selbst begeistert, entdeckte ich, welch hilfreichen Einfluss die Bibliotherapie, also das richtige Buch im richtigen Moment, entfalten konnte. Die meisten meiner Klienten blühten sichtlich auf, Ihre Lebensqualität stieg auf ihrer persönlichen Bewertungsskala von minus zwei auf plus sieben oder höher. Sie waren regelmäßig im Flow, fanden ein Lebensthema, in vielen Fällen auch eine Mission und fühlten sich viel glücklicher als zuvor.

Dieses Buch beschreibt den ganzen Prozess, durch den Sie mit Hilfe der Flow-Theorie Ihr Leben mehr lieben lernen. Es enthält die neuesten

Erkenntnisse der Flow-Forschung und geht auf die jüngsten Veröffentlichungen der Positiven Psychologie ein. Darüber hinaus schildert es meine persönlichen Erfahrungen in der Begleitung von Klienten auf ihrem Weg in ein glücklicheres Leben. Die Fragebögen, die ich meinen Klienten vorlege, können auch Ihnen als Leser bei der Suche nach Flow in Ihrem Leben hilfreich sein. Auch wenn Sie den theoretischen Teil überspringen und sich nur den Fragen und Arbeitsanregungen des Buches widmen, werden Sie auf der Entdeckungsreise zu einer Lebensweise, mit der Sie sich zufrieden und wohl fühlen, eine gute Wegstrecke vorankommen.

KAPITEL 1: **GLÜCKLICH IM FLOW**

In diesem Kapitel werde ich Sie mit der Flow-Theorie und der Positiven Psychologie bekannt machen. Die Eigenschaften des Flows lassen sich mit Erfahrungen vergleichen, die Sie womöglich beim Sport, beim Kochen, beim Schreiben oder bei anderen Lieblingsbeschäftigungen gemacht haben. Die Fragen können Ihnen dabei helfen, Flow-Momente im eigenen Leben zu erkennen und Ihre Flow-Erfahrungen zu erweitern.

1. Die Flow-Theorie und die Positive Psychologie

Gehen Sie manchmal so sehr in einer Beschäftigung auf, dass Sie die Zeit vollkommen vergessen? Dass Sie völlig davon mitgerissen werden und Ihnen alles anscheinend mühelos von der Hand geht? Und spüren Sie auch, wie wohl Sie sich dabei fühlen, wie zufrieden, erfüllt und glücklich Sie sind? Wenn Sie dieses Gefühl kennen, wissen Sie, was es bedeutet, »im Flow« zu sein. Den meisten Menschen fällt es leicht, sich einige solcher Erfahrungen in Erinnerung zu rufen und klar zu beschreiben. Oft handelt es sich dabei nur um wenige Momente ihres Lebens. In meiner Praxis frage ich die Klienten immer nach ihren Flow-Erlebnissen, und wenn sie davon berichten, strahlen sie und schildern lebhaft, wie schön und außergewöhnlich sie waren. Sie bedauern, dass sie so selten waren, und hoffen, in der Zukunft noch mehr davon zu erleben. Die meisten Menschen gehen davon aus, dass ein Flow-Erlebnis etwas ist, was einem einfach widerfährt, ohne dass man selbst etwas dazu beitragen könnte.

Doch glücklicherweise ist das nicht richtig: Im Flow zu sein kann man lernen und braucht dazu nicht einmal einen anderen Menschen. Vielleicht ist es für Sie momentan noch schwer vorstellbar, aber man kann mehrmals in der Woche oder sogar jeden Tag im Flow sein. An solchen Tagen fühlt man sich oft sehr wohl, zwar nicht ständig, aber doch die meiste Zeit.

Wie können Sie diesen Zustand erreichen? Nicht durch Hoffen und Abwarten, sondern indem Sie etwas tun, was Sie lieben und genießen.

Wenn man Menschen fragt, in welchen Momenten sie glücklich sind, denken sie meistens an Situationen, in denen sie frei und ohne jede Verpflichtung sind. Doch Studien belegen, dass sie damit nicht richtigliegen. Menschen, die eine Zeit lang nichts tun, entdecken schon bald, dass sie diesen Zustand nicht besonders lange aushalten und schnell den Spaß daran verlieren. Sie haben zwar weniger Probleme mit Stress, werden dadurch aber noch lange nicht glücklich. Offenbar fühlt man sich dann am wohlsten, wenn man sich gezielt mit etwas beschäftigt, das eine gewisse Anstrengung erfordert. In einer groß angelegten Studie, die 1976 an der Universität von Chicago begonnen und über viele Jahre von Wissenschaftlern in aller Welt in gleicher Weise fortgeführt wurde, waren mehr als hunderttausend Teilnehmer danach befragt worden, mit was sie gerade beschäftigt waren und wie sie sich dabei fühlten. Die Teilnehmer bekamen für eine Woche einen Pieper, der sich etwa achtmal am Tag meldete. Zu diesen Zeiten sollten sie in einem Tagebuch notieren, was sie gerade taten und wie sie sich dabei fühlten. Diese Tagebücher wurden allesamt analysiert. Die Erkenntnisse, die daraus gewonnen wurden, bildeten die Grundlage der Flow-Theorie.

Konzipiert hatte diese gigantische Studie Mihaly Csikszentmihalyi (*1934), der damals Professor an der Universität von Chicago war und heute an einer kalifornischen Universität als Direktor des *Quality of Life Research Centers* tätig ist. Er publiziert bereits seit 1975 über das Phänomen des Flows, das er auch als »optimale Erfahrung« bezeichnet. Sein bekanntestes Buch *Flow. The psychology of optimal experience* (Flow. Das Geheimnis des Glücks) aus dem Jahre 1990 ist in viele Sprachen übersetzt worden. Auch seine anderen Bücher über Kreativität, Flow im Alltag und im Beruf fanden in den meisten europäischen Ländern und in den USA, aber auch in Ländern wie Brasilien, Korea und Japan große Anerkennung. Csikszentmihalyi entdeckte, dass Flow-Erlebnisse in westlichen wie östlichen Kulturen fast in denselben Worten beschrieben wurden.

Seine Publikationen über Flow haben die Psychologie als Wissenschaft stark beeinflusst. Während sich die psychologische Forschung bis dahin – von wenigen Ausnahmen abgesehen – vorwiegend auf psychische Störungen und Probleme konzentriert hatte, fanden nun positive Entwicklungen im menschlichen Leben allmählich mehr Beachtung. Der wissenschaftliche Fokus, der bisher auf Pathologie und Geisteskrankheiten gerichtet war, erweiterte sich nun nach und nach um das Interesse an seelischer Gesundheit und die Entfaltung des seelisch gesunden Menschen.

Offenbar fühlt man sich dann am wohlsten, wenn man sich gezielt mit etwas beschäftigt, das eine gewisse Anstrengung erfordert.

Die Humanistische Psychologie hatte sich bereits in den Sechziger-jahren des vergangenen Jahrhunderts für den gesunden Menschen interessiert. Die amerikanischen Psychologen Abraham Maslow und Carl Rogers publizierten damals über das Thema Selbstverwirklichung und über die Psychologie der seelischen Gesundheit. Doch die Huma-nistische Psychologie arbeitete nicht empirisch genug, um sich inner-halb der traditionellen Wissenschaftswelt einen festen Platz erobern zu können. Erst Jahre später, zu Beginn unseres Jahrhunderts, konnte sich die Positive Psychologie als eigenständige Richtung etablieren. Mihaly Csikszentmihalyi gilt als einer ihrer drei Gründungsväter.

POSITIVE PSYCHOLOGIE

In der Positiven Psychologie werden die Themen Glück, Wohlbefin-den, positive Emotionen und die optimale Entwicklung des seelisch gesunden Menschen erforscht. Studien zum Thema Flow sind ein bedeutender Bestandteil dieses relativ jungen Forschungsbereichs. Anders als in den Zeiten von Maslow und Rogers werden diese Inhalte nun allerdings mit Hilfe wissenschaftlicher und empirischer Metho-den erforscht. Das Untersuchungsfeld ist breit gefächert und umfasst Themen wie Glück, Optimismus, Kompetenzen und Talente, Genuss und Erfüllung, Lebensziele, Selbsterkenntnis, Sinngebung, Tugenden sowie positive Emotionen wie Dankbarkeit, Liebe, Freundlichkeit und Vergebung. Die Erkenntnisse der Positiven Psychologie finden in unterschiedlichen Lebensbereichen, etwa im Bildungsbereich, im Wirtschaftsleben, in der Psychotherapie und im Coaching, Anwen-dung.

An den meisten Universitäten gibt es heute eine Fachrichtung Posi-tive Psychologie, die sich mit Glück und den Faktoren, die dazu beitra-gen, befasst. Vor einigen Jahren erschien ein voluminöses Buch zum Thema Glück[1], für das der Flame Leo Bormans an hunderte von Wissenschaftlern, die sich mit Positiver Psychologie befassten, heran-getreten war. Psychologen, Soziologen, Ökonomen und andere Wis-senschaftler aus fünfzig Ländern berichten darin über ihre jüngsten Forschungsergebnisse. Auch der niederländische Glücksforscher Ruut Veenhoven gehört zum Kreis der Befragten. Er definiert Glück als »den Grad, in dem ein Individuum die allgemeine Qualität seines oder ihres Lebens als Ganzes positiv bewertet«[2]. Mit anderen Worten: Glück bemisst sich daran, wie sehr jemand das Leben, das er oder sie führt, liebt.

Aus all diesen Studien über Glück geht hervor, das Flow ein Weg ist, seine Lebensqualität zu verbessern – eine Erkenntnis, die von zahlrei-chen Resultaten unterschiedlicher Studien belegt wird. So geht beispielsweise aus vielen Studien hervor, dass es sehr wichtig ist, sich Lebensziele zu setzen; in der Flow-Theorie ist die Suche nach einem Lebensthema ein Kernbegriff. Ein anderer Aspekt, der allenthalben betont wird, ist die Erfordernis, sich selbst besser kennenzulernen. Indem man seine Talente, Werte und Leidenschaften entdeckt, kann man sie besser für sein Glück fruchtbar machen. In der Flow-Theorie ist Selbsterkenntnis der beste, wenn nicht gar der einzige Weg zu einem Leben im Flow.

Ein wiederkehrendes Thema und eine wichtige Fähigkeit, um in den Flow zu kommen, ist die Bereitschaft, die schönen und guten Dinge des Lebens zu genießen. Viele Wissenschaftler heben auch die Bedeutung von Harmonie hervor. Sie formt aus persönlichen Charaktereigenschaften und eigenen Zielen ein stimmiges Ganzes und gibt dem Leben einen Sinn.

Und schließlich betonen zahllose Studien, wie wertvoll persönliche Kontakte seien. Glückliche Menschen legen großen Wert auf das Zusammensein mit Freunden, die sie mögen und von denen sie gemocht werden. Von allen denkbaren Aktivitäten bringen uns gemeinsame Unternehmungen mit Menschen, die wir gernhaben, am häufigsten in den Flow.

Glückliche Menschen legen großen Wert auf das Zusammensein mit Freunden, die sie mögen und von denen sie gemocht werden.

In manchen Kulturen ist diese Haltung sogar noch stärker als bei uns ausgeprägt. Professor Samuel Ho aus China berichtete bei der Präsentation des Buches *Glück*, dass seine Fragen nach individuellem Glück anfangs nicht einmal beantwortet worden waren. Seine chinesischen Interviewpartner wussten mit dieser Frage einfach nichts anzufangen und zogen daher nur erstaunt die Augenbrauen hoch. Erst auf die nächste Frage nach dem Glück bedeutsamer Menschen in ihrem Umfeld konnten sie reagieren. Wenn es ihrem Partner und ihren Kindern gut ging, fühlten sie sich selbst ebenfalls glücklich. Auch Hos Forschung in China belegt, dass neben Eigenschaften wie Neugier, Optimismus, Dankbarkeit und Zuversicht die Fähigkeit zu Flow-Erfahrungen zu den charakteristischsten Merkmalen glücklicher Menschen zählt. Es ist spannend zu beobachten, wie Glück in anderen Ländern wahrgenommen wird und welche Charakteristika von Glück offenbar universell sind.

In den Niederlanden hat Jan Auke Walburg in seinem Buch die neusten Erkenntnisse der Positiven Psychologie zusammengetragen.[3] Viele Ergebnisse ähneln sich natürlich, aber das Besondere an seiner Studie ist, das sie zeigt, wie sich Wohlbefinden und Glück auf die physische Gesundheit auswirken. Aus zahlreichen Untersuchungen geht hervor, dass sich unser Glück oder Unglück deutlich auf das Immunsystem, die Lebensdauer, auf vielfältige Erkrankungsrisiken, den Heilungsprozess nach schwerwiegenden Erkrankungen oder Operationen, den Blutdruck, den Zustand des Herzens und den allgemeinen Gesundheitszustand auswirkt. Natürlich weiß man schon lange, dass seelisches Wohlbefinden den Körper stark beeinflusst, doch dass diese Effekte so messbar und vorhersehbar sind, ist doch ziemlich erstaunlich. Oder im Sinne der Positiven Psychologie formuliert: Es ist eine große Herausforderung, das Bemühen um einen glücklichen Geist in einem gesunden Körper als erste Priorität zu sehen.

Doch zum Glück bietet die Flow-Theorie eine Menge Möglichkeiten, um sich dieser Herausforderung zu stellen. In diesem Buch werden Ihnen viele Erkenntnisse aus Studien der Positiven Psychologie begegnen. Entlang des Leitfadens der Flow-Theorie werden diese neuen Ideen so beschrieben, dass Sie auch in Ihrem Alltag davon profitieren können.

TUN SIE, WAS IHNEN FREUDE MACHT

Die Flow-Theorie lässt sich in einem Satz zusammenfassen. Finden Sie heraus, was Ihnen Freude macht, und tun Sie das öfter. Die Erfüllung, die Sie im Flow erleben, ist allerdings nicht mit Spaß gleichzusetzen. Flow ist kein hedonistisches Konzept, es geht nicht darum, sich durch den Kick einiger weniger Erfahrungen wohlzufühlen. Flow ist auch keine Emotion wie etwa eine freudige Euphorie; man muss nicht fröhlich sein, um sich glücklich zu fühlen.

Finden Sie heraus, was Ihnen Freude macht, und tun Sie das öfter.

Das Glück, das man während einer Flow-Erfahrung erlebt, ist ein tieferes, innerlich empfundenes Gefühl, ein Wohlbefinden und eine Zufriedenheit mit dem eigenen Leben oder mit dem Leben als Ganzem. Die Flow-Theorie geht also weit über den rein sinnlichen Genuss hinaus, den wir empfinden, wenn wir etwas Leckeres essen oder in der Sonne liegen.

Im Flow verfolgen wir bestimmte Ziele, und dabei ist es immer entscheidend, welchen Stellenwert wir diesen Zielen einräumen. Was für einen Menschen ein sinnvolles Lebensziel darstellt, kann für einen anderen ganz bedeutungslos sein. Dingen im eigenen Leben Bedeutung zu geben, ist ein sehr individueller Prozess. Denn es erfordert ein großes Maß an Selbsterkenntnis, zu wissen, was man als wertvoll erachtet und was zur eigenen Persönlichkeit passt.

Andere zu unterrichten, kann beispielsweise eine sehr wertvolle Tätigkeit sein, die ganz den zentralen Grundwerten (zum Wissen anderer beizutragen), den individuellen Talenten (etwas gut erklären und Jüngere motivieren zu können) und den Lieblingsbeschäftigungen (über interessante Themen sprechen und mit Gruppen arbeiten) eines Menschen entspricht. Zusammengenommen können diese miteinander harmonierenden Aspekte einem Menschen das angenehme Gefühl vollkommener Stimmigkeit vermitteln, so dass er bei dieser Tätigkeit in den Flow kommt. Doch Menschen mit anderen Werten, Talenten und Wünschen macht Unterrichten vielleicht überhaupt keine Freude und es bleibt für sie daher auch bedeutungslos. Erst wenn unsere Lebensentscheidungen zu uns selbst und dem, was wir für wichtig halten, passen, können wir Flow erfahren und uns glücklich fühlen. Daher finden wir den Weg zu unserem Wohlbefinden nur über die Treue zu uns selbst.

2. Flow-Merkmale

Flow lässt sich als ein Geistes- oder Seinszustand beschreiben, in dem man konzentriert einer Tätigkeit nachgeht, in der man völlig aufgeht und bei der man ein klares Ziel vor Augen hat und ein unmittelbares Feedback erhält, wie gut man darin ist. Eine Flow-Erfahrung ist durch eine Reihe sehr spezifischer Merkmale gekennzeichnet. Die folgende Charakterisierung können Sie mit Gefühlen vergleichen, die Sie aus ihrem eigenen Leben kennen und womöglich beim Kochen oder beim Sport erlebt haben. Sie können sich aber auch bestimmte, leicht nachvollziehbare Situationen vorstellen, wie das Spiel eines Geigers, die Arbeit eines Chirurgen oder die sportliche Anstrengung eines Bergsteigers.

- Im Flow-Zustand sind wir mit Dingen beschäftigt, die zu uns passen und für die wir uns selbst entschieden haben. Wir haben *ein klares Ziel* vor Augen und wissen, was wir tun müssen, um es zu erreichen. Wir unternehmen Schritte, die uns in Richtung dieses Ziels führen, und fühlen uns gut, weil wir uns auf dem richtigen Weg wissen. Das Bergsteigen ist eine gute Metapher für diesen Prozess: Der Gipfel ist das Ziel, doch schon auf dem Weg hinauf genießt der Bergsteiger die Natur und die körperliche Anstrengung des Kletterns. Und sobald er auf seinem Weg zum Gipfel in der sportlichen Anstrengung des Kletterns aufgeht, befindet er sich schon während seines Aufstiegs im Flow.
- Im Flow folgt jeder Handlung ein unmittelbares *Feedback*. Zu Beginn einer Flow-Aktivität erhält man ständig Signale, ob man noch auf dem richtigen Weg ist. Als Bergsteiger sieht man deutlich, ob man dem Gipfel näher kommt, als Geiger hört man, ob der Ton rein ist, als Lehrer in einer Klasse merkt man, ob man von den Schülern verstanden wird. Für das Flow-Gefühl ist es gut, gleich zu erkennen, ob etwas richtig oder falsch läuft. Doch nicht immer

kommt das Feedback von außen. Wenn wir ein Buch schreiben oder ein Bild malen, werden wir uns während des kreativen Prozesses anhand unserer eigenen Qualitätskriterien immer wieder ein inneres Feedback geben müssen, um die Arbeit daran zu genießen.

- Im Flow besteht eine *gute Balance* zwischen dem notwendigen Können und den Anforderungen der Situation. Wir sind nicht frustriert oder ängstlich, weil die gestellten Aufgaben zu schwierig sind, aber auch nicht gelangweilt, weil sie zu anspruchslos sind. Zwischen unseren individuellen Fähigkeiten und den Tätigkeiten, die wir ausführen, besteht ein Gleichgewicht. Stellen Sie sich vor, der Bergsteiger hätte eine zu riskante Route gewählt, bei der er ständig Gefahr liefe, abzurutschen und hinabzustürzen. In dieser Situation würde er nicht nur den Flow des Kletterns verlieren, sondern wäre wahrscheinlich auch frustriert und vielleicht sogar ängstlich oder verzweifelt. Wäre die gewählte Route jedoch zu einfach, so dass er sich kaum anstrengen müsste, käme er ebenfalls nicht in den Flow, da sie für ihn keine Herausforderung darstellen würde.

- Um uns das Flow-Gefühl zu bewahren, müssen wir uns in unserem Tun ständig weiterentwickeln. Wenn wir uns dazu herausfordern lassen, unser Können immer wieder auf eine höhere Ebene zu bringen, müssen wir uns jedes Mal ein wenig mehr anstrengen, so dass uns nie langweilig wird. Der Bergsteiger wird seine Technik auf diese Weise verbessern und erkennen, dass er mit der Zeit immer schwierigere Routen bewältigen kann. Allmählich wird er so zu einem besseren Bergsteiger und kann diesen Entwicklungsprozess dazu noch genießen. Um in diesen Genusszustand zu kommen, muss zwischen Anforderungen und Fähigkeiten ein ausgewogenes Verhältnis bestehen. Die Aufgaben müssen zu bewältigen sein, sie dürfen nicht zu anspruchsvoll und ganz gewiss nicht zu einfach sein.

- Im Flow *verschmelzen Handeln und Selbstbewusstsein zu einer Einheit.* Weil es uns viel Energie kostet, die Herausforderung zu bewältigen, werden wir von der Aktivität vollkommen beansprucht. Wir sind ganz im Hier und Jetzt und all unsere Aufmerksamkeit richtet sich auf unser Tun. Durch diese Konzentration entsteht ein Gefühl der Mühelosigkeit, alles läuft anscheinend wie von selbst. Musiker kennen dieses Gefühl, mit ihrem Instrument und mit der Musik eins zu sein. Sie beschreiben diese intensive Konzentration manchmal als eine Art Ekstase oder Trance, in der alles mühelos gelingt. Auch Sportlern ist dieses Gefühl vertraut und sie bezeichnen es manchmal als innere Freiheit. Obwohl Sportler und Musiker völlig unterschiedliche Dinge tun, beschreiben sie doch das gleiche Gefühl.

Diese Erfahrung totalen Engagements und das Gefühl, völlig im Fluss zu sein, geben dem Erlebnis den Namen *Flow* – »Fließen«.

- Wegen der *intensiven Konzentration* im Flow-Zustand gibt es für das Bewusstsein keinerlei Ablenkungen. Wir beobachten uns nicht selbst und denken, während wir beschäftigt sind, beispielsweise auch nicht: »Wie schön ich jetzt hier stehe und Geige spiele.« Denn allein dieser Gedanke wäre schon störend und würde uns als Handelnde aus dem Hier und Jetzt herauslösen. Auch andere ablenkende Gedanken und Alltagssorgen können nicht von unserem Geist Besitz ergreifen, denn der ist ganz und gar ausgefüllt. Alle Aufmerksamkeit richtet sich auf die *eine* Aktivität, um die es geht.

- Ein einzelner Flow-Moment wird oft als eine Art Auszeit erlebt, so als sei man kurzzeitig anderswo gewesen, wo der Kopf völlig leer werden konnte. Unsere Gedanken flattern nicht wie üblich in alle möglichen Richtungen, sondern sind von einer Art Ruhe und Ordnung durchdrungen. Die Tätigkeit, auf die wir uns konzentrieren, das Schachspiel oder das Geigespielen, stellt bestimmte Anforderungen und unterliegt gewissen Regeln, die Klarheit in unser Denken bringen.

- Um eine Tätigkeit, gleich welcher Art, zu genießen, bedarf es vollkommener Konzentration. Ohne sie ist es kaum möglich, in den Flow zu kommen. Da wir uns intensiv konzentrieren, haben wir weder Angst zu scheitern noch Zeit darüber nachzudenken, welchen Eindruck wir wohl auf andere hinterlassen. Dafür gibt es einfach keinen Raum. Eigentlich ist es ein Zustand der Selbstvergessenheit, aber merkwürdigerweise stärkt er unser positives Selbstbild.

- Da im Flow-Zustand Ich-Bewusstsein und Selbstbeobachtung aussetzen, befassen wir uns in dieser Zeit auch nicht mit dem Schutz unseres eigenen Egos. Weil wir eins werden mit der Musik, der Natur, dem Schachspiel oder dem Roman, die uns für kurze Zeit in eine andere Welt entführen, sind wir uns unserer selbst gar nicht mehr bewusst. Doch paradoxerweise fühlen wir uns als Individuen danach gestärkt und empfinden die Erfahrung als Bereicherung. Denn unsere Energie kann ganz in die eigentlich gestellte Aufgabe einfließen und muss nicht mit Selbstreflexion und Selbstbeobachtung geteilt werden. Die Wechselwirkungen, die sich in der Auseinandersetzung mit der Musik, dem Berg, einem anderen Menschen oder einer Gruppe ergeben, vermitteln uns ein intensives Gefühl der Bereicherung und »Transzendierung« unseres Selbst. Da wir eins werden mit etwas *Größerem, das über unser Selbst hinausgeht,* erweitert sich unsere Welt und wir selbst scheinen zu wachsen. Ein Gefühl der Erfüllung und des Glücks entsteht, genau betrachtet, allerdings erst später. Denn während der eigentlichen Flow-Erfahrung achten wir darauf überhaupt nicht.

- Im Flow gerät unser Zeitgefühl durcheinander, manches dauert unserem Empfinden nach sehr lange, anderes viel kürzer. Das *subjektive Zeitempfinden verändert sich:* Manchmal gehen wir so in unserem Tun auf, dass die Stunden verfliegen, in anderen Momenten scheinen sich Minuten zu Stunden auszudehnen. Der weltberühmte russische Geiger Maxim Vengerov sagte in einem Interview: »Wenn ich Musik mache, konzentriere ich mich hundertprozentig auf die Details. Aber die größten Momente erlebe ich, wenn ich wie in einer Art Meditation auf der Bühne an nichts mehr denke. In diesen magischen Momenten bleibt die Zeit stehen und alles außer der Musik wird unwichtig. Dann werde ich von dem allerhöchsten spirituellen Führer geleitet.«⁴

- Die Aktivität, die uns in den Flow-Zustand versetzt, trägt ihr Ziel in sich selbst, sie hat ein *intrinsisches Ziel.* Auf sportliche, künstlerische oder musikalische Aktivitäten trifft das meistens zu. Wenn man diese Tätigkeiten liebt, geht man ihnen nicht aus Motiven nach, die außerhalb der Tätigkeit liegen, sondern allein deshalb, weil man die Erfahrung an sich schätzt. Csikszentmihalyi nennt eine solche Erfahrung »autotelisch« (*auto* bedeutet »selbst« und *telos* bedeutet »Ziel«) und sagt dazu Folgendes: »Die autotelische Erfahrung, der *flow,* bringt das Leben auf eine höhere Ebene. Aus Entfremdung wird Engagement, Freude ersetzt Langeweile, Hilflosigkeit verwandelt sich in ein Gefühl von Kontrolle, und die psychische Energie hilft dem Selbst, sich zu stärken, statt sich im Dienst äußerer Ziele zu verlieren. Wenn eine Erfahrung intrinsisch lohnend wird, ist das Leben in der Gegenwart gerechtfertigt, statt zur Geisel für einen vermuteten zukünftigen Vorteil zu werden.«⁵

- Doch diese Empfindung muss sich nicht auf Sport, Kunst oder bestimmte Hobbys beschränken. Auch in einer Arbeitssituation kann unsere Motivation von intrinsischen Zielen bestimmt sein. Wenn die Arbeit so gewählt ist, dass die Aufgabe schon an sich lohnend ist, kann sie auch unabhängig von extrinsischen Belohnungen in Form von Geld, Status oder gesellschaftlicher Anerkennung sehr befriedigend sein.

- Während einer Flow-Aktivität haben wir das Gefühl, eine Situation vollkommen zu beherrschen und die Dinge so steuern zu können, wie es uns beliebt. Doch mit diesem bequemen Gefühl, alles zu beherrschen, werden wir uns nicht lange zufriedengeben, wir werden versuchen, uns für größere Herausforderungen zu entscheiden, die uns zu einer Weiterentwicklung stimulieren. Denn der Genuss liegt darin, *eine schwierige Situation zu meistern.* Manchmal müs-

sen wir uns ganz den Anforderungen einer solchen Situation hinge-
ben, so dass wir die Erfahrung machen, einen Moment lang zu
»einem Gefährt« zu werden. Ein Gefühl, das Sportler oder Musiker
uns manchmal zu erklären versuchen: als würden sie von einem
Fluss fortgetragen oder ihre Hand von einer höheren Macht gelenkt,
die sie in ein größeres Ganzes aufnimmt.

3. Flow im Alltag

Bei komplexeren Aktivitäten, etwa beim Bergsteigen oder bei einem
musikalischen Vortrag, sind die Merkmale des Flows leichter darzu-
stellen als bei einfacheren Tätigkeiten. Doch viele

Die Kunst liegt darin, alltägliche Verrichtungen ermöglichen die gleiche
im Alltag möglichst subjektive Erfahrung. Um sein Handeln zu genie-
viele Dinge zu tun, ßen, ist es wichtig, Tätigkeiten auszuwählen, die
die uns in den Flow zur eigenen Persönlichkeit passen. Das kann alles
bringen. Mögliche und für jeden etwas anderes sein. Ob
man gerne liest, im Beruf aktiv ist, gärtnert oder es
liebt, mit Kindern zu spielen, Vögel beobachtet,
Sport treibt, musiziert oder sich mit Freunden trifft. Die Kunst liegt
darin, im Alltag möglichst viele Dinge zu tun, die uns in den Flow
bringen.

Wenn es uns gelingt, jeden Tag für einige Momente im Flow zu sein,
fühlen wir uns glücklicher als Menschen, die selten oder nie im Flow
sind. Das ist das wichtigste Ergebnis der zahlreichen Flow-Studien.
Untersuchungen aus aller Welt belegen, dass Flow-Erlebnisse – unabhängig von Alter, Bildungstand und kulturellem Hintergrund – ganz
ähnlich beschrieben werden, nämlich als ein tief gehendes Gefühl der
Freude.

Was die Häufigkeit angeht, sind etwa 15 bis 20 Prozent der Erwachsenen nie im Flow, 60 bis 70 Prozent machen alle paar Monate oder
sogar mehrmals in der Woche eine Flow-Erfahrung und 15 bis 20 Prozent haben täglich Flow-Erlebnisse.

Für seine Studie über Kreativität interviewte Csikszentmihalyi
zahlreiche kreative Menschen, unter anderem Musiker, Wissenschaftler und Künstler. Durch die Erforschung ihrer Kreativität gewann er
einen guten Einblick in den Flow-Mechanismus. In anderen Studien
befasste er sich hingegen mit Menschen, die sich einfacheren Tätigkeiten widmeten. Dabei stellte er fest, dass diese in ihrer Arbeit als Bauer
oder Handwerker nahezu dieselben Erfahrungen machten. Beiden
Gruppen war die Affinität zu der Tätigkeit, für die sie sich entschieden
hatten, gemeinsam. Diese Entscheidung erfordert große Genauigkeit.
Denn um in einen Flow-Zustand zu kommen, dürfen wir uns nicht

einfach für irgendeine Tätigkeit entscheiden, wir müssen eine Tätigkeit wählen, die uns persönlich sinnvoll und wichtig erscheint.

Ihre Umsetzung verlangt eine gewisse Anstrengung, denn ganz gleich, wie man sich entscheidet, muss man anschließend doch immer aktiv werden, auch wenn dies zunächst nicht attraktiv erscheint. Es ist klar, dass man eine Fertigkeit wie das Klavierspielen nie genießen kann, wenn man sich nicht irgendwann einmal die Zeit genommen hat, es zu lernen. Erst wenn man das Feedback erhält, dass man in diesem Lernprozess vorankommt, kann man ihn auch genießen.

Je mehr Flow-Momente wir uns in unserem Alltag schaffen, desto glücklicher fühlen wir uns auch in Zeiten, in denen uns das nicht gelingt. Dabei geht es natürlich nicht nur um unsere Arbeit, sondern um Flow in allen Lebensbereichen: in Beziehungen und Sexualität, in zwischenmenschlichen Kontakten, beim Musikhören, während der Betrachtung schöner Dinge, beim Kochen, beim Entwickeln neuer Verhaltensweisen, beim Spielen, Lesen und Lernen, im Sport, beim Entdecken fremder Kulturen, bei neuen Erfahrungen, beim Schreiben, beim Fotografieren und bei zu vielem, um alles hier aufzuzählen.

Csikszentmihalyi beschreibt Menschen, die selbst unter sehr einschränkenden Bedingungen (im Krankenhaus, in Gefangenschaft oder in einem Konzentrationslager) noch eine Chance sahen, aus kleinen geistigen Erlebnissen, alleine oder im Kontakt mit anderen, für sich eine Flow-Erfahrung werden zu lassen. Damit gelang es ihnen, sich ihre Situation erträglicher zu machen, ihren Geist lebendiger und wahrscheinlich auch ihren Körper gesünder zu erhalten. Die Fähigkeit, im eigenen Umfeld besondere Chancen zu erkennen, ist wohl eines der wertvollsten menschlichen Talente.

Die Fähigkeit, im eigenen Umfeld besondere Chancen zu erkennen, ist wohl eines der wertvollsten menschlichen Talente.

PASSENDE ENTSCHEIDUNGEN

Wenn wir die Fähigkeit haben, eine Reihe von Tätigkeiten in unterschiedlichen Lebensbereichen in eine Flow-Erfahrung umzusetzen, können wir dieses Vermögen als umfassende »Metakompetenz« bezeichnen. Wir beschäftigen uns mit Dingen, die zu uns passen, die wir mit der Zeit gut beherrschen, die wir wichtig finden und sehr gerne tun. Wir entwickeln also eine Lebensweise, die uns täglich in den Flow bringt. Eine solche Einstellung kann für uns zu einer Art zweiter Natur werden, denn wir können uns so sehr darin üben, dass sie uns ganz natürlich erscheint. Ebenso wie wir uns eine buddhistische Haltung zu eigen machen können, können wir versuchen, selbst unter schwierigen Bedingungen möglichst an dieser Einstellung festzuhalten.

Bei neuen Entscheidungen stellen wir uns daher immer die Frage, ob sie unser Leben bereichern und zur Harmonie beitragen. Nicht nur in großen, sondern auch in kleinen Entscheidungen können wir diese Frage immer wieder aufwerfen und als eine Art Schablone dafür nutzen, uns nur für die Dinge zu entscheiden, die unser Leben harmonischer machen.

Aber selbst wenn wir uns für unser Lieblingsthema entscheiden, kann die Entscheidung immer noch falsch ausfallen und nicht ganz zu uns passen. Dies zeigt das folgende Beispiel.

Vor etwa zehn Jahren fand in den Niederlanden eine Veranstaltung statt, bei der Mihaly Csikszentmihalyi über Flow und Glück sprach und der Wissenschaftler Antonio Damasio über Hirnforschung referierte. Damasio hielt einen sehr lebendigen und inspirierenden Vortrag über komplizierte Hirnstrukturen und mikroskopisch kleine Zellen in unserem Kopf und war dabei so mitreißend, dass sein Thema sehr spannend erschien. Er war eindeutig im Flow und genoss seinen Auftritt. Csikszentmihalyi sprach dagegen ziemlich langweilig und monoton über die interessantesten Themen: über das Gefühl, von einem Fluss getragen zu werden, über Hingabe, Freude und tief gehendes Glück. Doch aufgrund seines kraftlosen Vortragsstils war es nicht leicht, ihm konzentriert zuzuhören.

Ich war sehr enttäuscht, weil ich viel von ihm gelesen hatte und mich sehr auf eine großartige Präsentation zu diesen spannenden Themen gefreut hatte. Und wie mir erging es wahrscheinlich vielen. Denn nachdem er seinen Vortrag beendet hatte, blieb es völlig still im Saal. Bis jemand mutig aufstand und meinte, dass er – bei allem Respekt – überrascht sei, dass der Vortrag selbst jeden Flow vermissen lasse. Csikszentmihalyi dachte kurz nach und sagte im selben Tonfall in etwa: »Ja, das ist wohl richtig. Ich halte auch nicht so gerne Vorträge. Manchmal lässt es sich nicht umgehen, aber ich genieße es eigentlich überhaupt nicht. Was ich allerdings sehr genieße, ist, an meinem Schreibtisch zu sitzen, meine Forschungsergebnisse auszuarbeiten und meine Bücher zu schreiben. Darin bin ich wirklich gut und völlig im Flow.«

Alles in allem war das eine ausgezeichnete Demonstration seiner eigenen Theorie. Vorträge zu halten, war einfach nicht »sein Ding«, aber glücklicherweise verbrachte er damit auch nicht viel Zeit und konnte sich in seinem Alltag meistens für seine Flow-Momente entscheiden. Das Beispiel zeigt gut, wie präzise man darauf achten muss, welche Entscheidungen man trifft.

In meiner Praxis mache ich oft die Erfahrung, dass meine Klienten nicht wirklich genau wissen, was sie tun möchten, sondern nur eine vage Vorstellung davon haben, in welchem Umfeld diese Aktivität stattfinden soll. Sie möchten beispielsweise etwas mit Kindern, mit Büchern oder der Natur zu tun haben. Oft landen sie dann zwar in diesem Umfeld oder bei diesem Thema, aber ganz und gar nicht bei der Aktivität, die sie mögen. Manchmal erkennen sie das erst relativ spät und fühlen sich eine ganze Zeit lang unglücklich. Es macht einen großen Unterschied, ob man als naturverbundener Mensch täglich in der freien Natur ist oder den ganzen Tag am Computer sitzt, um für eine Naturschutzorganisation Mitglieder zu werben.

Was lieben Sie nun also genau und wo liegen eigentlich die Talente, die Sie dafür einsetzen können? Möchten Sie etwas erforschen, unterrichten, publik machen oder organisieren? Auch wenn man am selben Ort oder für dieselbe Organisation arbeitet, macht es einen großen Unterschied, worin die eigene Aktivität besteht. Denn einige Aktivitäten stärken uns und machen uns froh, andere rauben uns unsere Energie und ermüden uns. Es ist eine Kunst, klare Entscheidungen zu treffen, die in jeder Hinsicht zu dem passen, was wir am liebsten tun und am wichtigsten finden. Denn diese Fähigkeit entscheidet darüber, wie und in welcher Stimmung wir unseren Tag verbringen.

Es ist eine Kunst, klare Entscheidungen zu treffen, die in jeder Hinsicht zu dem passen, was wir am liebsten tun und am wichtigsten finden.

In diesem Buch finden Sie sowohl theoretisch wie auch praktisch – in Form von Fragebögen – diverse Hilfsmittel, um selbst in den Flow zu kommen, indem Sie sich immer wieder bewusst machen, was Sie wirklich wollen.

4. Bausteine der Flow-Erfahrung

Was brauchen Sie also, um regelmäßig in den Flow zu kommen? Zunächst ist es wichtig, herauszufinden, bei welcher Aktivität Sie sich wohlfühlen. Was bringt Ihnen Freude und Erfüllung? Wobei fühlen Sie sich glücklich und was vermissen Sie, wenn Sie es eine Weile entbehren müssen?

Um das herauszufinden, sollten Sie versuchen, sich zunächst eine klare Vorstellung davon zu machen, was zu Ihnen passt und worin Sie sich weiter vervollkommnen möchten. Daran schließt sich gleich die nächste Frage an: *Wie* können Sie das herausfinden? Denn es ist nicht leicht, zu erkennen, was gut zu einem Menschen passt und wer er wirklich ist. Die Antwort auf diese Frage setzt schon einiges an Selbsterkenntnis und eine gewisse Innenschau voraus. Sind Sie dazu fähig,

Ihre aufkommenden Gefühle wahrzunehmen? Und verstehen Sie in der Regel, wodurch sich Ihre Gefühle verändern? Welche Muster und Gewohnheiten sind für Sie bezeichnend und was sagen diese über Sie aus? Diese scheinbar einfachen Fragen sind für viele Menschen ganz und gar nicht einfach zu beantworten. Weil sie irgendwann den Kontakt zu sich selbst verloren haben und daher nicht mehr wissen, was sie wollen und warum sie etwas wollen. Wenn man seinen inneren Kompass erst einmal verloren hat, ist es nicht leicht, herauszufinden, was man will, und die richtigen Lebensentscheidungen zu treffen.

Bisweilen ist es in einer solchen Situation hilfreich, in die Vergangenheit zurückzugehen und sich daran zu erinnern, woran man als Kind Freude hatte. Oft stößt man dabei auf Aktivitäten oder Themen, die man damals sehr mochte, die man aber im Laufe seines Lebens aus den Augen verloren hat oder für die man einfach keine Zeit mehr fand. Wenn man auf diesem Weg innerlich wieder einen Zugang zu sich gefunden hat, sieht man viel klarer, was einen motiviert.

In den folgenden Kapiteln kommen die Aspekte dieses Selbsterkenntnisprozesses, die man als Bausteine der Flow-Erfahrung bezeichnen könnte, zur Sprache:

- *Wofür stehe ich? Welche Werte habe ich?* Inwieweit bin ich mir der Werte, nach denen ich lebe, bewusst? Welche Werte können meinem Leben eine Richtung geben? Gibt es einen zentralen Wert, auf dem alles gründet?
- *Was kann ich? Worin liegen meine Talente und Qualitäten?* Wofür habe ich eine natürliche Begabung? Was macht mir Freude und worin würde ich mich gerne weiterqualifizieren?
- *Was berührt mich? Was inspiriert mich?* Was gibt mir ein Gefühl von Inspiration: gewisse Menschen, Bücher, Musik, Landschaften, Orte oder andere Dinge? Was lässt mein Herz schneller schlagen und berührt mich immer wieder aufs Neue?
- *Was will ich? Was wünsche ich mir?* Habe ich eine bestimmte Leidenschaft oder gibt es etwas, das mich sehr reizt? Wonach sehne ich mich ständig? Was zieht mich immer wieder wie ein Magnet in seinen Bann?

Für den Flow bedarf es außer Selbsterkenntnis auch der Motivation, innerlich oder äußerlich etwas zu verändern. Wenn wir gewisse Wünsche haben und bestimmte Ziele erreichen wollen, sind wir dazu innerlich motiviert. Dabei handelt es sich um intrinsische Ziele, die wir nur um ihrer selbst willen verfolgen und die unser Handeln motivieren. Wenn wir solche Bedürfnisse jedoch nicht haben oder sie uns nicht klar sind, ist es wirklich schwierig, durch eine selbstgewählte Aktivität in den Flow zu kommen. Denn eigentlich wissen wir dann nicht, wofür wir uns einsetzen sollen und worauf wir hinarbeiten wollen. Sind wir aber bereit, die Antworten auf diese Fragen zu suchen, können wir diese Wünsche in konkrete Ziele umsetzen und schon hierbei in einen Flow kommen. Welche Ziele kommen dafür in Betracht? Wir können uns innere Ziele stecken, indem wir uns fragen, was für ein Mensch wir sein wollen, und von dieser Vorstellung her bestimmte Qualitäten und Eigenschaften entwickeln. Oder wir können bestimmte Aspekte der eigenen Persönlichkeit in den Blick nehmen, die wir selbst noch nicht so gut an uns kennen. Oder wir können uns dafür entscheiden, Aspekte der eigenen Lebenssituation gezielt zu verändern oder einen ganz neuen Kurs einzuschlagen. Wir können auch versuchen herauszufinden, was uns in der Welt wirklich berührt und wofür wir uns einsetzen wollen. Welche Aufgabe wäre es wert, ihr unser Leben zu widmen? Bei all diesen Erkenntnissen geht es darum, bewusst zu etwas »Ja« zu sagen und sich dafür einzusetzen. Wobei es wichtiger ist, sich ein Ziel zu setzen, als es tatsächlich zu erreichen. Ziele geben eine Marschrichtung vor, doch sollen sie uns nicht nur inspirieren, sondern auch sinnvoll für uns sein. Nur ein Ziel, das uns selbst entspricht, kann uns sinnvoll und wichtig erscheinen und uns eine starke Motivation geben.

Neben Selbsterkenntnis und der Intention, auf ein Ziel hinzuarbeiten, ist auch ein gewisses Bewusstseinstraining nötig, um eine Flow-Erfahrung zu ermöglichen. Dabei geht es darum, sich auf etwas zu konzentrieren, seine Aufmerksamkeit gezielt auf bestimmte Dinge zu richten und in der Gegenwart präsent zu sein. Es geht also um eine bestimmte Bewusstseinsqualität und die Frage, wie sehr man diese Fähigkeiten schon entwickelt hat. Denn sie sind vielleicht die wichtigsten, aber am schwierigsten zu erlangenden Voraussetzungen für eine Flow-Erfahrung. Wenn ich zu diesem Thema einen Kurs gebe, sind die Teilnehmer oft überrascht, wie ausführlich ich auf diese Form der Fokussierung und die dafür erforderliche Disziplin eingehe. Sie gehen offenbar davon aus, dass Flow eher von selbst entsteht, oder denken, man müsse seine Fähigkeiten nicht weiterentwickeln, sondern sich eher von bestimmten Eigenschaften lösen. In gewissem Sinne ist das auch richtig, aber dann handelt es sich um andere Eigenschaften. Lösen sollten wir uns von problematischen Gewohnheiten und Mustern, die uns daran hindern authentisch zu sein. Doch nachdem wir uns davon befreit haben, besteht der nächste Schritt darin, an der Qualität des eigenen Bewusstseins zu arbeiten und sich selbst zu fragen: Kann ich meine Energie und die Inhalte meines Denkens ausreichend gut kontrollieren? Kann ich meine Aufmerksamkeit fokussieren und mich gut konzentrieren? Glücklicherweise gibt es heute zahlreiche Kurse, in denen man diese Fähigkeiten einüben kann, zum Beispiel Kurse nach dem buddhistischen Konzept der *Achtsamkeit* (siehe auch Kapitel 6), die immer häufiger angeboten werden, um Aufmerksamkeit gezielt zu trainieren.

AN DIE ARBEIT! – FRAGEN ÜBER FLOW

Die folgenden Fragen helfen Ihnen, über Ihre eigene Flow-Erfahrung nachzudenken. In abgewandelten Formulierungen zielen sie alle auf die zentrale Frage ab: Was verleiht Ihrem Leben Flow? Wahrscheinlich werden Ihnen bei dem Versuch, sich eine Vorstellung vom Flow in Ihrem Leben zu verschaffen, einige Fragen ansprechender erscheinen als andere und auch die Formulierungen in unterschiedlicher Weise hilfreich sein.

An welche Aktivitäten dachten Sie spontan, als Sie etwas über Flow-Merkmale gelesen haben?

Was tun Sie so gerne, dass Sie dabei die Zeit vergessen?

Was macht Ihnen Spaß und gibt Ihnen Kraft? Was genießen Sie? Was macht Ihnen wirklich Freude?

Bei welcher Tätigkeit sind Sie in Hochform?

Welche Erfahrungen empfinden Sie in Ihrem Alltag als bereichernd und belohnend? Was erfüllt und befriedigt Sie?

Warum machen Sie diese Erfahrung nicht öfter?

....

....

....

Nennen Sie eine Aktivität (die Sie jetzt unterlassen), die sich – wenn Sie sie regelmäßig ausüben würden – sehr positiv auf Ihr Leben auswirken würde.

....

....

....

Welche Tätigkeit wäre zu schön, um wahr zu sein?

....

....

....

Was hat Sie in der Vergangenheit oft glücklich gemacht?

....

....

....

Was haben Sie als zehnjähriges Kind am liebsten getan?

....

....

....

Wenn Sie erfahren würden, dass Ihnen nur noch eine kurze Lebensspanne bliebe, was würden Sie tun?

....

....

....

Wann haben Sie das Gefühl, sich ganz zum Ausdruck bringen zu können? Wie oft geschieht das?

....

....

....

Welche Aktivitäten finden Sie am attraktivsten (zum Beispiel Sport treiben, meditieren, in Kontakt mit anderen Menschen sein, lesen, selbst etwas gestalten, arbeiten, in der freien Natur sein)? Welche Aktivität vermissen Sie in Ihrem Leben?

Welche Aspekte des Flows (zum Beispiel vollkommene Konzentration, Aussetzen des Ich-Bewusstseins, Aufgehen in dem, was Sie tun, Balance zwischen Anforderung und Können, klare erreichbare Ziele, Feedback erhalten) sind für Sie am schwersten erreichbar?

Wie könnten Sie das ändern?

Was verleiht Ihnen ein tiefes Gefühl des Glücks und der Harmonie? Was tun Sie in dieser Situation und wie kommt dieses Gefühl zum Ausdruck?

Wann haben Sie sich zum letzten Mal mit Ihrem Leben besonders zufrieden gefühlt? Was haben Sie damals getan und wie kam es, dass Sie sich so gefühlt haben?

Inwiefern fühlen Sie sich bei einer lebhaften Flow-Aktivität (wie Ski fahren, etwas gestalten, inspirierende Gespräche führen) anders als bei einem passiven Zeitvertreib wie Fernsehen?

In welchen Bereichen Ihres Lebens (etwa im Beruf oder im Familienleben) könnten Sie etwas mehr Flow gebrauchen und was könnten Sie dafür tun?

5. Persönliche Entwicklung durch Flow

Je mehr wir uns dessen bewusst sind, was uns zufrieden und glücklich macht, desto mehr werden unsere Entscheidungen mit unserer Persönlichkeit in Einklang stehen. Dabei geht es nicht nur darum, für welche Aktivität wir uns entscheiden, sondern auch darum, was wir daraus machen. Setzen wir uns für unsere Tätigkeit ein bestimmtes Ziel oder sind wir schon mit der Erfahrung der Tätigkeit selbst zufrieden? Versuchen wir unsere Fähigkeiten weiterzuentwickeln und an dieser Aktivität zu wachsen, oder möchten wir uns dabei nicht so sehr anstrengen?

Csikszentmihalyi geht davon aus, dass Menschen im Allgemeinen zu »psychischer Entropie« neigen, worunter er einen Zustand innerer Unordnung versteht: eine Desorganisation des Selbst, die dazu führt, dass Menschen zur Passivität tendieren. Ohne Ziel und Fokus verirrt sich ihr Geist und wendet sich negativen Dingen zu. Sie suchen Ablenkung, fühlen sich eigentlich aber leer und niedergeschlagen. Das Bewusstsein ist ungeordnet, sie haben keine bestimmten Intentionen oder Ziele und leben nur noch passiv dahin. Den Gegensatz zur Entropie bildet die Kreativität. Sie ist der Ausdruck eines Wunsches, etwas zu erschaffen oder etwas Neues zu entdecken. Die Entscheidung für eine zielgerichtete Flow-Aktivität bringt wieder Ordnung in den Geist. Man fokussiert sich auf ein gewisses Ziel, steckt seine Energie in einen Gedanken, eine bestimmte Aufgabe oder Handlung und erlernt die Regeln, der diese Tätigkeit unterworfen ist. Die geistige Energie erhält eine Richtung und das Denken und Handeln gewinnt Struktur und Ordnung. Denken Sie zum Beispiel an eine Tätigkeit wie das Gärtnern: Wir überlegen uns, was wir erreichen möchten, wie wir es angehen und welches Wissen wir dazu benötigen. Weil daraus ein Können erwächst, an das wir immer höhere Ansprüche stellen, um weiterhin in den Flow zu kommen, entwickeln wir uns auch als Person weiter. Durch neue Erkenntnisse über uns selbst und durch unser wachsendes Können werden wir als Personen immer komplexer und bauen *psychologisches Kapital* auf. Das ist nur möglich,

Die Entscheidung für eine zielgerichtete Flow-Aktivität bringt wieder Ordnung in den Geist.

wenn wir Zeit und Aufmerksamkeit ganz bewusst in Lebensziele investieren, die uns wirklich weiterbringen. Psychologisches Kapital wird dann aufgebaut, wenn die Aufmerksamkeit, die wir investieren, zu einer größeren Komplexität des Bewusstseins führt, also zu einer Verfeinerung der Fähigkeiten, einem besseren Verständnis eines bestimmten Themas oder zur Vertiefung einer Beziehung. Csikszentmihalyi zufolge geschieht das meist, »wenn wir unsere Fähigkeiten dazu einsetzen, es mit höheren Anforderungen aufzunehmen – mit anderen Worten, wenn wir *flow* erleben. Das sind Aufmerksamkeits-›Investitionen‹, die uns zu einem späteren Zeitpunkt Erträge in Form gesteigerter Lebensqualität einbringen.«[6] In diesem Sinne entfaltet man sich in immer komplexeren Zügen und wird als Person differenzierter und integrierter.

Doch wenn man die investierte Aufmerksamkeit nicht in Form eines psychologischen Kapitals als Gewinn verbuchen kann, wird die psychische Energie lediglich verbraucht und letztendlich vergeudet. Die Investition bewirkt in diesem Fall weder eine geistige Veränderung noch bleibende Erinnerungen, weder neue Fertigkeiten noch die Vertiefung einer Beziehung. Man profitiert in keinerlei Hinsicht davon und verbucht eigentlich einen Verlust.

Wer in seinem Tun Befriedigung erfahren und innerlich bereichert werden will, sollte also mit seiner psychischen Energie besser sparsam umgehen. Und sich bei jeder Entscheidung fragen, ob diese Aktivität einen psychischen Gewinn bewirkt oder eine Energievergeudung darstellt. Eine solche Frage kann als eine Art Schablone dazu dienen, sich immer mit klarem Bewusstsein für weitere Herausforderungen und persönliches Wachstum zu entscheiden.

DIE ENTWICKLUNG DES MENSCHEN

Dieser ganze Wachstumsprozess muss als die treibende Kraft hinter der menschlichen Evolution verstanden werden – als die Art und Weise, in der sich der Mensch entwickelt und als Spezies an Komplexität gewinnt. Sie wird in ihrem Verlauf vom Zusammenspiel zweier Prozesse bestimmt: der Differenzierung und der Integration. Unter Differenzierung versteht man eine Entwicklung in die Breite. Hierbei wählt ein Mensch aus der Bandbreite an Möglichkeiten, die jedem zur Verfügung stehen, die passende Möglichkeit aus. In diesem Prozess stellt er sich mit Vorliebe neuen Erfahrungen und wächst nach und nach zu einem einzigartigen Menschen mit ganz persönlichen Vorlieben und Interessen heran. Der Prozess der Integration bezieht sich auf den Zusammenhang, der zwischen diesen unterschiedlichen Aspekten besteht. Der Mensch macht sich die Erfahrungen zu eigen und seine

Gedanken, Gefühle und Handlungen bilden ein harmonisches Ganzes. Einer integrierten Person fällt es auch leicht, sich mit anderen Menschen und bestehenden Ideen zu verbinden.

In der Entwicklung zu einem komplexen Menschen, der sich tief gehend und in voller Breite persönlich entfaltet und zugleich Teil einer Kultur oder eines Netzwerks ist, sind sowohl Differenzierung als auch Integration notwendig. Innerhalb dieses Entwicklungsprozesses geht es fortwährend um die Balance zwischen dem differenzierten und individuellen Aspekt einerseits und dem integrierten und verbundenen Aspekt andererseits. Auf der einen Seite spielt der Wunsch nach Einzigartigkeit und Einmaligkeit eine Rolle, auf der anderen Seite das Bedürfnis, etwas Größerem und Stärkerem anzugehören. In der einen Entwicklungsphase liegt die Priorität auf der Individuation (der Entwicklung der Individualität), in der anderen auf der Verbundenheit mit der Außenwelt. Über das Zusammenspiel von Individualität und Verbundenheit macht Csikszentmihalyi eine bemerkenswerte Aussage: »Am Endpunkt – der höchsten Stufe der Entwicklung – hat die Person ihre Einmaligkeit verfeinert, sie beherrscht ihre Gedanken, Gefühle und Handlungen, freut sich dabei an der menschlichen Diversität und fühlt sich eins mit dem unendlichen Kosmos. Einen Menschen, der diese Stufe erreicht hat, können wir in der Tat glücklich nennen, weil er keiner weiteren Sache bedarf.«[7]

Das Gegenteil eines immer weiter wachsenden Menschen, der in Bewegung bleibt, bildet eine erstarrte und egozentrische Persönlichkeit, die all ihre Energie zur Selbstbehauptung aufbraucht. Einem solchen Menschen bleibt kaum Energie, sich zu einer vielschichtigen Persönlichkeit zu entfalten. Er setzt seine ganze Aufmerksamkeit ein, um zu beweisen, dass er Sympathie oder Liebe verdient, so dass ihm für Herausforderungen, die über seine eigene Person hinauszugehen, wenig bleibt. Selbstschutz – und nicht Erweiterung seiner persönlichen Erfahrungen oder Engagement für ein höheres Ziel – hat für ihn höchste Priorität.

DIE T-PERSON

Csikszentmihalyi nennt einen Menschen, der seine eigene Persönlichkeit übersteigt, eine T-Person: einen *Transcender*, eine Person mit einem transzendierten Selbst. Ein solcher *Transcender* ist ein weiser Mensch, der bewusst Komplexität sucht und sich nicht völlig von seinen alltäglichen Aktivitäten in Beschlag nehmen lässt, sondern auch darüber hinausschaut und sich für die Zukunft oder die Umwelt verantwortlich fühlt. Die Tatsache, dass eine Person über zahlreiche Fertigkeiten verfügt, impliziert keineswegs, dass sie weise ist. Ein weiser

Mensch ist innerlich im Gleichgewicht und in der Lage, die Dinge in einem größeren Zusammenhang zu sehen.

Eine T-Person hat eine komplexe Persönlichkeit, sie kann aber auch das Leben genießen. Sie sucht bewusst nach Herausforderungen und ist auch in der Lage, diese zu erkennen. Was für manchen einfach nur ein bloßes Vorkommnis darstellt, sieht ein anderer vielleicht als außergewöhnliche Chance – weil er ein Gespür dafür hat. *Um eine Herausforderung als solche zu erkennen und dafür offen zu sein, muss man also bereits etwas können.* Eine andere Eigenschaft dieser Menschen ist die Fähigkeit, mit inneren Widersprüchen – beispielsweise intuitiv versus rational, unabhängig versus verantwortlich, originell versus systematisch, frech versus diszipliniert, stolz auf Eigenheit bedacht versus Verbundenheit mit anderen – umgehen zu können. Diese gegensätzlichen Charakterzüge kommen im letzten Kapitel noch einmal ausführlicher zur Sprache. Und schließlich wird der *Transcender* als eine spirituelle Person auf der Suche nach harmonischen Zusammenhängen und tieferen Bedeutungen innerhalb der Vielfalt der Lebensereignisse beschrieben.

Im Prinzip hat jeder geistig und körperlich gesunde Mensch, der nicht in Armut lebt, dieselben Möglichkeiten, einen solchen Prozess zu durchlaufen und zu einer reifen Persönlichkeit heranzuwachsen. Um bewusste Lebensentscheidungen zu treffen, sollte man sich immer wieder fragen, ob eine bestimmte Entscheidung die eigene Zukunft positiv oder negativ beeinflussen wird. Trägt diese Entscheidung zur Differenzierung und Integration bei oder gibt es Alternativentscheidungen, die stärkeres Wachstum und größere Harmonie versprechen? Für Csikszentmihalyi liegt darin sogar die Verantwortung jedes Einzelnen, zur Evolution beizutragen. Denn schließlich ist sich der Mensch erst seit kurzer Zeit – man vermutet seit circa dreitausend Jahren – seines eigenen Denkens bewusst. So betrachtet ist selbstreflexives Bewusstsein also eine ziemlich neue Errungenschaft innerhalb der menschlichen Evolution. Und innerhalb dieses Prozesses sind nur dann Veränderungen zu erwarten, wenn die menschliche Gattung vielschichtiger und komplexer wird.

6. Im Fluss des Lebens

Die meisten reagieren auf das Wort Flow mit der Redewendung *Go with the flow!* Jeder scheint ihn und seine Bedeutung zu kennen, mehr noch als den Begriff Flow selbst. *Go with the flow* enthält die Aufforderung, sich vom Fluss des Lebens forttragen zu lassen. Getragen vom Lebensfluss, brauchen wir uns nicht wirklich anzustrengen, damit etwas gelingt. Was wir brauchen, kommt wie von selbst zu uns und alles wird so, wie wir es uns wünschen. Es geht darum, uns der Situation hinzugeben und uns den Kräften, die uns umgeben, zu überlassen. Es ist bemerkenswert, wie mühelos alle Dinge bei einer solchen Erfahrung verlaufen – wir machen einen ersten Schritt und schon entwickelt sich alles andere wie von selbst.

Nach Flow-Erfahrungen im Sport oder in einem kreativen Prozess sind viele Menschen überrascht, dass alles so einfach ging. Sie hatten einfach mit dem Spiel, dem Bergsteigen oder der Zubereitung einer Mahlzeit begonnen, ohne an etwas anderes zu denken, und flugs waren sie fertig damit. Sie hatten ihre Sache gut gemacht, hatten sich währenddessen wohlgefühlt und das Resultat hatte alle Erwartungen übertroffen.

Dieses Gefühl müheloser Anstrengung kann als Gradmesser für den Flow betrachtet werden. Wenn wir dieses Gefühl haben, sind wir im Flow und in Balance mit allem, was uns umgibt. In einem solchen Moment stimmt einfach alles: Was wir tun, entspricht unseren eigenen Wünschen, Fähigkeiten, Werten und Zielen, wir werden nicht abgelenkt und all diese persönlichen Aspekte bündeln sich in einem Punkt und werden als harmonisch empfunden. Diese Erfahrung erweckt oft den Eindruck, als sei – ähnlich wie in einer mystischen Erfahrung – eine höhere Macht am Werk. Was sich womöglich dadurch erklären lässt, dass wir in solchen Momenten stark mit dem eigenen Kern und der eigenen Lebenskraft verbunden sind und auf diese Weise mit einer größeren Quelle an Lebensenergie in Berührung kommen. Wir treten mit einem energetischen Feld in Verbindung, das uns mit kreativen Ideen versorgt und durch intuitive Eingebungen steuert.

Dieses Gefühl müheloser Anstrengung kann als Gradmesser für den Flow betrachtet werden.

Es ist ein verlockender Gedanke, dass all diese Dinge möglich sind, wenn wir mit uns und unserem Umfeld in Harmonie leben. Viele große Geister – aber auch weniger bekannte Musiker und Sportler – haben dies selbst erfahren und in überzeugender Weise beschrieben. In diesem Buch werden Sie einige Zitate von Menschen finden, die solche ungewöhnlichen Erfahrungen gemacht haben.

Dennoch handelt es sich bei Flow-Episoden nicht um mystische Erlebnisse, sondern um gewöhnliche menschliche Erfahrungen. Im Flow können sich Menschen in Erfahrungen, die ihnen bisher fremd waren, aber doch zum menschlichen Potenzial gehören, zu Höchstleistungen aufschwingen. Im Prinzip sind solche passionierten und intensiven Momente für jeden erreichbar. Menschen haben im Allgemeinen ein großes Reservoir an Möglichkeiten, und der Flow ist ein Weg, sich diesem Reservoir zu nähern und das Beste aus sich herauszuholen.

Die Fülle in Flow-Erfahrungen bringt viele Menschen so in Ekstase, dass sie ihr Leben als beseelt erfahren. Ihr Sein hat eine Dimension hinzugewonnen, die wesentlicher ist als alles andere, was ihr Herz und ihren Geist mit seelischer Qualität bereichert. Obwohl sich der Begriff *Seele* natürlich schwer fassen lässt, können sich die meisten Menschen unter dem Wort *beseelt* etwas vorstellen. Beseelende Erfahrungen, wie sie zu allen Zeiten und in allen Kulturen geschildert werden, sind wesentliche Erfahrungen, die uns tief berühren und unser gewöhnliches Selbst offenbar übersteigen.

FLOW ALS LEBENSKUNST

Aufgrund der transzendenten Erfahrungen wird der Bewusstseinszustand im Flow bisweilen mit einer religiösen Erfahrung verglichen. Die Parallelen zu Erfahrungen, die im Zentrum des Buddhismus stehen, treten wohl am deutlichsten hervor. Doch auch in diesen Erfahrungen geht es eigentlich nicht um Religion, sondern um eine gewisse Lebenseinstellung. Csikszentmihalyi betrachtet Flow und Religion als zwei Seiten derselben Suche nach einem Grund oder einer Rechtfertigung des Lebens: »Vitalistische Religionen bieten die Möglichkeit des totalen Eintauchens von Körper, Geist und Seele in die Suche nach dem spirituellen Einssein mit dem Kosmos. Flow-Erfahrungen sind kein Ersatz für Religion, aber sie vermitteln eine Vorstellung davon, was ›der Rausch des Lebens‹ sein kann, und gehen in die Richtung eines seelenbestimmten Daseins.«[8]

Für Menschen, die nicht religiös sind, gestaltet sich die Suche nach dem Sinn und dem Grund ihrer Existenz schwieriger, da ihnen feste Regeln, Tugenden und Lebensweisen, die ein Gefühl von Halt und Sinn vermitteln, nicht vorgegeben sind. Was ihre Sinnsuche zwar sehr persönlich werden lässt, sie bisweilen aber auch zu einem sich mühselig vortastenden Suchen zwingt.

Einige Psychologen aus der Positiven Psychologie betrachten es als ihre Aufgabe, als eine Art »Wegweiser« zu fungieren und auf diese Weise dazu beizutragen, dass sich Menschen ihrer Tugenden, Ziele und tieferen Sinnhaftigkeit bewusst werden. Wissen über die Regeln einer Lebensweise, die Flow-Erfahrungen ermöglicht, publik zu machen, ist ein solcher Beitrag, von dem viele Menschen profitieren können. Ihr Ziel ist es, Grundlagen für eine Lebenseinstellung zu bieten, die Menschen im Allgemeinen glücklicher und zufriedener macht, wie Studien belegen. Und darin sehe auch ich das eigentliche Ziel der Positiven Psychologie: durch die Erforschung und Darstellung positiver Emotionen, Talente und Eigenschaften, die das Leben lebenswert machen, zur Lebensqualität beizutragen.

Der Positive Psychologe Martin Seligman ist der Auffassung, dass die Psychologie auf diese Weise »einen säkularen Ansatz zu den edlen Zwecken und dem transzendenten Sinn«[9] aufzeigt. Andere Autoren bezeichnen diese Strömung als »säkularen Humanismus« und schreiben der Flow-Theorie darin einen hohen Stellenwert zu. Während das Thema der Religionen und des Buddhismus eine spirituelle Lebenskraft sei, gehe es der Flow-Theorie um eine weltliche Lebenskraft von grundlegend gleicher Art.[10]

Wieder andere – etwa die Autoren von *Psychologie van de levenskunst*[11] – denken, dass die Positive Psychologie sich eher als eine praktische Form der Lebenskunst verstehen sollte. Denn ihrer Meinung nach geht es nicht nur um ein gutes Leben und eine optimale Selbstverwirklichung, sondern auch darum, mit dem gewöhnlichen Alltag zurechtzukommen – einem Alltag, der nicht nur aus Glück, sondern auch aus Kummer und Schmerz besteht. In dem nicht alles machbar und veränderbar ist und in dem es auch nicht immer sinnvoll ist, sich darum zu bemühen. Einem Alltag, in dem man manchmal nichts anderes tun kann, als sein Leid zu tragen, wenngleich nicht in passiver Duldsamkeit und unglücklicher Resignation, sondern als bewusste und realistische Entscheidung. Die Autoren sehen die größte Herausforderung im Leben darin, eine Balance zwischen dem Ausschöpfen eigener Gestaltungsmöglichkeiten und der Hinnahme des Unabänderlichen zu finden. Wobei es immer auch um ein Gleichgewicht zwischen Spaß, Engagement und Sinn sowie um eine Balance zwischen den positiven und weniger positiven Lebenserfahrungen geht. Der Unterschied zwischen dem gewöhnlichen Alltagsleben und dem optimalen Leben wirkt auf mich etwas künstlich. Ich denke, man sollte das Ganze wohl eher als einen Prozess betrachten, als einen Lebensweg, auf dem auch das Alltägliche sehr außergewöhnlich sein kann und auf dem wir für das Außergewöhnliche auch ganz alltägliche Dinge tun müssen.

Der Begriff Lebenskunst beschreibt diesen ganzen Prozess sehr treffend, denn er umfasst eigentlich genau das, was die Flow-Theorie bietet. Im weitesten Sinne beschäftigt sie sich mit dem Leben als Ganzem und ist sowohl eine Kunst als auch eine Wissenschaft. Neben intensivem Genuss und Wachstum – am besten in Kombination miteinander – konzentriert sie sich vor allem auf Engagement und Sinngebung. Und letzten Endes führt das umfangreiche Wissen der Flow-Theorie und deren tägliche praktische Anwendung zu einem *way of life*, zu einer bewussten Haltung, die es uns ermöglicht, das Leben in guten wie in schlechten Zeiten ihr gemäß zu meistern.

KAPITEL 2:

INNERE ENTDECKUNGEN

Nachdem Sie nun die Flow-Theorie kennengelernt haben, können Sie in diesem Kapitel mit Ihrer Selbstbetrachtung beginnen. Sie finden hier einige Fragebögen zu Ihrem Lebensweg, Ihren Werten, Talenten, Inspirationsquellen und Passionen. Über diese Fragen nachzudenken und Ihre Antworten darauf in diesem Buch, auf einem Blatt Papier oder in Ihrem Computer zu notieren, wird Ihre Selbsterkenntnis erweitern. Das erfordert zwar einiges an Engagement, Zeit und Konzentration, es wird Ihnen aber einen guten Einblick in gewisse Aspekte Ihrer Persönlichkeit ermöglichen, die Ihnen bisher verborgen waren. Um Entscheidungen zu treffen, die Ihr Leben bereichern, ist diese Form der Erkenntnis unverzichtbar.

1. Selbsterkenntnis und Flow

Wenn Sie einen Lebensstil entwickeln möchten, der es Ihnen Tag für Tag ermöglicht, im Flow zu sein, müssen Sie sich selbst gut kennen. Was macht Sie zu der einzigartigen Persönlichkeit, die Sie sind? Wann sind Sie authentisch und wann haben Sie wirklich das Gefühl, Sie selbst zu sein? Welche Ihrer Begabungen und Talente möchten Sie entwickeln? Was ist Ihnen in Ihrem Leben wirklich wichtig?

Diese Fragen lassen sich gar nicht so leicht beantworten. Doch viele Lebensentscheidungen würden uns gewiss leichter fallen, wenn wir die Antworten auf sie parat hätten. Die Wahl eines Studiums oder eines Ausbildungsganges würde uns dann ebenso leichtfallen wie die Entscheidungen für eine bestimmte Freizeitbeschäftigung oder ein Hobby und die Wahl der eigenen Freunde. Außerdem wäre es ein gutes Gefühl, sich derart wichtiger Aspekte der eigenen Persönlichkeit bewusst zu sein – zu wissen, wer man eigentlich ist, wie man auf andere wirkt, welchen Sehnsüchten man nachgehen und welche persönlichen Qualitäten man ausschöpfen will. Der eigene Lebensweg wird viel deutlicher und die Flow-Erfahrungen nehmen zu.

Die direkte Frage »Was bringt mich in den Flow?« lässt sich, selbst wenn der Begriff *Flow* geklärt wurde, oft schwierig beantworten. In meiner Arbeit als Psychotherapeutin hat es mich oft überrascht, dass viele Klienten sich absolut keine Aktivität vorstellen konnten, die sie in den Flow bringen könnte. Auch die Studenten in meinen Seminaren werden bei dieser Frage oft ganz still, nur einige wenige nennen »Sex« oder »miteinander schlafen«, aber viel mehr fällt ihnen nicht ein.

Da ich davon überzeugt bin, dass wir umso glücklicher sind, je öfter wir im Flow sind, halte ich es für wichtig, eine Antwort auf diese Frage zu finden. Inzwischen konnte ich feststellen, dass fast jeder Flow-Erfahrungen kennt, mögen sie bei manchen Menschen auch schon sehr lange zurückliegen. Ich habe miterlebt, wie zuvor bedrückte, in sich gekehrte Klienten bei ihren Erzählungen über ihre Flow-Momente plötzlich auflebten und sich angeregt und aufrecht sitzend an Augenblicke der Erfüllung und des Glücks erinnerten. Mit strahlenden Augen schilderten sie in allen Einzelheiten Ereignisse aus längst vergangenen Lebensphasen – um anschließend niedergeschlagen festzustellen, all das gehöre doch jetzt wohl der Vergangenheit an. Als Psychologin weiß ich jedoch, dass alles, was einmal war, niemals ganz verloren ist und immer wieder zurückkommen kann, wenn auch nicht sofort und nicht ohne Anstrengung und Geduld.

Die Aufgabe, nach Flow-Erfahrungen in der Vergangenheit zu suchen, ist ein sehr spannender Prozess. Und dazu noch sehr lohnend, denn diese Art der Selbsterkenntnis ermöglicht es uns, ein Leben zu finden, das zu uns passt und in dem wir unser Bestes geben können. Und ein Leben mit Flow-Erfahrungen führt – wie bereits erwähnt – zu einem erfüllteren und zufriedeneren Leben als ein Leben ohne Flow.

Um den Suchprozess zu vereinfachen, betrachten wir die unterschiedlichen Aspekte – die Bausteine des Flows – gesondert. Wir schauen zunächst in die Vergangenheit, um bei einem Rückblick auf Ihren Lebensweg die schönsten Erinnerungen wieder wachzurufen. Danach betrachten wir die unterschiedlichen Aspekte Ihrer Persönlichkeit: Ihre Werte, Talente und Qualitäten, die Momente, die Sie inspirieren, Ihre Leidenschaften, Träume und Wünsche.

In der Flow-Theorie geht es immer darum, all diese Selbsterkenntnisse so miteinander in Einklang zu bringen, dass daraus eine harmonische Einheit entsteht. Eine solche Einheit kann zu einem Lebensthema werden, einem roten Faden, der alles durchzieht und der unseren Lebensentscheidungen eine Richtung gibt. Csikszentmihalyi spricht dann von einer »vereinigten Flow-Erfahrung«, einer Art übergeordnetem Lebensziel, in dem sich alles bündelt. Alle Handlungen, Gedanken und Gefühle fließen in ein solches Lebensthema ein und bilden gemeinsam ein sinnvolles Ganzes, durch das Struktur und Ordnung entsteht.

Die Suche und die Formulierung eines solchen Themas sind wohl zeitaufwendig, aber sehr gewinnbringend. Da sich ein Lebensthema aus den unterschiedlichen Zielen einzelner Flow-Aktivitäten zusammensetzt, ist Selbsterforschung ein guter Einstieg zur Klärung des eigenen Lebensthemas.

2. Rückblick auf den eigenen Lebensweg

Ein Rückblick auf das eigene Leben bis zum heutigen Tage bietet einen ersten Zugang zur Selbsterkenntnis. Er beginnt immer mit den frühesten Kindheitserinnerungen. Da wir als Kinder von Natur aus wohl am ehesten ganz wir selbst waren, können wir davon ausgehen, dass wir damals ganz von selbst das taten, was wir mochten. Wir brauchten nicht darüber nachzudenken, sondern taten es einfach. Ein Kind, das in einem sicheren und unterstützenden Umfeld aufwächst, ist eigentlich ständig im Flow-Zustand. Es geht in seinem Spiel auf, ist nicht mit seiner Selbstbeobachtung belastet und hat noch kein Zeitempfinden; es sucht nach Herausforderungen und tut die Dinge noch um ihrer selbst willen. Ein spielendes Kind *ist* einfach, und es befindet sich damit genau in dem Zustand, den wir als Flow beschreiben.

Erst später passt sich ein Kind seinem Umfeld an. Es wird sich den Erwartungen seiner Eltern bewusst, lernt bald, welche Verhaltensweisen erwünscht sind und mit Zuwendung und Aufmerksamkeit belohnt werden und welche nicht. Auf diese Weise verliert sich das Kind selbst immer stärker aus dem Blick, sein Denken und Handeln gehen nicht mehr so natürlich aus ihm selbst hervor. Sein Bewusstsein von sich selbst steht ihm im Wege. Doch je mehr Liebe und Unterstützung ein Kind erfährt, desto länger wird sein Selbst intakt bleiben und ihm als Kompass die Richtung weisen. »Das ist schön, das werde ich tun, das finde ich toll.«

Natürlich lässt sich über diesen Prozess viel mehr sagen – für mich ist er einer der spannendsten der ganzen Entwicklungspsychologie –, aber hier geht es mir vor allem um die Konsequenzen dieses Prozesses. Einem Menschen, der schon früh die Verbindung zu seinem Selbst verloren hat, fällt es schwer, mit ihm in Kontakt zu treten, sein Selbst bleibt für ihn als Leitfaden und Wegweiser unzugänglich. Die Entscheidung, welches Handeln sich angenehm oder gut anfühlt, geht nicht mehr natürlich aus ihm hervor. Er gerät auf allerlei Nebengleise und verliert sein wahres Selbst immer mehr aus dem Blick.

Die Chance, Verhaltensweisen zu entdecken, die dem reinen authentischen Selbst entspringen, ist daher größer, wenn wir in die Kindheit zurückgehen. Wenn Sie an das Kind zurückdenken, das Sie einmal waren, können Sie sich vielleicht daran erinnern, was Sie damals gerne getan haben. Waren Sie als Kind lieber draußen oder drinnen? Waren Sie oft allein oder mehr mit anderen zusammen? Was war Ihre Lieblingsbeschäftigung und was hat Sie immer wieder fasziniert?

Ich erinnere mich zum Beispiel an einen Klienten mit einem schweren Burnout-Syndrom. Dieser Klient, der eine hochrangige Managementfunktion ausübte, aber keinerlei Hobbys oder Freizeitinteressen hatte, dachte auf diese Weise daran zurück, wie sehr er als Kind das Meer geliebt hat. Mit seinem Vater hatte er damals lange Spaziergänge am Strand unternommen, bei denen sie gemeinsam die schönsten Muscheln entdeckt hatten. Schon über dieses große Glück zu sprechen, trieb ihm die Tränen in die Augen, und er fragte sich, warum er in den vergangenen vierzig Jahren nie mehr Zeit dafür gefunden hatte. In seiner Erinnerung hatte er – außer bei der Geburt seiner Kinder – auch später nie mehr ein solches Glücksgefühl empfunden.

Wenn Sie in Ihrem Leben eine solche Erfahrung aufspüren, sollten Sie sich zunächst fragen, was Sie daran so schön fanden. War es die Freiheit, der Wind, der Aufenthalt in der Natur, das Zusammensein mit einem anderen Menschen, die Tatsache, nach etwas auf der Suche zu sein, oder die Geräusche, kurzum: Was machte diese Erfahrung für Sie so besonders? Wenn Sie verschiedene Aktivitäten so auf ihren Kern hin untersuchen, werden Sie schon bald einen roten Faden entdecken, eine Motivation, die Sie schon als Kind geleitet hat und die für Sie charakteristisch war. So können Sie auch herausfinden, was Sie damals schon gut konnten (zum Beispiel werkeln, etwas erfinden oder organisieren) und worin ihre »natürlichen« Begabungen liegen. In diesem Alter ist es vielleicht noch schwierig, von speziellen Talenten zu sprechen, doch welche Intention man verfolgte, was man gerne immer wieder tat und wovon man sich fesseln ließ, wird oft schon deutlich.

HÖHEN UND TIEFEN DES EIGENEN LEBENSWEGES

Die Suche nach dem Flow in Ihrem Leben lässt sich bis zum heutigen Tag fortsetzen. So dass Sie schließlich eine Grafik erstellen können, auf deren horizontaler Achse Sie in Fünfjahres-Abschnitten Ihre Lebensjahre markieren, während die vertikale Achse in einer Skala von eins bis zehn Ihr Gefühl des Glücks und der Zufriedenheit abbildet. Wie fühlten Sie sich in dieser Fünfjahres-Phase? Angesichts der Hochphasen könnten Sie sich fragen: Was habe ich damals getan und was hat dazu beigetragen, dass ich mich damals so wohlgefühlt habe? Welche Umstände spielten dabei eine Rolle, welche Talente konnte ich einsetzen, welches Können wurde honoriert, welche Kontakte haben mir damals gutgetan und was hat es mir damals ermöglicht so zu sein, wie ich war?

Manche Menschen entdecken mit Hilfe dieser einfachen Übung zum ersten Mal Muster, die Ihnen früher entgangen waren. Plötzlich zeichnet sich für sie ein roter Faden ab, eine Reihe von Momenten oder Zeiten in ihrem Leben, in denen sie sich stark fühlten und ganz sie selbst waren. Statt eine Grafik zu erstellen, können Sie auch die Geschichte Ihres eigenen Lebens – Ihre Autobiografie – schreiben, wobei Sie den Schwerpunkt auf Ihre Glanzphasen, in denen Sie sich am besten verwirklichen konnten, legen sollten. Was inspirierte Sie damals, was gab Ihnen Kraft und weckte Ihre Lebensgeister? Um mehr über sich zu erfahren und dem Wesen des eigenen Ich auf die Spur zu kommen, ist es wichtig, immer wieder nachzuhaken und sich die Frage zu stellen: Warum fühlte ich mich so und was sagt das eigentlich über mich aus?

Was inspirierte Sie damals, was gab Ihnen Kraft und weckte Ihre Lebensgeister?

Natürlich können Sie sich auch von anderen Personen über Ihr Leben befragen lassen. Auch sie werden dann in den entscheidenden Momenten nachfragen, was damals genau geschah und was dieses Ereignis für Sie bedeutete. Eine Analyse Ihrer kreativen Lebensphase wird auf jeden Fall zu wichtigen Einsichten führen und Ihnen gewiss deutlich machen, bei welchen Aktivitäten und in welcher Atmosphäre Sie sich entfalten können.

Auf diese Weise fand eine meiner Klientinnen mit einem wenig inspirierenden Job heraus, dass die Hochphasen ihres Lebensglücks immer mit den seltenen kreativen Momenten zusammenhingen, in denen sie die Chance gehabt hatte, selbst etwas zu gestalten. In diesen Zeiten war sie total aufgeblüht und hatte danach noch monatelang von der Energie gezehrt, die sie dabei gewonnen hatte. Ein anderer Klient, der sich ganz bewusst für die Gründung eines Einmannbetriebs entschieden hatte, erkannte, dass er sich eigentlich am glücklichsten fühlte, wenn er mit anderen gemeinsam etwas auf die Beine stellte.

Auf die gleiche Weise können Sie auch die weniger glücklichen Phasen Ihres Lebens begutachten und hierbei erkennen, dass Sie damals nicht in der Lage oder nicht dazu fähig waren, Ihre positiven Qualitäten einzubringen und Ihre Wünsche zu verwirklichen. Sie können sich fragen, was Ihnen damals fehlte oder was Sie vermissten, und so auch die unglücklichen Perioden Ihrer Lebensgeschichte für sich fruchtbar machen. Das auf diese Weise gezeichnete Profil kann Sie dabei unterstützen, Ihre Stärken und Qualitäten zu erkennen. Und mit Hilfe dieser Selbsterkenntnis wird es Ihnen zunehmend leichter fallen, einen Lebensweg zu wählen, der Ihnen mehr entspricht und Ihnen so mehr Möglichkeiten gibt, im Flow zu sein.

3. Adäquate Werte

Zur Suche nach der Antwort auf die Frage »Wer bin ich?« gehört auch die Frage nach den eigenen Werten. Sie sind Ausdruck dessen, was wir im Leben wichtig finden. Sie prägen unsere Motive und Handlungen und begründen unsere Ideale. Da die Werte dem Leben eine Richtung geben, also eigentlich sehr wichtig sind, könnte man vermuten, dass sich die meisten über ihre Werte im Klaren sind. Man sollte meinen, jeder könnte mühelos die Werte aufzählen, die ihn motivieren. Meiner Erfahrung nach sind sich viele von uns ihrer Werte jedoch ganz und gar nicht bewusst. In meiner Praxis kommt es nur allzu oft vor, dass Patienten mich mit erwartungsvollem Blick bei einer bestimmten Entscheidung oder einem gewissen Vorhaben fragen, ob das nun richtig oder falsch sei. Als gäbe es in Hinblick auf richtiges Handeln eine feststehende Wahrheit, an deren Maßstab sich alles messen ließe.

Ja, wie entscheiden wir eigentlich, was richtig und falsch ist? Wofür stehen wir? Wenn man sich nicht am Wertesystem einer bestimmten Religion oder Ideologie orientieren kann, muss man sich wohl selbst auf die Suche nach seinen Werten begeben. Damit machen wir es uns in vielerlei Hinsicht leichter. Denn je bewusster wir uns unserer Werte sind, desto klarer ist uns unsere Handlungsmotivation und umso sicherer sind wir uns dessen, was richtig oder falsch ist.

Csikszentmihalyi kam in seiner Studie zu dem Schluss, dass es sich anbietet, von einem Grundwert auszugehen, den man im Laufe der Zeit entwickelt.[12] Bei allem, was uns widerfährt, sollten wir uns fragen, ob es zu diesem Grundwert passt. Auf diese Weise kann man alles auf einer soliden Basis in einen bestimmten Rahmen einordnen. So entwickeln wir uns in immer größeren, sich miteinander verbindenden Zirkeln weiter, während unser Grundwert – unsere persönliche Überzeugung – gleich bleibt. Neue Informationen werden fortlaufend daraufhin überprüft, in welcher Weise sie in unser Bild beziehungsweise in unsere Wertvorstellungen passen, oder sie werden daraufhin untersucht, warum sie nicht hineinpassen. Denn auch diese Frage – oder vielleicht sogar besonders diese Frage – zwingt uns, unsere Werte klar zu formulieren. Bei neuen Entscheidungen überprüfen wir also zunächst, ob wir mit ihnen unseren Werten gerecht werden – und bleiben so fokussiert und aufmerksam.

Auch andere Autoren unterstreichen die Bedeutung klarer Wertvorstellungen und die Notwendigkeit, ihnen treu zu bleiben. Die amerikanische Psychologin und Bestsellerautorin Debbie Ford spricht beispielsweise von »makelloser Integrität« und fordert, dass unsere Alltagsentscheidungen immer mit unseren tiefsten Überzeugungen im Einklang stehen sollten.»Wenn unser Handeln auf makelloser Integrität beruht, wird jeder Teil unseres Lebens zum Spiegelbild unserer höchsten Vision und unserer unverbrüchlichen Werte. Unser Verhalten, unser Handeln und unsere Entscheidungen stehen in Einklang mit dem, was wir auf der Welt sein wollen.«[13]

Wenn wir uns darum bemühen, unseren Werten in allen Lebensbereichen treu zu sein, bleiben wir mit unserem eigenen Wesenskern verbunden und legen uns selbst eine gewisse Disziplin auf. Bewusst reflektierte Werte ermöglichen es uns, uns darauf zu konzentrieren, was uns wichtig ist, und bestärken uns immer wieder darin, einer äußeren Bestätigung nicht mehr zu bedürfen. Eine solche Lebensweise verleiht uns ein gutes Selbstbewusstsein und das Gefühl, Gutes zu verdienen und »wertvoll« zu sein. Eine Lebensweise, die nicht unseren Werten entspricht, raubt uns dagegen viel Kraft und kann uns letztlich aus dem Gleichgewicht bringen. Manche Menschen spüren in einem solchen Fall, dass etwas schiefläuft und sie belastet. *Es würde schon ausreichen, sich nur an einem Wert zu orientieren und sich mit diesem Wert auseinanderzusetzen, um sein Leben als sinnvoller zu erfahren.*

In meiner Praxis sah ich, wie einer meiner Klienten mit den Werten des Unternehmens, in dem er arbeitete, in immer größere Schwierigkeiten geriet. Das wurde besonders deutlich, als er »Ehrlichkeit und Aufrichtigkeit« als seine Grundwerte formulierte – Werte, die ganz und gar nicht der Unternehmenskultur entsprachen. Er fühlte sich in seiner Firma immer weniger heimisch und suchte sich schließlich ein Arbeitsumfeld, das besser zu ihm passte und in dem er sich konstruktiver einbringen konnte.

Ein anderer Klient, der weitreichende internationale Ambitionen verfolgte, im entscheidenden Moment allerdings meistens einen Rückzieher machte, erkannte, dass ihn seine Grundwerte »Sicherheit und Geborgenheit« von der Umsetzung seiner globalen Pläne abhielten.

WERTE ALS TUGENDEN

Auch die amerikanische Philosophin und Naturwissenschaftlerin Danah Zohar schildert, welchen Einfluss ein klares Wertesystem ausüben kann. Sie unterscheidet zwischen personalen, interpersonalen und transpersonalen Werten, die universell sind und das Eigeninteresse übersteigen. In ihrer Forschung befasst sie sich vor allem mit transpersonalen Werten, für die sie den Begriff »spirituelle Intelligenz« geprägt hat: eine angeborene Fähigkeit, Sinn, Bedeutungen und Werte zu schaffen. Diese Fähigkeit ermöglicht es uns, Fragen nach Sinn,

Bedeutung und Werten zu stellen, und ist Zohars Auffassung nach im Gehirn nachweisbar.[14]

Als ihr Buch Anfang dieses Jahrhunderts erschien, wirkte ihre These gewagt, ja sogar fast absurd. Heute jedoch belegen auch andere Studien, dass viele unserer Motivationen und Emotionen neurologisch messbar sind. So etwa eine interessante Studie der niederländischen Neuropsychologin Magriet Sitskoorn, in der sie den Zusammenhang zwischen den sieben Hauptsünden (Habsucht, Neid, Stolz, Trägheit, Wut, Lust, Maßlosigkeit), die einen Gegenpol zu Tugenden und Werten bilden, und bestimmten Hirnfunktionen untersucht. In ihrer Studie kommt sie unter anderem zu folgendem Ergebnis:»Anderen zu helfen, aktiviert darüber hinaus auch das für soziale Bindungen verantwortliche Netzwerk des Gehirns, was zusätzlich zu unserem Glück beiträgt. Wenn wir einen Beitrag zur Minderung des Leides anderer leisten können, ganz gleich ob durch Spenden auf ein Hilfskonto oder eine dauerhafte Patenschaft, stimulieren wir das Belohnungssystem des Gehirns ebenso wie durch andere prosoziale Verhaltensweisen, zum Beispiel anderen Menschen zu vertrauen, sie fair zu behandeln, mit ihnen zusammenzuarbeiten und ihnen zu helfen.«[15]

Wie wichtig es ist, gewisse Tugenden einzuüben, ist den meisten von uns durch die religiöse Erziehung schon im frühsten Kindesalter vermittelt worden. Dennoch gehört es meist nicht gerade zu unseren vordringlichsten Beschäftigungen, Werte und Tugenden zu wahren. Das erinnert mich an eine lang zurückliegende Erfahrung. Damals folgte ich»dem Weg des Kriegers«, dem buddhistischen Entwicklungsweg der tibetanischen Shambhala-Tradition, dessen Lehrstoff in sechs »Paramitas« unterteilt ist: in sechs geistige Tugenden, die man sich durch Übung aneignet. Die Paramitas umfassen: Großherzigkeit und Freigiebigkeit, Disziplin, Geduld, freudige Anstrengung, auf Aufmerksamkeit und Wahrnehmung beruhende Meditation und Weisheit in Form klugen Handelns. Jede Woche wurde eine Tugend besprochen, die wir während der Woche üben sollten. Im Rückblick auf alle Kurse, an denen ich im Laufe der Jahre teilgenommen habe, habe ich diese Übung, Werte bewusst im Alltag zu kultivieren und nicht als etwas Außergewöhnliches oder Erhabenes zu betrachten, als eine der nützlichsten Übungen erlebt. Es war zwar nicht immer das reinste Vergnügen, der Gruppe von meinen Versuchen zu berichten, doch wir bemühten uns alle um dasselbe Ziel und hielten uns gegenseitig bei der Stange. Letztendlich machte mir diese Übung eine Reihe wichtiger Werte bewusst und lehrte mich, sie als Kompass zu gebrauchen.

Um in den Flow zu kommen, ist es erforderlich, genau darauf zu achten, ob das eigene Tun und Lassen den persönlichen Grundwerten entspricht. Bei einer Aktivität, hinter der man nicht steht und die gegen die eigenen Grundüberzeugungen verstößt, ist Flow undenkbar. Für eine Flow-Erfahrung müssen Denken, Handeln und Fühlen miteinander harmonieren. Denn erst wenn alles miteinander in Einklang steht, empfindet man sich als »kongruent« mit sich selbst und als authentisch.

FRAGEN ZU WERTEN

Die folgenden Fragen werden Ihnen dabei helfen, über Ihre Werte nachzudenken. Auch hier finden Sie wiederum ähnliche Fragen in unterschiedlichen Formulierungen, von denen Sie einige vielleicht mehr ansprechen mögen als andere.

Wenn Ihnen die daran anschließende Werteliste zu statisch oder wenig inspirierend erscheint, können Sie gern andere Bezeichnungen für diese Werte wählen oder Adjektive wie etwa ehrlich/autonom/frei/ geduldig verwenden.

Was besitzt in Ihrem Leben für Sie den größten Wert?

Welche Werte möchten Sie niemals aufgeben?

Welche Werte finden Sie praktisch schwer umsetzbar?

Welche Werte sind Ihnen im Laufe der Jahre verloren gegangen?

Welche Werte sollten Ihnen zur zweiten Natur werden?

Worin können Sie Ihre Werte so weitgehend wie möglich verwirklichen?

Wegen welcher Ihrer Eigenschaften möchten Sie gern in Erinnerung bleiben?

Welches Ereignis war Ihnen in Ihrem Leben sehr wichtig? Welche Werte konnten Sie damals nutzen und anwenden?

Denken Sie an einen weisen Menschen, den sie kennen, und lassen Sie dessen charakteristische Eigenschaften Revue passieren. Von welchen Werten wird er geleitet?

Können Sie die wichtigsten Überzeugungen, die Sie im Laufe Ihres Lebens gewonnen haben, auflisten? Wie würde Ihr ethisches Testament aussehen?

Welchen Unterschied möchten Sie in der Welt machen?

Welche Werte sprechen Sie an und passen am besten zu Ihnen? Wählen Sie einige aus der folgenden Liste:

Güte	Aufrichtigkeit	Dankbarkeit
Wohlwollen	Freiheit	Ausgeglichenheit
Hilfsbereitschaft	Autonomie	Ebenbürtigkeit
Wahrheit	Ehrlichkeit	Verbundenheit
Bescheidenheit	Freundlichkeit	Versöhnungsbereit-
Reinheit	Rechtschaffenheit	schaft
Unabhängigkeit	Würde	Respekt
Abenteuerlust	Weisheit	Sicherheit
Kreativität	Schönheit	Offenheit
Intimität	Bereitschaft zu Die-	Anpassungsfähigkeit
Leichtigkeit	nen	Eigensinn
Vollkommenheit	Loyalität	Verantwortlichkeit
Originalität	Vertrauen	Mäßigung
Toleranz	Tatkraft	Liebe
Gewissheit	Selbstständigkeit	Gemeinschaftssinn
Harmonie	Individualität	Vernünftigkeit
Spaß	Mitleid	Engagement
Mut	Lauterkeit	Zielbewusstsein
Spontaneität	Bescheidenheit	Kooperation
Einfachheit	Geduld	Abhängigkeit
Fürsorglichkeit	Authentizität	Beständigkeit
Integrität	Treue	Geborgenheit

4. Einsicht in Talente und Qualitäten

In einem authentischen Leben – einem Leben, das uns entspricht – nutzen wir unsere Talente intensiv. Denn wir fühlen uns im Flow, wenn wir voller Freude das tun, was wir am besten können. Die Erkundung der eigenen Talente bildet daher eine wichtige Quelle der Selbsterkenntnis. Auch wenn man sie oft nicht so deutlich vor Augen hat, dass man sie sofort benennen könnte, machen Talente ebenso wie Kompetenzen und Fertigkeiten einen Teil unserer Persönlichkeit aus. Im Unterschied zu Kompetenzen und Fertigkeiten handelt es sich bei Talenten allerdings um angeborene Eigenschaften, die wir im Laufe unseres Lebens kultivieren. Talente wie das absolute Gehör oder die Fähigkeit, sehr schnell zu laufen, werden auch als »Gaben« bezeichnet. Bei Kompetenzen und Fertigkeiten handelt es sich dagegen eher um erworbene Qualitäten, die man mit Hilfe von Willenskraft entwickelt hat, wie beispielsweise Mut und Originalität. Beide Eigenschaften können wir bei uns entdecken, uns aneignen und weiterentwickeln.

Die meisten Menschen nutzen nur einen Teil ihrer natürlichen Fähigkeiten und finden nie heraus, wozu sie tatsächlich in der Lage sind. In ihrer Kindheit hatten sie nie die Chance bekommen oder genutzt, Verschiedenes auszuprobieren. Und später wurden ihre latenten Fähigkeiten von Ängsten, einem geringen Selbstwertgefühl oder Gewohnheiten eingeschränkt. Csikszentmihalyi hat in einer Studie eine ganze Reihe von Managern und visionären Führungskräften untersucht und ist dabei zu dem Schluss gelangt, dass es schon eines gewissen Könnens bedarf, eine Herausforderung als Chance zu erkennen, sie zu meistern und so seine Fähigkeiten unter Beweis zu stellen. Viele Menschen nehmen die Handlungschancen in ihrem Umfeld überhaupt nicht wahr oder glauben, darauf kein Anrecht zu haben. »Aus einem gewissen Fatalismus heraus akzeptieren sie ihren Platz in den bestehenden Strukturen und nehmen mithin alles etwa Neue und Ungewohnte als außerhalb ihrer Reichweite liegend wahr – ›das ist nichts für mich‹. Diese Einstellung macht einen Menschen nicht nur blind für seine Möglichkeiten, sondern erschwert es ihm auch, etwa vorhandene latente Fähigkeiten bei sich zu entdecken. Hier erweisen sich Wissbegierde, Interesse und Offenheit für neue Erfahrungen – Eigenschaften, die bei visionären Führungspersonen so stark ausgeprägt sind – als besonders nützlich.«[16]

Wissbegierde ist offenbar die wichtigste Eigenschaft von Menschen, denen es gelingt, ihre Talente optimal zu entfalten. Auch in Csikszentmihalyis Studie über Kreativität erwies sich ein intensives Interesse und brennende Neugier auf mindestens einen Aspekt des eigenen Umfelds als eine wesentliche Motivationsquelle, die oft schon in Kindertagen ihre Wirkung entfaltete. Außerdem spielen die Einstellung des Umfelds, Wettbewerbsvorteile innerhalb eines bestimmten Milieus (zum Beispiel wenn ein bescheidenes musikalisches Talent nur deshalb gefördert wird, weil es innerhalb eines noch weniger begabten Umfelds glänzen kann) oder die Talente anderer Familienmitglieder (die den Bereich der Musikalität bereits besetzten, so dass ein weiteres Talent sich nicht entwickeln konnte) eine große Rolle.

Oft liegt der Grund für die mangelnde Entfaltung verborgener Talente darin, dass Menschen sich nicht auf ein neues unbekanntes Terrain vorwagen, kein Risiko eingehen und so nie erkennen, wozu sie in der Lage wären. Mit zunehmendem Alter probieren sie immer weniger aus und entwickeln ihre latenten Fähigkeiten nicht mehr weiter.

In meinem Kurs »Flow in Ihrem Leben« lese ich mit den Teilnehmern gern die Geschichte vom Huhn und vom Adler aus dem schönen Buch *Soulprints* des Rabbiners und Philosophen Marc Gafni.

»Es war einmal ein kleiner Junge, der ein Ei fand. Er wusste nicht, dass es ein Adlerei war und legte es in das warme Nest eines Huhns, das gerade brütete. Als die Küken schlüpften, befand sich zwischen ihnen auch ein Adlerküken. Weil dieses Adlerküken nicht wusste, dass es auch andere Möglichkeiten gab, wuchs es wie ein Huhn auf: Es scharrte am Boden, pickte Körner auf, gackerte und schlug unbeholfen mit den Flügeln. Eines schönen Tages hörte der junge Adler den mächtigen Ruf eines Adlers, der hoch über ihm schwebte. Es blickte hinauf zu dem prächtigen Vogel, der vom Wind getragen majestätisch über ihm seine Kreise zog. ›Was ist das?‹, fragte er ein Huhn, das in der Nähe stand. ›Das ist der Adler, der König der Vögel. Er lebt in den Lüften, wir hier auf der Erde. Wir sind Hühner.‹ Der Adler kreiste noch einmal über dem Hühnerstall und stieß ein letztes Mal seinen Ruf aus. Doch der junge Adler hatte sich schon wieder seinem Hühneralltag zugewandt: Er gackerte und pickte Körner auf. Er lebte und starb als Huhn, reagierte nie auf den Ruf des Adlers und breitete seine Flügel niemals zum Flug aus.«[17]

Bei vielen meiner Kursteilnehmer weckt diese Geschichte eine Vielzahl von Emotionen. Sie erkennen sich in dem jungen Adler wieder und leiden unter dem Gefühl, nie wirklich aufgeblüht zu sein oder sich nie ausgelebt zu haben. Sie haben das Gefühl, in einem Kokon zu stecken und sich niemals zu einem Schmetterling entfalten zu können. Das ist ein trauriges Gefühl, vor allem wenn man schon etwas älter ist und das Gefühl hat, das Leben vergehe immer schneller, ohne dass sich eine entscheidende Wende abzeichne.

Um sich zu dem Menschen zu entwickeln, der man sein könnte, muss man sich aktiv auf die Suche nach seinen besonderen Qualitäten begeben. Dabei sollte man nicht nur an außergewöhnliche Fähigkeiten wie eine mathematische Begabung oder Ähnliches denken, sondern gerade an so normale menschliche Eigenschaften wie Genussfähigkeit, Humor, Geschick im Umgang mit anderen oder eine gute Konzentrationsfähigkeit.

Um sich zu dem Menschen zu entwickeln, der man sein könnte, muss man sich aktiv auf die Suche nach seinen besonderen Qualitäten begeben.

Aus Csikszentmihalyis Studie über Führungskräfte geht hervor, dass Topmanager im Wirtschaftsbereich ihre Stärken sehr gut benennen konnten. Sie waren sich über ihren kulturellen und familiären Hintergrund und die Chancen, die ihnen ihr Umfeld bot, im Klaren. Und schufen aus all diesen Gegebenheiten ein Ideal ihrer Selbst, auf das sie bewusst hinarbeiteten. Sich ein genaues Bild von seinen speziellen Talenten zu machen, erfordert bereits eine bestimmte Fähigkeit: die Fähigkeit zur Selbstbeobachtung und Introspektion.

Im Allgemeinen kann man davon ausgehen, dass man gern Dinge tut, die man gut beherrscht. Und umgekehrt ist man oft gut in den Dingen, an denen man Freude hat. Daher ist es sinnvoll, aufmerksam darauf zu achten, wie man sich bei verschiedenen Aktivitäten fühlt. Denn schließlich können wir, bevor wir es ausprobiert haben, gar nicht wissen, ob es uns Spaß machen würde, außergewöhnliche Gerichte zuzubereiten, einen Ausflug für unsere Kollegen zu organisieren, einen Garten zu planen oder Musik zu machen. Manchmal sto-

Die Fähigkeit zu erkennen, was man gut kann und woran man Freude hat, ist vielleicht die wichtigste Eigenschaft kreativer Menschen.

ßen wir per Zufall auf etwas und finden es herrlich, uns mit etwas Neuem zu beschäftigen. Wenn wir auf unsere inneren Empfindungen achten, merken wir ziemlich schnell, was uns berührt. Ob uns eine Aktivität »stärkt« und uns Kraft gibt oder uns unzufrieden macht und ermüdet. Alles, was uns gut von der Hand geht und uns Spaß macht, ist es wert weiterentwickelt zu werden. Die Fähigkeit zu erkennen, was man gut kann und woran man Freude hat, ist vielleicht die wichtigste Eigenschaft kreativer Menschen.

Eine Fähigkeit, die man zwar beherrscht, an der man aber keine Freude hat, sollte man nicht weiterentwickeln, obwohl es sich anzubieten scheint. Das belegt auch die bekannte Aussage eines erfolgreichen Managers, der die gesellschaftliche Karriereleiter bis in höchste Höhen erklommen hatte und nun am Ende seiner Karriere feststellte, er habe seine Leiter an die falsche Wand gelehnt. Er besaß zwar die erforderlichen Talente, doch hatte ihn seine Arbeit eigentlich nie erfüllt. Zurückblickend empfand er keine Zufriedenheit, sondern nur Bedauern über die vielen vergeudeten Jahre. Manchmal entdecken Menschen in ihrem Leben erst spät, dass ihre Haupttätigkeit wenig mit ihren Grundwerten und Talenten zu tun hat. Sie sind zufällig irgendwo gelandet, haben Konzessionen gemacht, sind mit sich selbst Kompromisse eingegangen und haben Entscheidungen getroffen, die weder ihren grundlegenden Werten noch ihren Motivationen entsprachen.

Wenn wir Entscheidungen treffen, die nicht unserer eigenen Persönlichkeit entsprechen, kommen wir nicht in den Flow. Wir gewinnen weder neue Kraft noch ein gutes Selbstbewusstsein, sondern machen nur Verluste. Am deutlichsten lässt sich das bei Menschen erkennen, die in einer beruflichen Situation ein Burnout erleiden. Sie haben sich meist weit von einem ihnen naheliegenden Ziel oder einem ihrem

Wesen entsprechenden Lebensthema entfernt. Ihr Alltag hat nur noch wenig mit den Werten, Talenten, Sehnsüchten und Motivationen zu tun, die irgendwo tief in ihrem Inneren verborgen liegen und denen sie kaum mehr Aufmerksamkeit schenken. Sie sind sich selbst fremd geworden, fühlen sich immer weniger authentisch und haben schließlich einfach keine Kraft mehr.

Ein anderer Stolperstein besteht darin, sich sein Ziel zu hoch zu stecken, so dass es die eigenen Fähigkeiten übersteigt. Auf die Dauer entsteht auch daraus kein Flow, sondern eher Enttäuschung und das Gefühl zu scheitern. Natürlich erfordert der Ausbau eines angeborenen Talents eine Menge Kraft und Disziplin. Und in die Beherrschung einer außerordentlichen technischen, musikalischen oder künstlerischen Begabung muss gewiss viel geistige Energie gesteckt werden. Doch entscheidend ist es letztlich, zwischen den Anforderungen und den eigenen Fähigkeiten eine Balance zu finden. Stellt eine bestimmte Aufgabe zu geringe Anforderungen, entsteht statt Zufriedenheit ein unangenehmes Gefühl wie beispielsweise Langeweile, ist sie zu anspruchsvoll, führt sie eher zu Unsicherheit und Frustration. Wenn wir uns noch einmal die Merkmale des Flows vergegenwärtigen, erkennen wir, dass die Balance zwischen den eigenen Fähigkeiten und Möglichkeiten sehr genau beachtet werden muss. Gute Flow-Aktivitäten, wie die Arbeit eines Chirurgen, das Spiel eines Geigers oder die sportliche Anstrengungen eines Bergsteigers, bieten Anforderungen auf unterschiedlichen Komplexitätsebenen. Solcherart Tätigkeiten sind so facettenreich und so entwicklungsfähig, dass sie sich in ihren Fähigkeiten immer weiter entwickeln können. Um das Flow-Gefühl immer wieder zu erleben oder zu vertiefen, wird die Latte immer höher gelegt, so dass die Tätigkeit zunehmend anspruchsvoller wird und der Handelnde ein immer höheres Niveau erreicht. Das ist es, was man in der Flow-Theorie als persönliches Wachstum bezeichnet: diese Entfaltung einer vielseitigen Persönlichkeit auf immer komplexeren Ebenen, durch die sich die Fülle und die Qualität des Lebens ständig steigert. In dieser Entwicklung ergeben sich immer wieder neue Chancen, etwas zu verbessern, neue Erfahrungen und neue Herausforderungen. Es handelt sich, kurz gesagt, um einen fortwährenden persönlichen Entfaltungsprozess.

KOMPETENZEN AUS SICHT DER POSITIVEN PSYCHOLOGIE

Einer der Pioniere der Positiven Psychologie ist der Psychologe Martin Seligman, der sich vor allem mit der Entwicklung von Talenten befasst hat. Er erforschte den Zusammenhang zwischen dem Glücksgefühl und vorhandenen Kompetenzen. In seinen Studien fand er heraus, dass

Menschen sich am glücklichsten fühlen, wenn es ihnen gelingt, ihre individuellen Kompetenzen täglich zu nutzen. Seligman betrachtet es sogar als Lebensaufgabe jedes Menschen, diese Kompetenzen täglich in unterschiedlichen Lebensbereichen einzusetzen. In seinem Buch *Der Glücks-Faktor* gibt er Ratschläge dazu, wie man in unterschiedlichen Lebensbereichen wie Arbeit, Liebe, Kindererziehung und Sinnsuche Flow und Erfüllung finden kann. Ein authentisches Leben – in dem man so weit wie möglich man selbst ist – führt man laut Seligman erst dann, wenn man täglich durch die Nutzung seiner Lieblingsfertigkeiten im Flow

Nutzt man in seinem Leben seine einzigartigen Talente selten oder überhaupt nicht, findet man niemals Kontakt zu dem besten Teil seiner Persönlichkeit.

ist und Befriedigung erlangt. Seligman spricht in einem solchen Fall von einem »guten Leben«. Ein »sinnvolles« Leben, bei dem man auch von einer Berufung oder einer Mission sprechen kann, liegt hingegen vor, wenn die eigenen Stärken in den Dienst von etwas Höherem gestellt werden. Nutzt man in seinem Leben seine einzigartigen Talente selten oder überhaupt nicht, findet man niemals Kontakt zu dem besten Teil seiner Persönlichkeit. Man kommt nicht in den Flow, die eigenen Fähigkeiten verkümmern und man kann sich nicht weiter entfalten. Seligman unterscheidet 24 Talente und Stärken, die er zu 6 Tugenden zusammenfasst:

- *Weisheit und Wissen:* Wissbegierde und Interessen an der Welt, Lerneifer und Liebe zum Lernen, kritisches Denken, Originalität und Erfindergeist, soziale und emotionale Intelligenz, Weitblick.
- *Mut:* Tapferkeit und Zivilcourage, Durchhaltevermögen und Fleiß, Integrität und Aufrichtigkeit.
- *Liebe und Humanität:* Menschenfreundlichkeit und Großzügigkeit, Lieben, sich lieben lassen und Intimität.
- *Gerechtigkeit:* Loyalität und Gemeinschaftssinn, Fairness und Sinn für Angemessenheit, Führungsqualität.
- *Mäßigung:* Selbstkontrolle, Klugheit und Vorsicht, Demut und Bescheidenheit.
- *Transzendenz* (Stärken, die uns mit etwas in Verbindung bringen, was über uns selbst hinausgeht): Sinn für Schönheit und Qualität, Dankbarkeit, Optimismus und Hoffnung, Spiritualität und ein Gefühl für Lebenssinn, Versöhnungsbereitschaft und Barmherzigkeit, spielerische Leichtigkeit und Humor, Leidenschaft und Enthusiasmus.

Wie wir sehen, stehen diese Stärken in einem engen Zusammenhang mit dem Leben nach bestimmten Werten. Jede Stärke verkörpert eigentlich eine persönliche Werthaltung. In seinem Buch präsentiert Seligman eine Art Test, mit dem sich die jeweiligen charakteristischen Stärken einer Person sogar messen lassen. Auch auf seiner Website kann man seine Stärkenskala bestimmen lassen.[18]

Es gibt einige Anzeichen, die darauf hinweisen, dass man seine wichtigsten Kompetenzen oder Stärken gefunden hat: Bei Aktivitäten, in die man diese Stärken einbringen kann, fühlt man sich authentisch und echt. Man fühlt:»Das bin ich!« Man verspürt eine gewisse Aufregung, findet sie überaus spannend und verbessert schnell seine Fähigkeiten. Man sehnt sich danach und sucht ständig Möglichkeiten, in dieser Weise aktiv zu werden. Es scheint unvermeidlich zu sein: Man ist nicht aufzuhalten und muss es einfach tun. Diese Aktivitäten geben uns Kraft und lassen uns kaum ermüden. Man plant alle möglichen Projekte, bei denen man diese Stärken einsetzen kann, und ist dabei begeistert und froh.

Diese Kriterien für charakteristische Stärken decken sich weitgehend mit den Eigenschaften des Flows. Sie beschreiben ein Gefühl von energetischer Spannung und Erfüllung, das uns dazu motiviert weiterzumachen. Fehlende Spannung und Begeisterung lassen hingegen erkennen, dass es sich bei der betreffenden Aktivität nicht um eine persönliche Kernkompetenz handelt.

Einige Talente, die für den Flow sehr wichtig sind, betreffen unser Bewusstsein. Zum Beispiel das Talent, sich innere Vorgänge bewusst zu machen, sich auf etwas zu fokussieren, im Hier und Jetzt präsent sein zu können, Kleinigkeiten genießen und Körpersignale wahrnehmen zu können. Wie sich diese Eigenschaften entwickeln lassen, wird in der buddhistischen Literatur eingehend beschrieben. In der westlichen Psychologie wird dieses seit Jahrhunderten bestehende Wissen allerdings kaum rezipiert. Vielleicht, weil es sich dabei um eher kontemplative Eigenschaften handelt, die dazu dienen, sich einer Sache zu öffnen und tief greifende Erfahrungen zu erleben, ohne damit zugleich eine äußere Aktion zu verbinden.

Abgesehen von der Entdeckung und Nutzung der Fähigkeiten, die für unsere eigene Entwicklung notwendig sind, können wir uns auch auf die Suche nach den spezifischen Talenten anderer Menschen in unserem Umfeld begeben. Eine Führungskraft oder ein Manager profitiert selbstverständlich von dem Talent, die Qualitäten seiner Mitarbeiter zu erkennen und zu nutzen. Denn schließlich liegt es in seinem eigenen Interesse, dass sein Unternehmen das Beste seiner Mitarbeiter zum Einsatz bringt. Aber eigentlich sollte sich jeder darum bemühen, dieses Talent unabhängig von praktischen Vorteilen zu entwickeln, und versuchen, die speziellen Qualitäten der Menschen im eigenen Umfeld zu erkennen. Nicht nur in einer Partnerschaft, die besonders von den Fähigkeiten geprägt ist, das Beste im anderen zu fördern, sondern auch in anderen Beziehungen. Letztlich ist es sinnvoll, anderen immer mit dieser Intention zu begegnen, denn für jeden ist es angenehm, als der Mensch wahrgenommen und erkannt zu werden, der er wirklich ist. Auf seine persönlichen Fähigkeiten angesprochen zu werden und diese selbst auch bei einem anderen zu suchen, schafft eine besondere Verbindung zwischen Menschen. In meiner Arbeit denke ich oft, dass ein Psychotherapeut wohl seltener gebraucht werden würde, wenn wir alle eine größere Bereitschaft dafür aufbringen würden, uns selbst und andere auf diese Weise zu bestätigen und zu bestärken.

FRAGEN ZU QUALITÄTEN

Auch hier sind wiederum Fragen aufgelistet, die sich auf den ersten Blick einander sehr ähnlich sehen und aus unterschiedlichen Blickwinkeln zum Nachdenken über die eigenen einzigartigen Begabungen und Talente anregen können:

Was können Sie gut? Wo liegen Ihre persönlichen Stärken und Ihre besonderen Fähigkeiten?

Bei welcher Weiterentwicklung würden Sie noch mehr Befriedigung empfinden?

Bei welcher Tätigkeit gab es Momente, in denen Sie sehr motiviert und produktiv waren und in denen Sie mit Vergnügen arbeiteten?

Worin können Sie Ihre Qualitäten so umfassend wie möglich einbringen?

Was geht Ihnen mühelos von der Hand und was tun Sie wie von selbst?

Bei welcher Aktivität fühlen Sie sich am besten?

Welche Arbeit würde es Ihnen ermöglichen, Ihr ideales Leben zu führen?

Beim Einsatz welcher Ihrer Qualitäten fühlen Sie sich besonders froh?

An welchem anderen Ort könnte man Ihr Talent brauchen?

Was würden Sie gerne tun, auch wenn Sie nicht dafür bezahlt würden?

Was würden Sie heute wirklich gerne tun?

Welche Aktivität bringt das Beste von Ihnen zum Vorschein?

5. Inspirationsquellen

Im Flow-Zustand fühlen wir uns von etwas oder von jemandem inspiriert oder beseelt. Wir fühlen uns mit etwas verbunden, was uns berührt und uns positive Energie gibt. In uns wird etwas zum Leben erweckt und wir fühlen uns kräftiger und energiegeladener. Inspiration ist ein magisches Thema, über das viel geschrieben, aber wenig geforscht wurde. Weit verbreitet ist die Auffassung, dass wir bei einer Inspiration mit Erfahrungen verbunden sind, die wir früher einmal hatten, nun aber verloren oder vergessen haben. In diesem Sinne kann man eine Inspiration auch als eine Art »Erinnerung« auffassen: Sie berührt etwas in unserem Wesen und ruft damit ein Gefühl hervor, das wir bereits kennen. Was wiedergefunden wird, ist also eigentlich nicht die Inspirationsquelle, sondern das Gefühl, das sie auslöst.

Wenn wir inspiriert sind, fühlen wir uns dem eigenen Ich und unserer Lebenskraft nahe. Wir werden von etwas bewegt oder geraten darüber in Erstaunen. Inspiration ist ein Gefühl, das uns im Kern unseres Wesens berührt und das wir häufig auch körperlich wahrnehmen. Judith Orloff, eine Autorin, die sich mit Kreativität befasst hat, bezeichnet das Erstaunen als »eine Art kreative Energie, die im Körper als Erinnerung an ein Gefühl schlummert«[19].

Wenn wir inspiriert sind, fühlen wir uns dem eigenen Ich und unserer Lebenskraft nahe.

Ein schönes Bild, als würde in uns etwas angesprochen, das bereits vorhanden ist. Oft durchfährt uns bei einer solchen Erfahrung so etwas wie eine Erschütterung unseres ganzen Körpers, zum Beispiel beim Betrachten eines Kunstwerks. Vor allem Menschen, die intuitiv reagieren, nehmen Inspiration eher körperlich als in ihrem bewussten Denken wahr.

Manche Menschen sind offener für Inspirationen als andere. Diese Empfänglichkeit ist wohl eher als eine Haltung oder Lebenseinstellung aufzufassen. Menschen, die sich oft inspirieren lassen, erleben diesen Zustand als ein Getragenwerden vom Fluss, vom Flow des Lebens. Sie strahlen oft eine Begeisterung aus, die sich auf ihr Umfeld überträgt und sie für andere attraktiv macht. Manche Musiker oder Künstler, wie der niederländische Dirigent Jaap van Zweeden[20], beschreiben diesen Flow in mystischen Begriffen – als Erfahrung einer Non-Dualität, eines Einsseins mit allem und als Gefühl, durch eine höhere Macht gelenkt zu werden. Auch der polnische Komponist Krzysztof Penderecki beschreibt diese Erfahrung einer Verbindung mit der kreativen Kraft des Universums. In einem Interview antwortete er auf die Frage, wovon er sich inhaltlich inspirieren lasse, folgendermaßen:

»Man kann seine Phantasie stimulieren, indem man möglichst viele Bücher liest, reist und sich viel in der Natur aufhält. In Krakau besitze ich seit 1974 ein Arboretum, eine von mir selbst bepflanzte drei Hektar große Baumschule mit 1700 verschiedenen Baumsorten. Beim Spaziergang durch diesen Garten kommen mir alle möglichen Ideen. Die Musik kommt gewissermaßen aus dem Kosmos zu mir. Ich höre die Musik in mir, bevor ich sie notiere.«[21]

INSPIRATION AUS DER NATUR

Viele kreative Menschen lassen sich wie Penderecki von der Natur inspirieren. Was den Einzelnen an der Natur berührt, kann natürlich sehr unterschiedlich sein. Für manche sind es Bäume in einem Garten, für andere das Meer, die Berge oder bestimmte Formen und Farben in der Natur. Der Blick in die Weite und der Aufenthalt in einer herrlichen Landschaft inspirieren viele Menschen zu kreativen Gedanken. Wie die Musik kann auch die Natur intensive Gefühle wecken. Die Natur berührt Herz und Seele, wir fühlen uns kreativ, in unserem Element oder vielleicht auch einfach »heimisch«.

Csikszentmihalyi widmet sich in seinem Buch über Kreativität sehr eingehend dieser Empfänglichkeit für Inspirationen. Natürlich führt nicht jede schöne Aussicht sofort zu einer besonderen Eingebung. Die Wirkung hängt auch davon ab, auf welche Weise man seine Zeit in der Natur verbringt. Die Chance, tiefere Erkenntnisse zu gewinnen, ist gewiss größer, wenn man sich vorbereitet und formuliert, wozu man Inspiration sucht. Mit einer solchen Frage im Hinterkopf sollte man am besten etwas tun, was zwar eine gewisse Konzentration erfordert, aber auch halb automatisch funktioniert, wie zum Beispiel spazieren gehen. So bleibt dem Geist genug Raum, alle möglichen Gedankenverbindungen herzustellen, die zu einer kreativen Lösung führen können. Das Gehirn hat so die Möglichkeit, die Gedanken »im Hintergrund« halb bewusst, spielerisch und frei zu bearbeiten. Wenn dabei eine Gedankenverbindung entsteht, die sich richtig anfühlt, wird uns diese urplötzlich bewusst. Csikszentmihalyi beschreibt diesen Prozess auf anschauliche Weise: »Die Traumlandschaften Martha's Vineyard, the Grand Teton oder Big Sur können also die Kreativität stimulieren, weil sie ganz neue und komplexe Sinneserfahrungen eröffnen (dazu gehören in erster Linie visuelle Eindrücke, aber auch der Gesang von Vögeln, Wassergeräusche, der Geruch und Geschmack der Luft), was die Aufmerksamkeit aus ihren gewohnten Bahnen reißt und zur Verfolgung ganz neuer, attraktiver Muster verleitet. Aber dieser opulente Sinnenschmaus erfordert nicht die gesamte Aufmerksamkeit. Es bleibt genügend psychische Energie frei, die sich – unbewusst – mit dem problematischen Inhalt befassen kann, der nach einer kreativen Formulierung verlangt.«[22]

Sich so in der Natur zu öffnen, kann zu mehr Erkenntnissen führen, als stringent und konzentriert über ein Problem nachzudenken. Viele Kreative sagen, ihre Ideen seien ihnen in überraschenden Augenblicken eingefallen. Nicht als sie angestrengt an ihrem Schreibtisch darüber grübelten, sondern gerade in Momenten, in denen sie sich ganz entspannt damit beschäftigten. In diesem Zusammenhang wird manchmal das Schlagwort »Bett-Bus-Bad« genannt: Große Ideen entstehen in einem entspannten Körper und einem relativ entspannten Geist, in dem es Raum dafür gibt, sich unbewusst mit einem Thema zu beschäftigen. Es scheint so, als werde die ungenutzte Energie dazu verwendet, neue Verbindungen zu knüpfen. Oft sind das Verbindungen zu etwas höherem, zu Dingen, die über unser Eigeninteresse hinausgehen und größer sind als wir selbst.

AUF DER SUCHE NACH INSPIRATION

Nun stellt sich die Frage, wie wir selbst in diesen angenehmen und beneidenswerten Zustand der Offenheit gelangen können. Ohne Bäume im Park, ohne Berge und plätschernde Bäche in der unmittelbaren Umgebung ist das ein ziemliches Unterfangen. Nachdem ich das erste Buch von Csikszentmihalyi gelesen hatte, habe ich damit begonnen, seine Theorien auszuprobieren. Ich gehe morgens gewöhnlich am Strand in meiner Nähe joggen. Bevor ich aufbreche, besinne ich mich oft auf eine bestimmte Frage. Heute zum Beispiel auf die Frage: Wie ich den nächsten Abschnitt über Wünsche gliedern soll. Dann gehe ich laufen und versuche, nicht mehr an diese Frage zu denken. Während ich laufe, den Wellen und den Vögeln lausche und die Weite des leeren Strands genieße, versuche ich, in den Flow zu kommen. Ich bin schon sehr zufrieden, wenn es mir gelingt, meinen Kopf leer zu bekommen und wirklich am Strand präsent zu sein. Wenn ich zu Hause bin, denke ich dann wieder an meine Frage und oft – aber längst nicht immer – bin ich der Antwort dann plötzlich ein Stück näher gekommen. Offensichtlich gärt diese Frage irgendwo in mir oder die im Grunde bereits bestehende Antwort auf sie bietet sich mir nun einfach an. Das ist immer ein schöner, fruchtbarer Moment, der mich froh macht. Manchmal werde ich übermütig und erwarte zu viel oder meine, zu wenig davon zu profieren. Doch selbst dann habe ich doch immerhin die Flow-Erfahrung während des Laufens gewonnen, alles Weitere wäre eigentlich schon eine Zugabe. Es wäre doch weitaus schlimmer gewesen, wenn ich grübelnd am Meer entlanggelaufen wäre, ohne etwas zu hören und zu sehen, und mir dennoch nichts eingefallen wäre. Dann hätte ich eigentlich überhaupt nichts gewonnen und hätte mich gefühlt, als ob ich überhaupt nicht dort gewesen wäre.

Bei derartigen Erfahrungen geht es also nicht um »kosmologische Lenkung« oder »einen göttlichen Funken« – der manche Autoren offenbar überkommt und ihnen ihre Bücher in die Feder diktiert –, sondern um normale psychologische Mechanismen des menschlichen Geistes, die jeder Mensch bei sich selbst ausprobieren und kultivieren kann.

Wie bei allen Aspekten der Selbsterkenntnis ist es auch hier ein guter Anfang, zunächst sein Inneres in Situationen, in denen man bewegt, ergriffen oder erstaunt ist, zu beobachten. Was berührt Sie? Musik, Texte, Bilder, Kinder, Tiere? Und was davon bewegt Sie so stark, dass Sie es in Ihrem ganzen Körper spüren? Erkennen Sie darin ein Thema, dass für Sie typisch ist? Oder liegt das Muster vielleicht eher darin, dass immer wieder ein bestimmtes Gefühl geweckt wird? Diese Art der Introspektion lässt sich eigentlich leicht erlernen und einfach durchführen, während man ein Buch oder eine Zeitung liest, einen Film sieht, ein Gespräch führt oder sich in einer neuen Umgebung umschaut. Es ist eine Suche nach Dingen, die das eigene Herz berühren und uns ein lebendiges Gefühl geben. Es ist spannend zu beobachten, welche sinnlichen Wahrnehmungen uns mehr berühren als andere. Sind es Klänge und Bilder oder doch eher Gerüche?

Es ist eine Suche nach Dingen, die das eigene Herz berühren und uns ein lebendiges Gefühl geben.

Wenn man in einer bestimmten Situation eine gewisse Anspannung oder Erregung empfindet, sollte man herausfinden, worauf sie zurückgeht. Man kann versuchen, stärker auf körperliche Signale zu achten, denn körperlich reagiert man am intuitivsten. Wenn bei Ihnen – wie bei vielen Menschen – noch vieles »offen ist«, können Sie bewusst unterschiedliche Arten von Kunst und Musik ausprobieren, um zu spüren, wie Sie darauf reagieren.

Über die Suche nach Inspiration ist viel geschrieben worden. Die folgenden Fragen können Ihnen helfen, Ihrer Inspiration auf die Spur zu kommen, indem Sie ihre Quellen erkennen.

FRAGEN ZU INSPIRATION

Was erfüllt Sie mit Lebenskraft, wann fühlen Sie sich lebendig?

Wann haben Sie das Gefühl, im Fluss zu sein?

Was lässt Ihr Herz höherschlagen? Wann haben Sie einen Kloß im Hals oder Tränen in den Augen, was jagt Ihnen einen Schauder über den Rücken?

Welche Momente haben Sie in Ihrer Vergangenheit berührt oder ergriffen? Was haben Sie damals getan und warum hatten Sie damals diese Gefühle?

Welche Menschen haben Sie früher inspiriert und wer inspiriert Sie heute? Was ist an diesen Menschen so besonders?

Welche Bücher oder Texte haben Sie inspiriert?

Welche Musik inspiriert Sie? Können Sie sich vorstellen, warum sie das tut?

Welche wichtigen Erkenntnisse haben Sie in der Vergangenheit inspiriert oder inspirieren Sie heute? Bei welchen Ihrer eigenen neuen Ideen verspüren Sie eine Art von Aufregung?

Welche Aktivitäten inspirieren Sie? Bei welcher Tätigkeit fühlen Sie sich lebendig und beseelt?

Welche Orte inspirieren Sie?

Welche Landschaft berührt Sie am stärksten?

Können Sie in dem, was Sie inspiriert, einen roten Faden erkennen?

An welche früheren Inspirationsquellen, die heute Vergangenheit sind, erinnern Sie sich noch?

Welche Inspirationsquellen könnten Sie noch einmal anzapfen?

Wie viel Zeit widmen Sie Dingen, die Sie inspirieren?

6. Sehnsüchte und Herzenswünsche

Um in den Flow zu kommen, brauchen wir ein Ziel, zu dem wir unterwegs sind. Nur wenn dieses Ziel authentisch ist und wirklich zu uns passt, werden wir den Flow erleben. Doch ob es tatsächlich zu unserer eigenen

Persönlichkeit passt, wissen wir nur, wenn wir uns selbst gut kennen. Daher ist es bei der Suche nach authentischen Zielen so wichtig, die eigenen Sehnsüchte und Wünsche zu kennen. Erst wenn man weiß, wonach man sich sehnt und was man wirklich will, kann man seinen Wünschen in bestimmten Zielsetzungen Ausdruck verleihen.

Erst wenn man weiß, wonach man sich sehnt und was man wirklich will, kann man seinen Wünschen in bestimmten Zielsetzungen Ausdruck verleihen.

Die Erkundung der eigenen Sehnsüchte bildet in diesem Kapitel über innere Entdeckungen den letzten Schritt. Zunächst lag der Akzent auf der Vergangenheit – in einem Rückblick auf den eigenen Lebensweg. Danach haben wir uns mit der Betrachtung der Werte, Talente und Inspirationsquellen der Gegenwart zugewandt. Nun, da es um Wünsche und Sehnsüchte geht, richten wir unsere Aufmerksamkeit auf die Zukunft. Im vierten Kapitel werden wir uns dann mit der Aufgabe befassen, aus diesen Herzenswünschen erreichbare Ziele zu erarbeiten.

Welche Sehnsucht lebt in Ihnen und welche Wünsche sollten für Sie in Erfüllung gehen? Im Allgemeinen sehnt man sich entweder danach, etwas zu sein (besonnen, großzügig), etwas zu besitzen (einen Garten, einen Hund), etwas zu tun (reisen, unterrichten) oder etwas zu fühlen (Ruhe, Sicherheit). Einen Wunsch kann man als ein Ziel formulieren, zukünftig etwas Bestimmtes zu sein, zu besitzen, zu tun oder zu empfinden. Dabei sind die Wünsche, etwas zu besitzen oder zu tun, leichter umsetzbar. Auch schon um die Frage zu beantworten: »Sind das wirklich die Dinge, die ich haben oder tun will?«, ist Selbsterforschung nötig. Etwas sein zu wollen, ist noch schwieriger zu erreichen, denn in diesem Fall geht es darum, gewisse verborgene oder offenkundige Qualitäten der eigenen Persönlichkeit zu entwickeln.

Selbsterkenntnis umfasst in der Flow-Theorie nicht nur die Erkenntnis darüber, wer man ist, sondern auch die Vorstellung davon, wer man sein will. Diese Idee der Gestaltung der eigenen Persönlichkeit ist allerdings mit Fragezeichen zu versehen. Denn es scheint mir weder möglich noch wünschenswert, völlig anders zu werden, als man ist. Meiner Erfahrung nach ändern sich Menschen in ihrem Kern nicht. Manchmal allerdings gelingt es ihnen, im Laufe der Jahre ihrem eigentlichen Wesen näherzukommen. Die einzigartige Individualität, die jeden von uns ausmacht, ist eine Gegebenheit, der wir selbst im Laufe unseres Lebens immerhin Form verleihen. Ungeachtet dieser Einschränkung erscheint es mir dennoch sinnvoll, uns über unsere Vorstellungen, wie wir sein wollen, Gedanken zu machen. Denn man kann sich ein zukünftiges »Selbst« vorstellen und sich die Frage stellen, wie man ihm näherkommen könnte. Man kann bestimmte Eigenschaften stärker ausbilden, neue Fertigkeiten erlernen und versuchen, sich von einschränkenden Gewohnheiten und Mustern zu lösen. Man kann sich bestimmter Gefühle bewusst werden und sie aus einem anderen Blickwinkel betrachten oder sich seinen Mitmenschen gegenüber anders verhalten. Gleichwohl gehen wir hierbei doch immer von einer bereits bestehenden Persönlichkeit aus. Das interessanteste Thema in diesem Zusammenhang ist der Wunsch, etwas zu fühlen. Oft wünscht man sich etwas, weil man damit ein bestimmtes Gefühl verbindet. Betrachten wir zum Beispiel den Wunsch nach einem Garten. Dieser Wunsch kann sehr unterschiedlich motiviert sein. Man will sich an Blumen erfreuen (Schönheit), einen Garten planen und anlegen (Kreativität), mit Freunden im Freien essen (Geselligkeit), im Garten arbeiten (körperlich arbeiten und in der Natur sein), sich entspannen und sich vom Alltag erholen (Ruhe), besondere Pflanzen erforschen (etwas entdecken, Wissen erwerben) oder anderen das Ergebnis präsentieren (Stolz, Status). Und so ließen sich noch viele andere Aspekte für denselben Wunsch nach einem Garten aufzählen, von denen jeder wiederum von dem Wunsch nach einem anderen Gefühl motiviert wäre.

Häufig wünscht man sich etwas und formuliert diesen Wunsch als Ziel, etwas Bestimmtes zu besitzen, zu tun oder zu sein, obwohl man eigentlich die Hoffnung hegt, dass damit ein gewisses Gefühl einhergehe. Und oft ist man sich dessen nicht bewusst und beharrt auf diesem Ziel. Dabei ließe sich das eigentliche Bedürfnis hinter diesem Wunsch vielleicht auch auf ganz andere Weise befriedigen.

Eine meiner Klientinnen war beispielsweise ständig damit beschäftigt, etwas Großartiges zu entwerfen. Zuerst war es ein neues Parfum, dann ein Bildband, ein Projekt im Modebereich und schließlich ein Kunstwerk. Aber nichts wollte ihr gelingen. Wir erkannten, dass die Triebfeder all ihrer Versuche kein kreativer Impuls, sondern die tiefe Sehnsucht nach Anerkennung und Wertschätzung war. Sie träumte von einem Ort, an dem die Menschen sie bewundern konnten. Und so wurden praktische Rückschläge plötzlich zu einem großen psychischen Problem.

Im Wesentlichen geht es also immer um den Wunsch, etwas zu fühlen. Um die Fragen: Wie möchten Sie sich fühlen? Nach welchen Gefühlen sehnen Sie sich? Vielleicht geht es ja

Nach welchen Gefühlen sehnen Sie sich?

um etwas, das hinter Ihrem augenblicklichen Wunsch verborgen liegt. Um ein noch nicht genau zu benennendes Bedürfnis oder eine Motivation, die eigentlich bei allen Bereichen Ihres Lebens eine Rolle spielt. Bei dem Versuch, sie ausfindig zu machen, können Ihnen vielleicht folgende Fragen helfen: Was steht für

Sie im Mittelpunkt, um was organisieren Sie alles andere herum? Was zieht Ihre Aufmerksamkeit ständig in den Bann? Was finden Sie immer wieder spannend? Durch welchen Verlust würde Ihr Leben viel an Sinn verlieren? Die Antworten auf diese Fragen führen Sie zu einer Intention, die dem Kern Ihrer wahren Beweggründe sehr viel näher steht.

Was könnten das alles für Beweggründe sein? Man kann von dem Bedürfnis, etwas zu leisten, motiviert werden, davon, sich mit anderen verbunden zu fühlen, etwas zu lernen, andere Menschen kennenzulernen oder Macht auszuüben. Man kann Geborgenheit, Harmonie, Abenteuer, Sicherheit oder Spaß suchen. Man kann sich um Schönheit, Perfektion oder Nähe bemühen. Kurzum: Alles, worauf Sie Aufmerksamkeit richten, zeigt, wo Ihre Bedürfnisse und Ihre wesentlichen Motivationen liegen.

Wenn Sie mit dem Enneagramm vertraut sind, einer von den Amerikanern Don Richard Riso und Russ Hudson formulierten Theorie, können Sie aus den dort genannten Motivationen schon unterschiedliche Persönlichkeitsbilder ableiten. Das Enneagramm ist eine Persönlichkeitstypologie, die auf der Grundlage der Motivationen, die das Handeln, Denken und Empfinden von Menschen bestimmt, neun Typen unterscheidet. Durch Tests oder eine intensive Beschäftigung mit dieser Theorie den eigenen Typus zu ermitteln, kann bereits einiges an Erkenntnissen über die eigene Persönlichkeit liefern. Plötzlich wird Ihnen deutlich, was Sie zuvor bereits ahnten, Ihnen nun aber glasklar und in einem größeren Zusammenhang vor Augen steht. Das Enneagramm kann im Selbstentwicklungsprozess sehr hilfreich sein. Es führt allerdings zu weit, hier tiefer darauf einzugehen. Im Schlussteil des folgenden Kapitels wird die Theorie des Enneagramms ausführlicher erläutert.

PASSION TEST

Was hier allerdings nicht zu weit führt und sehr einfach anwendbar ist, ist der Passion Test der amerikanischen Coachs Janet Bray Attwood und Chris Attwood.[23] Sie haben einen Test entwickelt, mit dem sie mittlerweile tausende von Klienten aus der Wirtschaftswelt gecoacht haben. Der Test ist ganz einfach und besteht nur aus einer einzigen Frage:

Wenn mein Leben ideal ist … (bin ich, tue ich, habe ich).

Man beginnt den Test damit, sich mit geschlossenen Augen sein ideales Leben vorzustellen. Dann vervollständigt man den Satz mit allem, was einem einfällt, bis man eine Liste von etwa fünfzehn Punkten hat. Das dauert nicht länger als zwanzig Minuten. Indem man immer wieder zwei Punkte gegeneinander abwägt, findet man anschließend die Top Five seiner größten Leidenschaften. Nun beschreibt man für jede dieser Passionen ausführlich, wie das Leben aussehen würde, wenn man sich ihr ganz widmen würde. Dabei schildert man auch, wie sich das genau anfühlen und was es bedeuten würde. Dann schreibt man die fünf wichtigsten Passionen auf einzelne Karten, die man irgendwo hinlegt, wo man sie oft sieht. Die letzte Phase besteht darin, für jede Passion einen Aktionsplan zu entwerfen.

Das Bemerkenswerte an diesem einfachen Modell ist, dass es so überaus effektiv ist. In meiner Praxis fällt es den Klienten oft sehr schwer, ihre Sehnsüchte zu benennen. Aber sein ideales Leben zu beschreiben, ist offenbar überhaupt nicht schwierig: Jeder hat eine Vorstellung davon, die er ohne Weiteres formulieren kann. Zu ihrer eigenen Überraschung schreiben meine Klienten dabei oft Dinge auf, die sie sich noch nie klargemacht haben. Manchmal ist der Kontrast zu ihrer derzeitigen Lebenssituation ziemlich schockierend. Ein Mann, der als Beamter arbeitete und damit unglücklich war, entwarf ein sehr lebendiges Bild von seinem Traum, als Hotelier in Frankreich zu leben. Ohne Weiteres konnte er den Ort, die Farben der Küche, die Landschaft, in der das Haus stehen würde, und die Tiere, die dazu gehörten, beschreiben. Ziemlich erschüttert betrachtete er dann die Diskrepanz zu seiner jetzigen Lebenssituation, um mutlos zu konstatieren, dass sein Wunsch wohl doch nicht umsetzbar sei. Schließlich habe jeder so seine Träume und es müsse doch was zu wünschen übrig bleiben. Vielleicht handelte es sich bei seinen Wünschen ja um Sehnsüchte, die besser in anderer Form zu realisieren wären. Doch selbst dann ist der Versuch wichtig, sich ihnen in irgendeiner Form zu nähern.

Der Test führt jedenfalls zu großer Selbsterkenntnis und einer klaren Vorstellung davon, was man sich vom Leben wünscht. Der Name »Passion Test« ist zwar ansprechend, allerdings auch etwas irreführend. Denn eine Passion ist eigentlich eher eine Leidenschaft für etwas, das man gerne tut. Bei diesem Test geht es aber auch um die Schilderung von Idealvorstellungen und -situationen. Gleichwohl bilden die Passionen natürlich die Motivationsquelle für diese Vorstellungen.

Die Theorie des Passion Tests hat große Ähnlichkeiten mit der Flow-Theorie. Beiden geht es um ein Leben, das dem Kern, dem Wesen der eigenen Person entspricht. Und es geht darum, die eigenen individuellen Begabungen einzusetzen, sich über seine Intentionen klar zu werden und sich auf seinem Lebensweg sorgsam zu beobachten. Beide Theorien betonen, wie wichtig es sei, sich bei jeder Entscheidung zu fragen, ob sie uns unserer Passion (oder dem Flow-Ziel) näher bringt oder uns weiter davon entfernt. Dieses Vorgehen zwingt uns immer dazu, unseren eigenen Weg konsequent zu verfolgen und unsere Aufmerksamkeit Tag für Tag den positiven Dingen zuzuwenden, die wir gerne erreichen möchten.

KAPITEL 3: **SICH SELBST TREU SEIN**

Nach all diesen Entdeckungen über Sie selbst begleitet Sie das folgende Kapitel auf Ihrem Lebensweg noch ein Stück weiter, sozusagen »von der Raupe zum Schmetterling«. Nur wenn Sie sich treu bleiben, können Sie Ihre eigene Bestimmung finden: In der folgenden Schilderung dieses Entwicklungsprozesses erfahren Sie, wie Sie Hindernisse und Herausforderungen auf diesem Weg erkennen und wie Sie Signale und Zeichen wahrnehmen können, die Sie bei Ihrer Rückkehr zum Kern Ihres Wesens leiten. Außerdem werden Sie ein Bewusstsein für die Muster entwickeln, die Sie auf diesem Weg behindern und Sie dazu verleiten, in Ihrer *Komfortzone* – Ihrem vertrauten Heimathafen – zu verharren.

1. Authentisch sein

Mittlerweile haben Sie schon eine ganze Menge über sich selbst erfahren. Wenn Sie versucht haben, Antworten zu den bisherigen Fragen zu finden, kennen Sie nun Ihre wichtigsten Werte, überblicken Sie Ihre Fähigkeiten, wissen Sie, was Sie inspiriert, erinnern Sie sich an frühere Flow-Erlebnisse und haben nicht zuletzt eine klare Vorstellung von Ihren Träumen und Wünschen. Damit ist der Moment gekommen, sich für ein Leben zu entscheiden, das Ihnen entspricht und in dem Sie sich voll entfalten können. Mit so viel neu gewonnener Selbsterkenntnis wird es für Sie viel einfacher sein, sich für Ziele zu entscheiden, die Ihnen vernünftig und sinnvoll erscheinen.

Eine der wichtigsten Ideen der Flow-Theorie ist Harmonie. Sie herrscht in uns, wenn unser Handeln, Denken und Fühlen miteinander in Einklang stehen – wenn die unterschiedlichen Aspekte unserer Persönlichkeit so zusammenwirken, dass wir uns kraftvoll und energiegeladen fühlen. Da alles miteinander harmoniert, vergeuden wir kaum Energie mit Zweifeln, Ängsten und Schuldgefühlen. Innerlich nehmen wir einen Zusammenklang wahr, wir haben das Gefühl, dass alles zusammenpasst, wir fühlen uns stark und kongruent. Doch längst nicht jeder nimmt sein Seelenleben als kongruent und rundum harmonisch wahr. Viele Menschen fühlen sich zerrissen und befinden sich ganz und gar nicht in Einklang mit sich selbst. Doch an dieser Stelle sind zunächst einige Erklärungen zu dem Begriff des »Selbst« erforderlich.

Über den Begriff des *Selbst* gibt es so viele unterschiedliche Theorien, dass ihre Darstellung sicherlich ein eigenes Buch wert wäre. Ich möchte mich hier auf die Theorie der Schweizer Therapeutin Alice Miller beschränken. In ihrem klassischen Werk *Das Drama des begabten Kindes* unterscheidet sie zwischen dem »wahren Selbst« und dem »falschen« oder »unwahren Selbst«. Das wahre Selbst ist das Selbst der Kindheit: ein reines, intaktes Selbst, das frei, offen und emotional zugänglich ist. Doch aus Furcht vor Liebesentzug oder aus Sehnsucht nach Liebe und Anerkennung beginnt ein Kind sich seinem Umfeld anzupassen. Es entfremdet sich seinem wahren Selbst und entfernt sich von seinem eigenen Wesenskern. Es entwickelt allmählich ein falsches Selbst, eine Als-ob-Persönlichkeit. Wenn ein Kind permanent in Furcht vor Liebesverlust lebt, wird dieser Anpassungsprozess früher ablaufen als in einem Umfeld, in dem es sich völlig geborgen und geliebt fühlt. Je stärker sich das wahre Selbst bedroht fühlt und je verletzungsgefährdeter es ist, desto mehr wird sich dieser Prozess beschleunigen und verstärken. Das verletzliche wahre Selbst schützt sich durch »Abwehrmechanismen«, deren Aufgabe es ist, äußerer Gefahr entgegenzuwirken. Das wahre Selbst wird so immer unzugänglicher und tritt allmählich immer weniger in Erscheinung. Das Handeln des Kindes wird zunehmend von einem nicht ursprünglichen Selbst geprägt, das sich den mutmaßlichen Erwartungen seines Umfelds angepasst hat. Das wahre Selbst hingegen bleibt hinter einer Fassade verborgen und lässt sich später nur noch schwer wiederfinden.

Ein Mensch, der mit einem falschen Selbst aufgewachsen ist, hat die Verbindung zu seinem wahren Kern verloren. Er ist unauthentisch, ist sich selbst fern und läuft eher Gefahr sich leer, sinnlos und heimatlos zu fühlen. Das falsche Selbst, das er für sein wahres Selbst und seine Identität hält, kann nicht weiter wachsen, sondern ist zum reinen Überleben verdammt. Erst wenn man in Verbindung zu seinem wahren Selbst steht, kann man sich zu dem Menschen entwickeln, der man ist, und sich von seinem wahren Kern her entfalten. Nur dann kann man sich glücklich, erfüllt und authentisch fühlen.

Zu psychischen Problemen kommt es vor allem durch Abwehrmechanismen, die sich zum Schutz des wahren Selbst aufgebaut haben. Ihr Schutz ist im späteren Leben immer weniger erforderlich, denn nun, da das Kind erwachsen geworden ist, ist sein Selbst nicht mehr so verletzungsgefährdet. Den-

Erst wenn man in Verbindung zu seinem wahren Selbst steht, kann man sich zu dem Menschen entwickeln, der man ist, und sich von seinem wahren Kern her entfalten.

noch wird der Abwehrmechanismus meist noch lange Zeit aufrechterhalten. Während er für das Kind noch einen überlebensnotwendigen Schutz bot, wird er für den Erwachsenen nun zur Belastung. Die meisten Menschen sind sich dessen jedoch nicht bewusst und zeigen ein Abwehrverhalten, als hinge noch immer ihr Leben davon ab. So wird der Abwehrmechanismus selbst zu einer Bedrohung, die das wahre Selbst unerreichbar macht und verbirgt.

Das falsche Selbst wird in der Literatur mitunter auch als Maske oder Persona, Konditionierung, Überlebensstrategie, Ego, Pseudo-Selbst, Persönlichkeit, Muster, Schema, Typ oder Rolle bezeichnet. Das wahre Selbst nennt man dagegen: Kern, authentisches Selbst, höheres Selbst, essenzielles Selbst, Essenz, Wesen und manchmal Seele.

Bot die Maske anfangs einen Schutz, wird sie später zu einem Kerker, der das authentische Selbst einengt und gefangen hält. Je mehr ein Mensch in seiner Jugend gelitten hat – je mehr sein wahres Selbst bedroht war und je mehr die Furcht, sich selbst zu verlieren, angewachsen ist –, desto größer ist der unwahre Teil seines Selbst. Menschen mit viel »altem Schmerz« haben eine Verteidigungsmauer um sich errichtet, die ihnen zwar ein Gefühl der Sicherheit bietet, sie als Person allerdings verborgen hält und ihre Entfaltung verhindert. Ihr wahres Selbst lässt sich dann nur noch aus den heftigen Reaktionen auf externe Auslöser ableiten, die Ähnlichkeit mit Ereignissen in ihrer Kindheit aufweisen.

DIE RAUPE UND DER SCHMETTERLING

Allerdings wird das wahre Selbst auch von Flow-Momenten aktiviert, die an frühere Gefühle appellieren. Gerade diese zufälligen Flow-Erfahrungen sind sehr eindringlich, weil sie lange vergessen Geglaubtes wieder zum Leben erwecken. In einem solchen Flow-Moment nähert man sich für kurze Zeit wieder seinem wahren Selbst, das früher präsent war und heute hinter einer Fassade (scheinbarer) Sicherheit verborgen liegt. In einer Psychotherapie sind das für Klienten immer bewegende Momente. Aber auch für den Therapeuten, der nun erkennt, dass der Kern noch intakt ist und es nur Geduld erfordert, sich ihm zu nähern. Vor allem bei Klienten, die sehr stark traumatisiert sind (durch Gewalt, Inzest), wirkt es immer wieder wie ein Wunder, wenn hinter den komplizierten Abwehrmechanismen gegen den Schmerz der Vergangenheit plötzlich ein rei-

In einem solchen Flow-Moment nähert man sich für kurze Zeit wieder seinem wahren Selbst, das früher präsent war und heute hinter einer Fassade (scheinbarer) Sicherheit verborgen liegt.

nes und anscheinend intaktes Selbst zum Vorschein kommt. Oft stellt dieser Moment in der Therapie einen Wendepunkt dar, der es dem Klienten ermöglicht, wieder ins Leben zu finden. In seinem Inneren gerät etwas in Fluss, seine Erstarrung löst sich und sein Selbst wird wieder zugänglich. Über diesen Prozess der Selbstentdeckung ist, vor allem in der psychologischen und psychotherapeutischen Fachliteratur, viel geschrieben worden. Doch die beste Schilderung dieses Prozesses findet man bei Jan Bommerez, einem in Kalifornien ansässigen flämischen Autor, Coach und Unternehmensberater. In seinem beeindruckenden Buch zum Thema Flow schildert er die Entwicklung der Persönlichkeit zum essenziellen Selbst glasklar. Er verwendet dazu gern das Bild von der Raupe und dem Schmetterling. Bommerez beschreibt die Persönlichkeit als eine Raupe, die den Schmetterling als Potenzial in sich trägt. Während ihres Wachstums zum essenziellen (wahren) Selbst transformiert sich die Persönlichkeit (das falsche Selbst), so dass sie wieder mit dem Flow in Verbindung kommt, der früher im Kern vorhanden war, später aber erstarrt ist. Der Flow ist eigentlich der normale, der natürliche Seinszustand des Kindes. Der Kern besteht aus Lebensenergie, dem natürlichen Zustand des Seins. Diese Energie kann erst wieder fließen, wenn sich eine erstarrte und defensive Persönlichkeit aus ihrer Verhärtung löst. Bommerez schreibt: »In vielen von uns halten zufällige Flow-Erlebnisse den Ruf des Schmetterlings lebendig (…). Wer den Ruf des Schmetterlings nicht mehr hören kann, hat den Kampf aufgegeben. Er ist den Umständen ausgeliefert und dazu verdammt, nur eine Persönlichkeit zu bleiben. Manchmal geht alles gut, dann ist die Persönlichkeit froh, und manchmal hat sie Pech, dann fühlt sie sich traurig, wütend oder was sie sonst noch zu fühlen im Stande ist.«[24]

Der Flow ist eigentlich der normale, der natürliche Seinszustand des Kindes.

Jeder kann diesen Weg gehen und sich zu dem Kern hin entwickeln, den jeder in sich trägt. Jeder möchte gern zu sich selbst kommen, häufiger im Flow sein und sich als Einheit empfinden. Doch der Weg zu diesem Ziel liegt nicht klar vor uns und es gibt viele Möglichkeiten unterwegs zu sein.

2. Sich selbst bejahen

Was gestehen Sie sich selbst zu? Glauben Sie, dass Sie Sie selbst sein dürfen und das Recht auf Flow im Leben haben? Oder zweifeln Sie manchmal daran und denken, dass Sie sich mit einem relativ problemlosen, aber auch ziemlich erfahrungsarmen Leben ohne besondere Entwicklungen zufriedengeben sollten? Unser Selbstbild bestimmt die

Grenzen unserer Wahlmöglichkeiten. Menschen mit einem negativen Selbstbild glauben oft, sie seien es nicht wert, alles zu »verdienen«, und gestehen sich daher oft zu wenig zu. Sie geben sich schneller mit einem Leben zufrieden, das ihnen wenig Erfüllung bietet. Sie begnügen sich mit dem Status quo, obwohl sie wenig davon profitieren und er ihnen kaum etwas bedeutet. Manchmal träumen sie von Dingen, *Unser Selbstbild bestimmt die Grenzen unserer Wahlmöglichkeiten.* die sie gerne erleben oder erreichen wollen, doch dann beschließen sie schon bald, dass das doch nichts für sie wäre. Man erweitert oder beschränkt also seinen eigenen Horizont in dem Maße, in dem man sich mehr oder weniger Wahlmöglichkeit im Leben zugesteht.

Meiner Erfahrung nach haben wir viele Gründe, uns nicht für unseren eigenen Weg zu entscheiden. Oft sind wir bei der Suche nach Argumenten, warum wir uns selbst nicht treu sein können, sogar besonders kreativ. Wir können genau erklären, warum wir unser Potenzial nicht ausschöpfen müssen, warum wir nicht nach wirklicher Erfüllung streben und uns darüber nicht einmal Gedanken machen müssen. Manche hegen auch die Vermutung, das Leben werde dadurch einfacher, da man sich so weniger anstrengen müsse. Doch das Gegenteil ist der Fall.

Wenn man sich mit der Flow-Theorie eingehend befasst, erkennt man, dass Menschen sich am glücklichsten fühlen, wenn sie sich selbst treu sind, also ein Leben führen, dass zu ihnen, ihren Werten, ihren Qualitäten und ihrem Bedürfnis nach Sinngebung passt. Wenn sie Entscheidungen treffen, die ihnen entsprechen, fühlen sie sich am authentischsten und sind häufiger im Flow. Das Aufgehen in einer Flow-Erfahrung gibt ihnen Energie und verleiht ihnen ein starkes Selbstbewusstsein. Sie genießen es, die Grenzen ihrer Möglichkeiten zu erweitern und sich auf dem Weg zu ihren selbstgesteckten Zielen zu entwickeln. Die Erfüllung, die daraus erwächst, wird als Glücksmoment erlebt.

Regelmäßige Flow-Erlebnisse verleihen uns viel Energie. Sie stärken uns, weil wir aus unserem Kern heraus leben und sie uns damit Zugang zu unserer eigenen Kraft gewähren. Alles in allem kostet es viel mehr Energie, ein unbefriedigendes Leben zu führen als ein aufregendes Leben mit Flow-Momenten. *Alles in allem kostet es viel mehr Energie, ein unbefriedigendes Leben zu führen als ein aufregendes Leben mit Flow-Momenten.*

Sich selbst nicht treu zu sein, sich klein zu halten oder sein Potenzial nicht auszuschöpfen, kostet viel Energie. Denn man wird nicht gestärkt, man gewinnt nicht an Kraft hinzu, im Gegenteil: Man verliert Energie und wird vom Leben ausgelaugt. Für ein unauthentisches Leben bezahlt man also einen hohen Preis. Und anders als oft vermutet, gestaltet sich ein solches Leben durchaus nicht einfacher. Selbst wenn es von außen betrachtet gut aussieht und den Erwartungen des eigenen Umfelds entspricht, kann es sich innerlich ganz anders anfühlen; es kann den Träumen, die man einmal hatte, ganz und gar nicht entsprechen. Trotzdem lassen wir uns oft viele Gründe einfallen, um uns nicht für unseren eigenen Weg entscheiden zu müssen.

SICH DAS GUTE VERDIENEN MÜSSEN

In meiner Arbeit hatte ich mit vielen dieser Gründe und Blockaden aus nächster Nähe zu tun. Am hinderlichsten ist sicherlich die Vorstellung, sich nicht das Beste gönnen zu dürfen. Dafür gibt es unterschiedliche Ursachen. Zum einen die bereits erwähnte Überzeugung, dass man selbst nicht der Mühe wert sei. Viele Menschen schränken sich in ihren Lebensentscheidungen ein, weil sie der Auffassung sind, nichts Gutes zu verdienen. Dabei können alle möglichen – oft alte – Schuldgefühle oder Selbstvorwürfe eine Rolle spielen. Manchmal geht es auch um alte Ansichten aus der Kindheit, die selbst zwanzig oder dreißig Jahre später noch ihre Wirkung entfalten. Diese inzwischen internalisierten Stimmen führen nun innerlich ein Eigenleben – so dass die betreffende Person heute nicht mehr von den, oft bereits verstorbenen, Eltern, sondern allein von sich selbst unter der Fuchtel gehalten wird.

Sich selbst nichts zuzugestehen, weil man glaubt, man sei ein gutes Leben nicht wert, ist eine starke Blockade, die mir oft bei Menschen begegnet, bei denen ich sie nicht erwartet hätte. Offenbar stehen sehr alte und unbewusste Überzeugungen dahinter, die im Laufe des Lebens nicht mehr auf ihre Richtigkeit überprüft werden, sondern einfach für »wahr« gehalten werden. Die einengenden Vorstellungen werden auf die Außenwelt projiziert, obwohl sich bei späterer Gelegenheit manchmal zeigt, dass andere viel wohlwollender und fördernder sind als angenommen. Diese Erkenntnis macht manche Menschen im Nachhinein wütend: Wenn sie das nur früher gewusst hätten, dann hätten sie …

Eine meiner Klientinnen, eine sehr vielseitige Frau mit zahlreichen Talenten und Ideen, hielt sich mit der Begründung, dass sie alles Mögliche nicht »dürfe«, jahrelang sehr zurück. »Darf ich das denn?«, fragte sie mich immer wieder bei Entscheidungen, die sie selbst betrafen. Als sie endlich ihre Flügel aufspannte und erkannte, dass sie niemandem Rechenschaft schuldig war, war sie eher wütend als froh, sie fühlte sich, als wäre sie jahrelang von anderen betrogen worden. Dahinter stand jedoch die viel grundlegendere ängstliche Frage, ob sie wirklich der Mensch sein durfte, der sie war.

Ein weiteres Hemmnis bildet die Vorstellung, es sei egoistisch, sich für sein eigenes Leben zu entscheiden. In meinen Flow-Kursen ist das die meistgenannte Schwierigkeit. Viele Menschen – vor allem Frauen – sind mit der Vorstellung aufgewachsen, dass sie ihre Interessen zunächst einmal hinter denen anderer zurückstellen müssten und erst später an ihre eigenen Bedürfnisse denken dürften. Sich für eine andere Abfolge zu entscheiden: zuerst für das eigenes Wohlergehen zu sorgen, um anderen hinterher

Der Sinn liegt gerade darin, etwas aus dem Leben zu machen, das für uns selbst Sinn und Bedeutung hat.

mehr geben zu können, ruft Verwirrung und zuweilen auch heftige emotionale Reaktionen hervor. In diesem Zusammenhang kann die vom Dalai-Lama formulierte buddhistische Auffassung als eine Art Ermutigung dienen: Es ist unsere Aufgabe, dafür Sorge zu tragen, dass wir in diesem Leben glücklich werden. Der Sinn liegt gerade darin, etwas aus dem Leben zu machen, das für uns selbst Sinn und Bedeutung hat. Und ein Mensch, dem dies gelingt, strahlt das auch aus und hat so mehr Raum für Empathie und Mitgefühl mit seiner Umgebung.[25]

Je genauer der menschliche Geist erforscht wird, desto unbedeutender scheint die Differenz zwischen Altruismus und Egoismus zu sein. Neuere Hirnforschungen haben ergeben, dass der Unterschied zwischen Geben und Nehmen im Hinblick auf das Gehirn geringer ist als angenommen, denn bei beiden Handlungen werden Teile des neuronalen Belohnungssystems angeregt. Offenbar ist auch Geben eine belohnende Aktivität, von der der Gebende profitiert. Psychologische Studien haben diese Wechselwirkung schon früher herausgestellt. Die amerikanische Psychologieprofessorin Sonja Lyubomirsky beispielsweise beschreibt in ihrer Studie zum Thema Glück unterschiedliche Tests, in denen deutlich wird, wie belohnend Hilfsbereitschaft für den Helfenden ist.[26] Doch diese wissenschaftlichen Erkenntnisse haben offenbar keinen Einfluss auf die weitverbreitete Angst, sich egoistisch zu verhalten. Dieses restriktive Denken lässt sich wohl am ehesten auf eine tief verwurzelte, oft religiös fundierte Vorstellung, »etwas nicht zu dürfen« und »sich sein Glück erst verdienen zu müssen«, zurückführen. Der Gedanke, auf Glück womöglich einfach ein Recht zu haben, wirkt dann wie ein Geistesblitz und fühlt sich wie eine Befreiung an.

Eine schwächere Form dieser Selbstbeschränkung und Selbstaufgabe ist die Unfähigkeit, sich positive Dinge selbst anzurechnen. Vor allem unerwartete Erfolge können manche Menschen ganz schwindelig machen und sich unangenehm anfühlen, als wären sie unverdient und eigentlich zu schön, um wahr zu sein.

Eine Blockade, die damit in Zusammenhang steht, ist der Gedanke, dass etwas, das uns leicht von der Hand geht und gut zu uns passt, eigentlich keine Kunst und nicht wirklich ernst zu nehmen ist. Im Grunde denken wir, dass es uns, um als wertvoll gelten zu können, mehr Mühe kosten sollte. Diese Blockade wird ausführlich in Julia Camerons inspirierendem Buch über Kreativitätshemmnisse beschrieben.[27] Mir ist bewusst geworden, dass ich mich manchmal selbst bei diesem Denken ertappe. Ein harmloses Beispiel dafür: Wenn ich nebenbei schnell etwas Schönes fotografiere, an dem ich zufällig mit dem Fahrrad vorbeifahre, hat das Foto für mich einen geringeren Wert als ein (vielleicht längst nicht so gelungenes) Foto, für das ich mich mehr anstrengen musste, für das ich zum Beispiel einen bestimmten Ort mehrmals aufgesucht habe, um gutes Licht zu haben, oder weit dafür laufen musste. Das ist natürlich seltsam, als dürfe man erst mit etwas zufrieden sein, wenn man dafür geschuftet und sich abgerackert hat. Das scheint ein calvinistischer Gedanke zu sein. Oder deutet er vielleicht darauf hin, dass der Weg zum Ziel, der Spaß, sich auf etwas zu freuen und sich dem Ziel zu nähern, die größte Belohnung ist? Das wäre schön, aber ich fürchte, dass in diesem Fall – und auch in anderen Situationen, die ich kenne – das unbefriedigende Gefühl auf die fehlende Anstrengung zurückgeht. Und das, obwohl Mühelosigkeit gerade ein überaus wichtiges Merkmal einer Flow-Erfahrung ist.

Das ist auch logisch, denn wenn wir etwas tun, was gut zu uns passt, was wir intensiv betreiben, was wir gut können und genießen, haben wir das Gefühl, dass alles wie von selbst geht. Wenn wir über die erforderlichen Fähigkeiten zur Ausübung dieser Tätigkeiten verfügen, müssen wir uns relativ wenig dafür anstrengen. Das Gefühl der Leichtigkeit sollte also als ein Gradmesser aufgefasst werden: Fühlt es sich mühelos an, weiß man, dass es gut ist. Dann weiß man, dass diese Aktivität auf einen zugeschnitten ist.

Das Gefühl der Leichtigkeit sollte also als ein Gradmesser aufgefasst werden: Fühlt es sich mühelos an, weiß man, dass es gut ist.

Ein weiteres Hemmnis ist der Gedanke, eine Entscheidung für eine wichtige Veränderung würde implizieren, dass man jahrelang etwas falsch gemacht habe: Man müsse sich und anderen eigentlich eingestehen, jahrelang in etwas Schlechtes investiert zu haben. Diese Erkenntnis hinterlässt das traurige Gefühl, Jahre vergeudet zu haben, in denen man nicht man selbst sein konnte und nicht glücklich war. Um dieses Gefühl der Reue zu vermeiden, versucht man manchmal einfach weiterzumachen. Diese Einstellung habe ich bei einigen Klienten beobachtet, die erst jenseits der fünfzig erkannten, dass sie eigentlich doch lieber in einem anderen Beruf gearbeitet hätten. Nachdem sie dreißig Jahre durchgehalten hatten, wollten sie auch die letzten zehn Jahre noch durchstehen; sonst wäre ja alle Mühe umsonst gewesen.

Bei all diesen beängstigenden Gefühlen scheint es vernünftig zu sein, den »sicheren« Weg einzuschlagen. Doch wie es sich bei allen Gedanken dieser Art verhält – man kann sie sich bewusst machen und sich von ihnen befreien. Wenn man einmal davon überzeugt ist, wertvoll genug zu sein, alles, was man will, zu verdienen, gesteht man sich selbst auch mehr zu und hat mehr Mut sich dafür einzusetzen.

3. Mut fassen

Wofür bringen Sie genug Mut auf und welches Risiko sind Sie bereit einzugehen? In diesem Abschnitt geht es nicht um Ihre Qualitäten, sondern um Ihre Fähigkeit, Ängste zu überwinden. Obwohl Sie sich in Situationen, in denen Sie von Angst oder negativen Gefühlen blockiert werden, womöglich sicher fühlen – denn immerhin sind Ihnen diese Situationen vertraut –, ist Angst keine besonders hilfreiche Motivation. Was Ihnen wirklich weiterhilft, ist der Mut, herauszufinden, was Sie im Leben wirklich wollen, und die Courage, Schritte in diese Richtung zu unternehmen. Ob sich der Horizont unseres Lebens verengt oder erweitert, hängt davon ab, ob wir es wagen, Entscheidungen zu treffen, die uns aus unserer Komfortzone herauslocken. Doch sich für etwas Neues zu entscheiden, kann eine ganze Reihe von Ängsten wecken. Man riskiert es, eine falsche Entscheidung zu treffen oder sich zu isolieren, wenn man sich zu sehr von seinem Umfeld distanziert. Jede Entscheidung ist mit einem gewissen Risiko verbunden: Wenn man sich für eine Alternative entscheidet, entscheidet man sich zugleich gegen eine andere, die man damit aufgibt. Unter diesem Blickwinkel ist jede Entscheidung immer auch mit einem Verlust verbunden.

Außerdem ist es schwierig, sich von alten Gewohnheiten und Strategien zu lösen, da man nie genau weiß, was an ihre Stelle treten wird. Man kann in eine Art Niemandsland geraten, für dessen Anforderungen man noch nicht gewappnet ist. Wenn man einen sicheren Hafen verlässt, übernimmt man dadurch die volle Verantwortung für sich selbst und kann eine Fehlentscheidung weder anderen noch ungünstigen Umständen zuschreiben.

Ob sich der Horizont unseres Lebens verengt oder erweitert, hängt davon ab, ob wir es wagen, Entscheidungen zu treffen, die uns aus unserer Komfortzone herauslocken.

Welche weiteren Ängste können eine Rolle spielen, wenn man sich für ein authentisches Leben und den eigenen Weg entscheidet?

ALLEINE UNTERWEGS

Die erste und wesentlichste Angst besteht darin, einsam und allein zu sein. Entscheidungen wie »eine neue Arbeit aufnehmen«, »eine Beziehung beenden«, »in einem anderen Land zu leben«, »sich von alten Lebenseinstellungen oder Gottesvorstellungen zu verabschieden« oder »etwas Kreatives auf die Beine stellen« sind weitreichend und verlangen uns einiges ab. So viel, dass der Gedanke, dass sie es vielleicht doch nicht wert seien und wir daher lieber alles beim Alten belassen sollten, sehr verlockend erscheinen kann.

Diese Phase, in der ein Mensch zweifelt und für eine neue Lebensphase Mut fasst, wird in unzähligen Erzählungen und Mythen thematisiert. Sie bildet ein universelles und zeitloses Sujet: Ein Mensch, der es wagt, dem Ruf seiner Seele oder seines Selbst zu folgen, begibt sich auf die Reise und geht einer einsamen und unsicheren Zukunft entgegen. »Eine solche Schwelle ist zu überschreiten, wenn der gewohnte und vertraute Horizont zu eng geworden ist, und die alten Begriffe, Ideale und Verhaltensweisen nicht mehr passen wollen«, schreibt Joseph Campbell in seinem Klassiker *Der Heros in tausend Gestalten*.[28]

In der Literatur wird der Reisende oft als Held dargestellt. Wenn das Abenteuer den Helden ruft, weigert er sich zunächst, dem ersten Ruf zu folgen, und setzt sich dagegen zur Wehr. Doch wenn er ihm schließlich folgt, findet der Held auf seiner Reise meistens die unerwartete Unterstützung eines Helfers. Der Held hat auf seiner einsamen Reise eine ganze Reihe von Prüfungen, Seelenkämpfen und Ängsten zu überstehen, bevor er letztendlich seine Erfüllung und sein Glück findet und wieder in die Gemeinschaft aufgenommen wird. All diese Erzählungen machen deutlich, dass es sich vor allem um eine einsame Reise handelt. Unterwegs ist der Reisende allein auf sich gestellt; alles hängt von seinem Mut, seinem Vertrauen und seinem Glauben an die eigene Kraft ab. Für viele Menschen liegt genau darin der Grund, diese Reise aufzuschieben oder nie zu ihr aufzubrechen.

In meiner Praxis begegne ich oft Menschen, die sich bewusst sind, diese Reise antreten zu müssen, die aber den Gedanken, völlig alleinzustehen, nicht ertragen können. Sie suchen Unterstützung oder hoffen, von mir zu hören, sie müssten nicht aufbrechen. Ihr Wunsch, mit anderen zusammen zu sein, ist größer als die Sehnsucht, ihren eigenen Weg zu gehen. Selbst wenn ihnen ein Pfad wenig entspricht, erscheint er ihnen doch angenehmer, wenn sie ihn nur gemeinsam mit anderen beschreiten können. Manche Menschen verharren sehr lange in diesem

Zwischenbereich beständigen Zweifelns. Sie sehnen sich nach Verbundenheit mit anderen, aber auch nach Autonomie und Authentizität.

Solange sich noch keine Balance zwischen beidem eingestellt hat – der Held noch nicht auf Reisen war –, bedarf es bei vielen Lebensentscheidungen einer Phase der Reflexion und Besinnung. Diese Phase verbringt er meistens allein und ohne den Zuspruch anderer. Die Fähigkeit, Einsamkeit zu ertragen – wenn auch nur für eine gewisse Zeit –, ist hierbei eine wertvolle Eigenschaft.

Die Fähigkeit, Einsamkeit zu ertragen, ist hierbei eine wertvolle Eigenschaft.

VOLLKOMMEN SICHER?

Darüber hinaus gibt es Blockaden, die mit dem Eingehen von Risiken zusammenhängen. Jede Entscheidung fordert von uns ein Handeln und ein Heraustreten aus der uns vertrauten Welt. Die zuvor bereits erwähnte Autorin Debbie Ford schreibt zu diesem Thema: »Um ein brillantes Leben zu führen, müssen wir Risiken eingehen. Wir müssen unbekanntes Terrain betreten und neue Berge erklimmen. Es ist beängstigend, sich mit Dingen zu befassen, die ebenso groß sind wie wir selbst. Doch wenn wir uns völlig in Sicherheit wiegen, leisten wir nicht genug. Um der Welt unseren Stempel aufzudrücken, müssen wir bereit sein, uns an Orte zu begeben, die wir bisher vermieden haben.«[29]

Risiken einzugehen und Herausforderungen anzunehmen, ist ein zentraler Gedanke der Flow-Theorie. »Vollkommene Sicherheit« ist nicht das Endziel eines Selbstentwicklungsprozesses. Gerade die Herausforderung, den sicheren Ort zu verlassen und neue Schritte zu wagen, wirkt als starke Triebfeder. Doch der Status quo ist vertraut, er erscheint uns sicher und übersichtlich. Das Risiko eines Kurswechsels mit unklarem Ausgang verleitet viele Menschen dazu, ihr Leben allzu voreilig so zu belassen, wie es ist. »Vielleicht soll ja mein Leben so sein, wie es ist«, denken sie. Doch diese Feststellung, die wie ein Erklärungsversuch und eine Beruhigung wirkt, bringt meist nicht die Erfüllung, die man erwarten würde.

Auch die Angst, etwas zu verlieren, kann bedrohlich sein. Tal Ben-Shahar, ein Vertreter der Positiven Psychologie, macht das sehr deutlich: »Wer Angst vor dem Verlust hat, schützt sich vielleicht dadurch, dass er sich einredet, er habe nichts zu verlieren. Wenn wir glücklich sind, haben wir eine Menge zu verlieren. Um durch einen Verlust nicht am Boden zerstört zu sein, wollen wir das, was uns Schmerzen verursachen könnte, erst gar nicht besitzen. Wir befürchten das Schlimmste und berauben uns dadurch von vornherein der Möglichkeit, glücklich zu sein.«[30] Der beste Schutz vor diesem Verlust ist die Entscheidung, sich gar nicht erst an ein Leben mit Flow-Erlebnissen und Momenten des Glücks zu gewöhnen. Wenn man es vermeiden kann, etwas zu genießen, braucht man auch nicht zu fürchten, dass es mit diesem Genuss plötzlich vorbei sein könnte.

Dieser Gedanke kann auch bei einem unverhofften Erfolg eine Rolle spielen, der zu schön zu sein scheint, um wahr zu sein. Manchmal schwingt darin auch die Angst mit, dass der Erfolg womöglich nur vorübergehend ist und man danach umso weiter zurückfällt. Oder wir rechnen uns unseren Erfolg nicht an, weil wir uns vor unserer eigenen Stärke fürchten, von der wir uns überwältigt fühlen. Andere könnten eifersüchtig werden, daher scheint es sicherer, sich selbst zu beschränken oder sein eigenes Potenzial einfach zu verleugnen. Doch – um mit Marianne Williamson zu sprechen:»Es hat nichts von Erleuchtung an sich, wenn Sie sich so schrumpfen lassen, dass andere Leute sich nicht mehr durch Sie verunsichert fühlen.«[31]

Zu den Verlustängsten gehört auch die Angst vor dem Verlust einer Illusion. Wenn man jahrelang einen Wunsch oder einen Traum gehegt hat und schließlich bei seiner Umsetzung scheitert, hat man ihn gewissermaßen verloren. Denn nun kann man sich nicht mehr in diese Fantasie flüchten, wenn im wirklichen Leben mal wieder alles schiefläuft. Ein unerfüllter Wunschtraum scheint daher attraktiver – und sicherer – zu sein als der misslungene Versuch, diesen Traum zu verwirklichen. Man braucht Mut, einen Traum mit der Realität zu konfrontieren. Solange wir keine Entscheidung treffen, steht uns eine Welt offen und wir können alle Illusionen aufrechterhalten. Aber eigentlich scheint das nur so, denn in Wirklichkeit bleibt immer alles beim Alten. Wenn wir echte Entscheidungen treffen, geben wir einen Teil dieser Freiheit und dieses endlos offenen Horizonts auf. Wir setzen unserer Fantasiewelt Grenzen und stehen zu den Entscheidungen, die tatsächlich Veränderungen bewirken können, mit denen wir uns wohlfühlen.

Man braucht Mut, einen Traum mit der Realität zu konfrontieren.

Diese Entscheidungsangst konnte ich auch bei einem Klienten beobachten, der schon jahrelang davon träumte, einmal in Südafrika zu leben. Denn wie er meinte, könne er nur dort glücklich sein. Er redete ständig von seinem Traum und zeigte mir Fotos von bunten Städtchen und herrlichen Berglandschaften. Als ich ihn fragte, wann er aufbrechen wolle, sah ich Panik in seinem Blick.»Nein«, sagte er,»so weit bin ich noch nicht.« Er reiste nie nach Südafrika, nicht einmal für ein paar Wochen. Der Traum diente ihm als Flucht aus seinem – viel weniger farbenprächtigen – Leben und er wollte nicht das Risiko eingehen, ihn aufgeben zu müssen.

Je besser wir mit der Angst vor Risiken umgehen können, desto eher haben wir den Mut, zu handeln und uns aus unserer Komfortzone herauszuwagen. Für jede Art von Wachstum und Entwicklung müssen wir uns außerhalb unserer Komfortzone bewegen, so lange, bis wir wieder einen komfortablen Ort erreichen, von dem wir dann ein weiteres Mal zu neuen Orten aufbrechen können. In dieser Übergangszeit fürchten wir uns bisweilen und müssen manchmal Dinge tun, die wir nicht so angenehm finden. Um eine neue Phase einzuläuten, genügt es jedoch nicht, nur davon zu träumen, wir müssen auch etwas dafür *tun*. Man kann diese Art von Angst als eine permanente Blockade betrachten, die uns ständig daran hindert, etwas zu unternehmen. Doch wir können sie auch einfach als Teil unseres eigenen Entwicklungsprozesses betrachten.

In ihrem praxisnahen Buch *The comfort trap* unterscheidet die amerikanische Psychologin Judith Sills sechs Formen der Angst: Angst vor Zurückweisung, Angst davor, Verpflichtungen einzugehen (die Unfähigkeit sich zu entscheiden aus der Angst heraus, womöglich einen Fehler zu machen oder eine Chance zu verpassen), Trennungsangst (die jede Option besser erscheinen lässt als die Aussicht, allein zu sein), Angst vor Intimität, Angst vor Konfrontationen und Angst vor Kontrolle. Wenn wir erkennen, welche Muster uns immer wieder daran hindern, unsere Komfortzone zu verlassen, können wir die zugrunde liegenden Ängste identifizieren und sie einer der oben genannten Kategorien zuordnen. Auf diese Weise bekommt unsere Angst ein klares Gesicht und eine erkennbare Identität – und ist daher leichter zu bewältigen. Der Wunsch, diese Angst zu überwinden, kann so unsere Motivation, die Grenzen unserer sicheren Welt zu durchbrechen, verstärken. Bei jeder neuen Entscheidung können wir uns fragen, wovor wir uns aus welchen Gründen fürchten und wie wir diese spezielle Angst überwinden können. Sills Kernbegriff in ihrem Buch heißt »Aktion«. Sie gibt gute Tipps, wie man sich selbst in Bewegung bringt (»Gehen Sie einen beliebigen Schritt in die richtige Richtung«) und wie es gelingen kann, die eigene Angst möglichst klein und die eigene Stärke möglichst groß werden zu lassen.[32]

4. Voller Vertrauen

Wenn Sie sich selbst bejahen und sich Ihren Ängsten stellen, nähern Sie sich immer mehr dem Leben, das Sie sich wünschen. In Ihnen ist die Überzeugung gewachsen, dass Sie sich für dieses Leben entscheiden dürfen, ja sogar entscheiden *müssen*. Und Sie sind nun darin geübt, mit Befürchtungen umzugehen und sie zu überwinden.

Was kann Ihnen in dieser Phase sonst noch hilfreich sein? Am Anfang Ihrer Reise brauchen Sie vor allem Selbstvertrauen und den Glauben an Ihre eigene Kraft. Dieser Abschnitt handelt daher von der Fähigkeit, Vertrauen zu entwickeln und an sich selbst zu glauben. Durch die Forschung der Positiven Psychologie haben wir viel über die Eigenschaften von Menschen erfahren, die sich glücklich fühlen, weil sie ein authentisches Leben voller Flow-Momente führen. Über diese Menschen gibt es heute zahlreiche Studien, von denen wir profitieren können. Csikszentmihalyi nennt sie »Flow-Menschen« oder Menschen mit einer »autotelischen Persönlichkeit«. Er beschreibt ihren Zustand in folgender Weise: »Jemand, der sich nie langweilt, selten Angst hat, der an dem, was um ihn herum geschieht, Anteil nimmt und sich vorwiegend im *flow* befindet, kann als autotelisches Selbst bezeichnet werden. Der Begriff bezeichnet

Authentische Menschen fällen ihre Entscheidungen selbst und warten nicht endlos auf den richtigen Moment, die ideale Situation oder den Augenblick, in dem andere für sie entscheiden.

wörtlich ›ein Selbst, das sich selbst die Ziele setzt‹, und er spiegelt den Gedanken wider, dass ein solches Individuum relativ wenige Ziele hat, die nicht dem Selbst entstammen.«[33] Das Selbst autotelischer Persönlichkeiten ist autonom, es stellt sich eigenständige und intrinsische Ziele, an die es glaubt. Das bedeutet, dass eine autotelische Persönlichkeit – im Gegensatz zu Menschen, die erst dann in Aktion treten, wenn andere ihnen helfen, sie retten oder sie in Schlepptau nehmen – eigene Entscheidungen treffen und nicht darauf warten, dass andere für sie entscheiden. Flow-Menschen sind von solcher Hilfe unabhängig, denn sie haben genug Vertrauen in sich selbst. Sie haben weder Rettungsfantasien noch verspüren sie eine Sehnsucht nach Erlösung. Und sie geben sich auch nicht der fälschlichen Hoffnung hin, Veränderung sei erst möglich, wenn alle möglichen Voraussetzungen (wie eine ideale Stelle, ein idealer Partner oder das perfekte Haus) erfüllt sind. Das Warten auf die richtigen Lebensumstände kann zu einer Haltung werden, die Menschen jahrelang – und manchmal lebenslang – blockiert und zur Passivität verdammt. Flow-Menschen neigen nicht dazu, lange an der Richtigkeit ihrer Beschlüsse zu zweifeln, sich von ihren Zweifeln ausbremsen zu lassen oder vor echten Entscheidungen zurückzuschrecken. Authentische Menschen fällen ihre Entscheidungen selbst und warten nicht endlos auf den richtigen Moment, die ideale Situation oder den Augenblick, in dem andere für sie entscheiden. »Der Drang, andere für sich entscheiden zu lassen, führt zu nicht authentischen Entscheidungen«, lautet eine weise Aussage der Autorin Carol Adrienne.[34]

Wenn Flow-Menschen sich für etwas entscheiden, wollen sie wirklich zu dieser Entscheidung stehen. Denn sich zu etwas zu bekennen, ist ein wichtiger und notwendiger Schritt, um ein anspruchsvolles Ziel zu erreichen. Es ist verlockend, sich mehrere oder gar alle Optionen offenzuhalten, doch auf diese Weise kann man sich einem Ziel nicht vollends verschreiben. Außerdem hat es immer einen gewissen Reiz, in einer anstrengenden Phase aufzugeben oder zu einem einfacheren Ziel umzuschwenken. Doch viele befriedigende Flow-Momente lassen sich erst durch Mühen und nach einer alles anderen als komfortablen Phase erreichen. Denken Sie zum Beispiel nur an das Einüben eines Musikstücks. Die erste Übungsphase ist meistens nicht besonders erbaulich, es sei denn, man schafft es, sogar daran schon etwas Freude zu empfinden. Anfangs ist man noch weit von seiner Komfortzone entfernt und es ist hilfreich, sich ganz auf sein Ziel – dieses eine Werk von Bach, das man in ein paar Monaten beherrschen will – zu fokussieren. Wenn man sich selbst und seinem Ziel gegenüber ganz bewusst eine Verpflichtung eingeht, wird man es sicherlich eher erreichen als in einer Situation, in der man sich alle Möglichkeiten offenhält.

Außerdem hilft ein gehöriges Maß an Vertrauen – nicht nur an Selbstvertrauen, sondern in einem weiteren Sinne auch an Vertrauen in die Welt, in einen positiven Gang der Dinge, in einen göttlichen Beistand oder in Hilfe aus dem eigenen Umfeld. Bei einem bestimmten Vorhaben auf sein Gelingen zu vertrauen, ist hilfreicher, als insgeheim daran zu zweifeln. Da man eine Veränderung zuerst im Geist und erst danach in der Realität vollzieht, kann eine Intention die Richtung bestimmen. Sie lenkt unsere Aufmerksamkeit und macht uns für Signale aus unserem Umfeld empfänglich. Wenn wir es wagen, ganz und gar auf einen positiven Gedanken zu vertrauen, entwickelt er ungeahnte Kraft. Unsere Erfolgschancen sind daher größer, wenn wir uns ganz für etwas einsetzen und rückhaltlos auf unsere Entscheidungen vertrauen. In dieser Hinsicht sind Optimisten im Vorteil, denn diese Art des Vertrauens liegt in ihrer Natur.

OPTIMISTISCHES VERTRAUEN

Im Bereich der Positiven Psychologie wurde viel über positive Emotionen und ihre Auswirkungen auf eine positive Lebenseinstellung geforscht. Die Psychologieprofessorin Suzanne Segerstrom hat sich in ihren Studien jahrelang mit dem Thema Optimismus als Lebenseinstellung befasst. Weil Optimisten sich selbst für glücklicher halten als Pessimisten, ist es interessant, näher zu betrachten, was sie anders machen.

Ein großer Unterschied liegt beispielsweise darin, dass sie positive Erwartungen haben:»Sehr optimistisch sein bedeutet, dass Sie sich im Hinblick auf Ihre Arbeit, Ihre Beziehungen, Ihre Freizeitgestaltung, ja sogar Ihre Ziele (zum Beispiel gesünder leben oder toleranter sein) gut vorstellen können, alles zu erreichen, was Sie sich vorgenommen haben. Und obwohl Sie die Möglichkeit in Betracht ziehen, dass nicht alles glattlaufen wird, glauben Sie dennoch, dass die Dinge sich zu Ihren Gunsten entwickeln.«[35] Weil ihre Einstellung zu ihren Zielen positiver ist, engagieren sich Optimisten hingebungsvoller und ausdauernder und erreichen ihre Ziele daher schneller. Ihre Erwartung und ihr Glaube an den Erfolg wirken wie eine *selffulfilling prophecy*. Motiviert von Glauben und Vertrauen sind Optimisten eher dazu bereit, ihr Bestes zu geben und bei Schwierigkeiten durchzuhalten.

Neben positiven Erwartungen ist die Intention zu handeln, also wirklich in Aktion zu treten, die stärkste Triebfeder eines Optimisten.

Optimismus wirkt erst dann visionär, wenn man auch wirklich etwas unternimmt, um die Erwartungen in die Realität umzusetzen.

Optimismus wirkt erst dann visionär, wenn man auch wirklich etwas unternimmt, um die Erwartungen in die Realität umzusetzen. Optimisten neigen weniger dazu, sich in ihren Fantasien zu verlieren, sie handeln eher, um ihre Träume zu verwirklichen. So geraten sie in eine Aufwärtsspirale: Weil sie mehr Selbstvertrauen haben, werden sie eher aktiv, daher haben sie größere Erfolgschancen, was sie wiederum optimistischer stimmt. Ihr Selbstwertgefühl und die Zufriedenheit mit ihrem Leben steigern sich, ebenso wie ihr Glaube an sich selbst, was sie wiederum in ihrem Handeln bestärkt.

Auch wenn man von Hause aus nicht optimistisch ist, kann man etwas von dieser Grundeinstellung lernen. In ihrer spannenden Studie gibt Segerstrom eine Reihe von Tipps für eine optimistischere Lebenshaltung. Selbst wenn man von Natur aus nicht sehr vertrauensvoll ist, kann man versuchen, positiv an eine Sache heranzugehen und sich so darin üben, mehr Vertrauen in seine persönlichen Fähigkeiten zu gewinnen. Man kann positive Denkgewohnheiten entwickeln, mehr an die eigenen Ziele glauben und lernen, wie ein Optimist zu handeln.

Eine derartige Konzentration auf seine eigenen Ziele ermöglicht es, seine geistige Energie besser zu kontrollieren. Man vergeudet weniger Energie an Zweifel und Selbstkritik und kann daher mehr Energie für seine eigentlichen Ziele freisetzen. Eine autotelische Persönlichkeit zeichnet sich vor allem durch die Fähigkeit aus, sich gut zu konzentrieren, sich nicht ablenken zu lassen und unter allen Umständen bei sich selbst zu bleiben.

5. Signale und Wegweiser

Woran erkennt man, dass man sich selbst nicht treu ist? Wenn wir nie im Flow sind und selten etwas genießen, können wir davon ausgehen, dass wir uns weit von unserem eigenen Kern entfernt haben. Dass wir den Kontakt zu dem wesentlichsten Teil unseres Selbst verloren haben und uns vor allem mit der Außenseite unserer Persönlichkeit und den für uns charakteristischen Mustern und Rollen befassen. Flow kann man jedoch nur erleben, wenn man mit seinem eigenen Kern in Kontakt steht. Wenn man sich davon entfernt hat, wird es sehr schwierig, aus der Energie des Flows Stärke und Inspiration zu ziehen. Zahlreiche Signale können darauf hindeuten, dass wir nicht mehr im Fluss sind. Ein erster Hinweis ist Erschöpfung. Weil wir Energie verlieren, ohne neue hinzuzugewinnen, beginnt uns das Leben auszulaugen. Von Mühelosigkeit und Harmonie – den wichtigsten Merkmalen des Flows – ist kaum noch etwas zu spüren. Das Leben gleicht eher einem Kampf, in dem wir unsere Ziele mit reiner Willenskraft zu erreichen versuchen. Ein Kampf, der sich vor allem in unserem Inneren abspielt, da wir auf unterschiedlichen Ebenen gleichzeitig agieren. Wenn wir lange in dieser Phase verharren, fühlen wir uns mit der Zeit unglücklich. Denn es ist sehr bedrückend für eine Person, lange nicht sie selbst zu sein. Eigentlich denke ich sogar, dass das größte Leid eines Menschen aus Selbstverleugnung entsteht. Es ist schmerzhaft, sich selbst im Stich zu lassen. Rückblickend auf meine therapeutische Praxiserfahrung der vergangenen fünfundzwanzig Jahre kann ich sagen, dass die meisten Probleme meiner Klienten von diesem Gedanken her zu verstehen sind. Viele Menschen sind unglücklich, weil sie sich innerlich zerrissen und von ihrem ursprünglichen Wesen abgetrennt fühlen. Sie haben sich bestimmte Muster, Gewohnheiten, Rollen oder Überzeugungen angeeignet, die nicht zu ihrem eigentlichen Selbst passen. Bisweilen haben sie die vage Vermutung, dass etwas nicht stimmt, ohne genau zu wissen, was es sein könnte. Dieses Gefühl der Entfremdung führt oft zu verstärkten Bemühungen in die falsche Richtung – fort vom eigenen Selbst –, die ihnen trotz allem das Gefühl geben sollen, jemand zu sein oder mit anderen in Verbindung zu stehen. Das Leben gleicht immer mehr einem Überleben, wobei die uneigentlichen Muster und Überlebensstrategien allerdings äußerst gelegen kommen. Falls diese nicht erfolgreich sind und nicht zu Glück und Zufriedenheit führen, wird der Einsatz manchmal noch weiter gesteigert, dadurch zum Beispiel, dass man noch mehr in bestimmte Entscheidungen investiert, rastlos nach anderen Formen sucht, unrealistische Illusionen hegt, defensiv an Bestehendem festhält, nach Ablenkungen Ausschau hält, sein Selbstbild mit äußerlichen Dingen aufzupolieren versucht oder in ein Suchtverhalten gerät usw. Wenn das alles nicht zu einem besseren Gefühl beiträgt, besteht die Gefahr, in Schwermut zu verfallen oder sogar depressiv zu werden. Positiv formuliert, ist ein solcher depressiver Zustand der letzte verzweifelte Versuch des authentischen Selbst, sich Gehör zu verschaffen. Ein depressiver Mensch hat sich schon so weit von seinem Selbst entfernt, dass es für ihn nicht mehr erreichbar ist. Das Selbst dient ihm nun weder als Kompass noch als Quelle der Intuition im Entscheidungsprozess oder in der Beziehung zu anderen. Er ist mehr oder weniger richtungslos geworden.

Neben Niedergeschlagenheit können auch andere Stimmungen wie Ärger, Enttäuschung oder Neid Signale sei. Der niederländische Autor Marinus Knoope sagt dazu:»Wer seine Sehnsüchte ständig ignoriert, verurteilt oder korrigiert, ist wie ein Apfelbaum, der unablässig Birnen, Kirschen oder Bananen hervorbringen will. Er wird ein schweres Leben mit zahlreichen Enttäuschungen, einer Menge Ärger und Schmerz führen. Wer seine Wünsche ignoriert, erkennt das unter anderem daran, dass er sich immer öfter ärgert. Wenn man einen Wunsch nicht erfüllt oder eine Qualität, die sich auftut, nicht entwickelt, ärgert man sich über diejenigen, die das, was man selbst versäumt, in selbstverständlicher, nonchalanter oder unverschämter Weise einfach tun.«[36]

KÖRPERLICHE SIGNALE

Andere Signale sind vor allem körperlich, wie etwa psychosomatische Beschwerden und Krankheiten. Wie sich das Gefühl, unglücklich zu sein, auf den Körper auswirkt, wird gegenwärtig eingehend erforscht. Hier hat vor allem die Arbeit der amerikanischen Psychopharmakologin Candace Pert aufsehenerregende Erkenntnisse hervorgebracht. Sie konnte nachweisen, dass Emotionen nicht nur auf das Gehirn, sondern auf molekularer Ebene sogar auf den Körper einwirken. Emotionen sind in unserem ganzen Körper präsent und die Gesamtheit dieser Zellen verbindet sich zu einem psychosomatischen Netzwerk. So betrachtet, ist Bewusstsein eine Eigenschaft des gesamten Organismus. All unsere Erinnerungen, Gedanken und Intentionen können sich auf unseren Körper auswirken. Und auch Hormone beeinflussen unsere Stimmungen und Gefühle.»Da dieses Netzwerk so riesig ist, können Emotionen sich fast überall festsetzen; wodurch unsere gefilterte Wahrnehmung durch Erinnerungen an alte Traumata gefärbt wird. Bedenken Sie, dass unser Gedächtnis nicht nur im Gehirn sitzt, sondern unbewusst, von den Molekülen der Emotionen gespeichert und zugänglich gemacht, in unserem Körper fortbesteht.«[37]

Das kann eine schlechte Nachricht sein – da eines das andere nach sich zieht –, es kann aber auch eine gute Nachricht sein, da eine Veränderung oder Heilung in allen Bereichen ansetzen und sich auf das Ganze auswirken kann. Für die Flow-Theorie bedeutet es, dass die verlorene Lebensenergie – der Flow, den es einmal gab, der nun aber erstarrt ist – als emotionale Blockade im Körper weiterbesteht. Es bedeutet aber auch, dass diese Energie körperlich wieder zugänglich gemacht werden kann. Die Bedeutung des Körpers für die Selbsterkenntnis und die emotionale Gesundung wird im Allgemeinen sehr unterschätzt. Im Kapitel 6 werde ich genauer auf körperliche Verfahren eingehen, die sich dazu eignen, mit dieser Energie wieder in Kontakt zu kommen.

ANDERE ZEICHEN ERKENNEN

Bestimmte körperliche und emotionale Reaktionen können auf eine dauerhafte Entfremdung oder auf Lebensentscheidungen zurückzuführen sein, die keine Erfüllung und keinen Flow mehr bieten. Beispielsweise weil sie nicht zu uns passen und nicht im Einklang mit unseren Wünschen, Talenten oder Werten stehen. Natürlich gibt es zwischen beidem eine Verbindung. Doch meist stellt man erst, wenn das Leben in eine Sackgasse geraten ist, fest, dass bestimmte Entscheidungen auf ein schon viel länger bedeutsames Muster zurückgehen. Was zunächst einfach wie ein Lebensproblem – eine falsche Entscheidung – aussieht, hat oft tiefe persönliche Wurzeln. Wie oft kommt es wohl vor, dass man erst nach einer Vielzahl ähnlich strukturierter Probleme (nach einer Reihe unerfüllter Beziehungen, unbefriedigender Jobs, immer gleicher verletzter Reaktionen auf unterschiedlichste Ereignisse) ein Muster entdeckt, das auf einen Schlag vieles davon erklären kann? All diese Anzeichen von Erschöpfung, Unglück und Niedergeschlagenheit, die in einigen Fällen auch körperliche Beschwerden und Krankheiten nach sich ziehen, können darauf hinweisen, dass uns bestimmte persönliche Muster in eine Sackgasse geführt haben. Wenn wir in einem solchen Muster verharren, können wir uns nicht mehr auf die einzigartige Weise zum Ausdruck bringen, die unsere Entwicklung fördert und uns in den Flow bringt. Doch kann eine solche Erfahrung auch als Signal oder Wegweiser dienen. Wir können eine Krisenerfahrung auch als Chance betrachten, unser Leben genauer in den Blick zu nehmen und uns zu fragen: Befinde ich mich noch auf einem guten Weg und tue ich das Richtige? Hindernisse auf dem Weg sind wie Boten, die uns warnen: »Sei vorsichtig, tu es nicht, entscheide dich anders!« Solche Boten laden uns zur Selbstreflexion ein und können zu völlig neuen Erkenntnissen und ganz anderen Entscheidungen führen.

Andererseits gibt es auch Signale, die uns darauf hinweisen, dass wir gerade sehr gut agieren. Denken Sie nur an die Reise eines Helden, dem wie aus dem Nichts Helfer zur Seite springen, der plötzlich fündig wird, ohne etwas zu suchen, oder der an Orte kommt, von denen er nie zu träumen gewagt hat. Es geschehen unvorhergesehene, aber höchst willkommene Dinge, die nicht mehr allein auf Zufall beruhen können. Solche Zeichen bilden eine Art »Synchronizität«, die uns dabei hilft, unseren Weg vertrauensvoll weiterzugehen. Wenn man sich mit dieser Art unerwarteter Hilfe und dem Gefühl der Mühelosigkeit im Flow-Zustand einmal vertraut gemacht hat, ist es viel einfacher, sich auf seine Intuition zu verlassen. So wie uns unser Körper signalisiert, dass etwas nicht stimmt, macht er uns auch deutlich, was gut für uns ist. Wenn wir diesen Hinweisen gegenüber aufgeschlossen sind, können wir uns viel stärker auf sie verlassen, als wir es bisher wahrscheinlich getan haben. An manchen Orten, in manchen Arbeitsumfeldern oder bei einigen Menschen haben wir einfach kein gutes Gefühl. Wohingegen wir uns bei anderen Kontakten und Aktivitäten gerade besonders wohlfühlen, weil sie etwas in uns berühren und uns Kraft geben. Wenn wir für solche Signale empfänglich sind, werden wir mit der Zeit immer besser erkennen, ob uns eine Situation ein Gefühl von Harmonie und Stimmigkeit vermittelt oder uns beunruhigt und uns nicht ganz geheuer ist. Bei jeder Entscheidung stellen wir uns dann die Frage: Fühle ich mich dadurch freier und offener oder angespannter und eingeengter? Eine solche Haltung können wir einüben, so dass es uns zur Gewohnheit wird, immer »das Richtige« zu wählen und so immer stärker alle unsere Möglichkeiten zu nutzen. Denn schließlich liegt darin ein Potenzial, das wir schon in uns tragen und das wir uns lediglich wieder zugänglich machen.

Es geschehen unvorhergesehene, aber höchst willkommene Dinge, die nicht mehr allein auf Zufall beruhen können.

6. Zurück zum Kern

In einem Großteil der psychologischen und spirituellen Literatur wird der Weg zurück zum Selbst als ein Weg dargestellt, der aus gewissen, das Selbst verbergenden Mustern herausführe, von denen man sich einfach »lösen« müsse. Als ob man sich irgendwann dafür entscheiden und es dann einfach so tun könnte. Doch diese Entwicklung ist ein langer und intensiver Weg – eigentlich ist es unser Lebensweg. Es scheint mir sinnvoll, kurz noch bei den Mustern zu verweilen. Muster sind Konditionierungen, ein Set von Rollen und Überzeugungen, das wir uns zu eigen gemacht haben und das nun unsere Persönlichkeit und Identität prägt. In den vorhergehenden Abschnitten habe ich beschrieben, dass sich Entscheidungsprobleme manchmal durch einfache Introspektion – durch ein kurzes Verweilen bei der Frage: Was halte ich eigentlich von meinem Leben? – auflösen oder bereinigen lassen. Doch in vielen Fällen ist dieses Vorgehen zu simpel, weil das Selbst mittlerweile seine steuernde Kraft eingebüßt hat. Wie eine Schale oder eine Mauer hat sich ein Schutzschild um es herum gebildet, der das Selbst dem Einblick entzieht. Auch das Bild einer Rüstung spricht viele Menschen an. Eine Rüstung zu tragen, verleiht große Sicherheit. Man wird nicht gesehen und nicht verletzt und fühlt sich stark und behütet. Die Rüstung schützt vor Schmerzen und unangenehmen Einwirkungen. Doch wie eine Rüstung vor Regen schützt, hält sie auch die Sonne ab. Sie verhindert wohltuende Kontakte zu anderen Menschen. In einer Rüstung ist man sehr einsam. Sie verhindert sowohl schmerzhafte als auch angenehme Erfahrungen. Vor allem Letzterem sind sich viele Menschen nicht bewusst. Es ist nicht möglich, sich nur zum Teil aus der Schusslinie zurückzuziehen. Die Rüstung hält das Selbst als Ganzes verborgen und damit auch die besten Teile des Selbst: den Kern an Lebensenergie, die Kraft und den Flow. Sie hält uns nicht nur vor uns selbst, sondern auch vor anderen verborgen. In einer Rüstung kann man weder berührt noch gestreichelt werden, man kann von niemandem so gesehen werden, wie man eigentlich ist. Eine Rüstung verbirgt immer beide Seiten. Und das ist ein hoher Preis. Denn man verliert nicht nur den Schmerz, sondern auch etwas Schönes. Man wappnet sich gegen Verletzung, büßt damit aber auch Zärtlichkeit ein. Mit der Dunkelheit schwindet gewissermaßen auch das Licht. Es ist daher eine enorme Befreiung, seine Rüstung abzuwerfen. Und es lohnt sich wirklich, diese Mauer einzureißen oder diese Maske endlich abzulegen.

Es ist daher eine enorme Befreiung, seine Rüstung abzuwerfen.

PSYCHOLOGIE DER MUSTER

Was kennzeichnet ein solches Muster aus psychologischer Sicht? Oft handelt es sich um tief verwurzelte Überzeugungen über das Selbst, die schon in einer frühen Lebensphase entstanden und heute Teil des Selbstbewusstseins sind. Sie sind besonders beständig und sie können von uns nicht so leicht aufgegeben oder gar ersetzt werden. Sie sind uns vertraut und prägen unsere persönliche Identität. Sie sind Teil unserer Selbstbeschreibung und unserer eigenen Wahrheit. Und auch wenn diese Wahrheit nicht wirklich »wahr« ist, bestimmt sie doch unsere Weltsicht. Wie oft habe ich von einem meiner Klienten gehört, dass er eigentlich »schlecht« sei. Eine »Wahrheit«, die heimlich und verschämt mitgeteilt wird, als handele es sich um eine evidente Tatsache. Oft bestehen solche Selbstbilder nur aus einigen wenigen Prämissen, die sich allerdings durch viele Lebensbereiche hindurchziehen. Weil wir die Welt nicht so sehen, wie *sie* ist, sondern so, wie *wir selbst* sind, bestimmen diese Grundüberzeugungen unsere Sicht auf die Welt und unsere Mitmenschen. Es gibt viele Wege und Methoden, die Verbindung zu seinem wahren Selbst wieder herzustellen. Als Psychotherapeutin fühle ich mich am stärksten von den Ideen der *past reality integration* angesprochen, die der amerikanische Therapeut Jean Jenson und die niederländische Psychologin Ingeborg Bosch entwickelt haben.[38] Außerdem finde ich die Theorie und die Methode der Schematherapie sehr interessant. Diese in Amerika von Jeffrey Young und Janet Klosko entwickelte Methode gründet auf der Kognitiven Psychologie und arbeitet mit dem Begriff der »Lebensfallen«.[39] Lebensfallen sind eigentlich Muster, die die Autoren zu einer Reihe von Schemata genau ausgearbeitet haben. Aufgrund ihrer präzisen Beschreibung eignen sie sich sehr gut für die Behandlung einer Reihe von psychischen Problemen. Als Coach arbeite ich auch gern mit der von den Amerikanern Don Richard Riso und Russ Hudson formulierten Theorie des Enneagramms.[40]

In allen drei Theorien geht es darum, sich die Gefühle, Überzeugungen und Verhaltensstrategien, die das Selbst blockieren, bewusst zu machen, ob sie diese nun als »Überlebensstrategien«, als »Schemata« oder als »Typen« bezeichnen. Allen diesen Theorien ist gemeinsam, dass sie Erkenntnisse und Verfahrensweisen anbieten, um wieder mit dem eigenen Selbst in Verbindung zu treten. Es handelt sich hierbei um einen Prozess, der umso intensiver erlebt wird, je länger und stärker man sich von seinem Selbst entfremdet hat. Da ein Großteil der psychischen Probleme auf eine dauerhafte Situation der Bedrohung, des Verlustes oder der Einschränkung des Selbst zurückgehen, zielen die Therapien zum einen darauf ab, bestimmte Schemata, Typen oder Muster aufzugeben, zum anderen, das Selbst zu stärken. Erst nach der Befreiung von gewissen Annahmen und von allen Gedanken, Emotionen und Verhaltensweisen, die mit ihnen in Zusammenhang stehen, sind Wachstum und Weiterentwicklung möglich. Wenn ein Mensch wieder mit seinem Selbst kongruent ist, wird die Energie, die er zuvor darauf verwendet hat, die Muster aufrechtzuerhalten, wieder freigesetzt. Denn er muss sie nun nicht mehr für seine Selbsterhaltung, für alle möglichen Bedürfnisse und Rollen aufwenden. Die Energie steht nun für das ganze Potenzial des Selbst mit all seinen Möglichkeiten an Kreativität und Flow zur Verfügung.

DAS ENNEAGRAMM

Als Beispiel für den Bewusstwerdungsprozess von Mustern möchte ich hier die Theorie des Enneagramms vorstellen. Dieses Modell unterscheidet neun Persönlichkeitstypen, die alle eine gewisse Art und Weise repräsentieren, mit sich und dem Leben umzugehen. Im Grunde handelt es sich hierbei um unterschiedliche Linsen, durch die man die Welt betrachtet. Die Einordnung in bestimmte Typen beschreibt, worauf sich die Aufmerksamkeit immer wieder fokussiert und wie diese Prozesse unbewusst ablaufen. Diese Methode ist sehr praktikabel, da man in kürzester Zeit erkennen und vor allem verstehen kann, wie ein solches Muster aufgebaut ist. Plötzlich wird sehr deutlich, von welchen Prämissen man geleitet wird und wie diese Prämissen alle möglichen Aspekte des Lebens beeinflussen. Außerdem werden auch die Muster anderer Menschen um einiges verständlicher, was es einem erleichtert, sich in sie hineinzuversetzen. Obwohl jedes Individuum natürlich einzigartig und etwas Besonderes ist, lassen sich hier klare Muster und Motivationen erkennen, die die persönliche Einstellung und das Handeln aller Menschen beeinflussen.

Die Methode zielt unter anderem darauf ab, sich selbst zu beobachten und in flagranti bei einem Verhalten zu »erwischen«, das einem bestimmten Typus entspricht. Es geht darum, immer wieder zu erkennen, dass die wichtigste eigene Motivation etwa darin liegt, zu beweisen, dass man wirklich gut genug oder besser als die anderen ist oder dass man der Einzige ist, der sich zum Chef eignet – um nur einige Motivationen zu nennen. Irgendwann erscheint einem das so vorhersehbar, dass man sich aus einem inneren Antrieb heraus von diesem Muster lösen will. Denn man fühlt sich in seinem eigenen Wachstum gehemmt und sieht wenig Sinn darin, immer gleich zu bleiben. Manchmal genügt es schon, sich systematisch zu beobachten und zu fragen, ob man so ist, wie man sein will: Will ich der Welt immer auf diese Weise begegnen oder gibt es vielleicht noch andere Möglichkeiten?

Die Besonderheit von Risos und Hudsons Theorie liegt darin, dass sie für jeden Typus eine Entwicklungslinie mit neun Ebenen beschreibt, die von der ungesunden Persönlichkeit mit mannigfaltigen Ängsten und Abwehrmechanismen bis hin zu einer gesunden Person reicht, die sich selbst befreit hat und offen ist.

DIE NEUN ENNEAGRAMM-TYPEN

Zum Schluss möchte ich kurz die neun Enneagramm-Typen beschreiben, um Ihnen eine Vorstellung von deren unterschiedlicher Sicht auf sich und die Welt zu geben.

- *Eins: Der Reformer* ist eine an Idealen orientierte Person, die von hohen Normen und dem Bedürfnis, alles richtig und perfekt zu machen, motiviert wird.

- *Zwei: Der Helfer* ist eine hilfsbereite Person, deren Muster es entspricht, sich um andere zu kümmern und sich dabei selbst hintanzustellen.

- *Drei: Der Macher* ist ein erfolgsorientierter Typ, der sich aus dem Wunsch nach Anerkennung darauf fokussiert, zu glänzen und etwas zu leisten.

- *Vier: Der Individualist* ist ein sensitiver zurückgezogener Mensch, der, um sich geschätzt und bedeutsam zu fühlen, nach einer klaren eigenen Identität sucht.

- *Fünf: Der Forscher* ist ein rationaler Mensch, der sein Selbstvertrauen auf Wissen und Erkenntnis gründet und hofft, dafür geliebt zu werden.

- *Sechs: Der Loyale* ist ein zugewandter und auf Sicherheit bedachter Typus, der sich loyal und verlässlich verhält und damit bei anderen Unterstützung und Sicherheit zu gewinnen sucht.

- *Sieben: Der Enthusiast* ist ein aktiver Spaßvogel, der gut für sich sorgt, ein intensives, abenteuerliches Leben führt und sich glücklich fühlen will.

- *Acht: Der Herausforderer* ist eine starke dominante Person, die sich selbst schützt, indem sie sich unabhängig macht.

- *Neun: Der Friedensstifter* ist ein kompromissbereiter Mensch, der von der Sorge um Ruhe und Harmonie für sich und andere motiviert wird.

Die beschriebenen Muster sind also unterschiedliche Arten, sich von seinem eigenen Kern zu entfernen. Die verschiedenartig motivierten Persönlichkeiten, die sich auf diese Weise herausbilden, werden – zu Unrecht – mit der eigenen Identität gleichgesetzt. Denn eigentlich sind sie nur Ausdrucksformen für das Bedürfnis, geliebt zu werden und sich in der Welt zurechtzufinden.

KAPITEL 4: **MIT DEM HERZEN ENTSCHEIDEN**

In diesem Kapitel möchte ich Sie dazu einladen, tief greifender über Ihre Ziele nachzudenken. Mit Hilfe des Lebenskreises werden Sie die verschiedenen Bereiche Ihres täglichen Lebens erkunden und Ihre Zufriedenheit damit in einem Zahlenwert zum Ausdruck bringen können. Sie werden Ihre Ziele konkret oder in der stärker abstrakten Form einer Berufung oder Mission ausarbeiten können. Die vorgeschlagenen Fragen werden Ihnen helfen, Ihre Berufung oder Mission möglichst klar zu formulieren.

1. Auf dem Weg zu den eigenen Zielen

Haben Sie sich in den vorhergehenden Kapiteln dazu inspirieren lassen, den Blick stärker nach innen zu wenden und dort auf Entdeckungsreise zu gehen, dann sind Sie schon eine gute Wegstrecke vorangekommen. Sie kennen Ihre Wünsche und Passionen, Sie wissen, wie es sich anfühlt, ganz Sie selbst zu sein, und Sie sind inzwischen davon überzeugt, dass Sie mehr Flow in Ihr Leben bringen möchten. Daher ist nun der Moment gekommen, Ihre Ziele genauer zu betrachten. Aus der Flow-Theorie wissen wir, wie wichtig es ist, sich Ziele zu setzen. Denn Ziele geben unserer Aufmerksamkeit eine Richtung. In einem selbstgewählten Ziel nimmt Ihr Wille Gestalt an. Ihre Wünsche sind gewissermaßen der Treibstoff, der es Ihnen ermöglicht, sich für Ihre Ziele einzusetzen und Ihre Energie in die richtige Richtung zu lenken.

Um im Flow zu sein, ist es wichtiger, zu einem Ziel unterwegs zu sein, als es tatsächlich zu erreichen. Schon wenn man unterwegs ist, befindet man sich im Flow, schon auf dem Weg zu dem eigenen Ziel fühlt man sich gut. Csikszentmihalyi führt als Beispiel gern Bergsteiger an. Was mich sehr anspricht, da auch ich meine schönsten Flow-Momente in den Bergen erlebt habe.»So steckt sich ein Bergsteiger das Ziel, am Gipfel anzukommen – aber nicht, weil er ein tiefes Verlangen hätte, dort anzukommen, son-

Um im Flow zu sein, ist es wichtiger, zu einem Ziel unterwegs zu sein, als es tatsächlich zu erreichen.

dern weil das Ziel dieses Klettererlebnis erst möglich macht.«[41] Angenommen, man würde einen Bergsteiger einfach mit dem Hubschrauber auf dem Gipfel absetzen: Dann würde er wohl kaum einen herrlichen Tag verbringen.

Er würde das Bergsteigen sehr vermissen: den Genuss der körperlichen Anstrengung, die Beherrschung der Technik, das Selbstvertrauen, die spannenden Herausforderungen, die sich ihm unterwegs stellen, die große Konzentration und den Zustand, von jedem Zeitgefühl enthoben ganz im Hier und Jetzt zu sein, die leisen Geräusche des Materials oder zuweilen auch eines Vogels und sonst nichts als Stille, das Gefühl mit dem Berg eins zu sein, das Zusammensein mit anderen Bergsteigern in einer Gemeinschaft wortlosen Vertrauens und intensiver Freude. Ja, das ist wahrer Flow, ein glückliches Gefühl, das man nicht missen möchte. »Glück ist die Art und Weise, in der man unterwegs ist« steht in den Weisheitsbüchern, und das gilt sowohl für das Bergsteigen als auch für das Leben selbst.

Das bedeutet nun aber auch, dass wir auf diesem Weg sehr viel selbst bestimmen können. Wir wählen die Ziele so, dass der Weg zu ihnen und unser Bemühen um sie schon Flow-Erfahrungen mit sich bringen, lange bevor wir sie erreicht haben. In diesem Sinne könnte man auch sagen, wir entscheiden uns dafür, glücklich zu werden. Denn wir stecken uns unser Ziel selbst, um dann nach und nach zu entdecken, ob das Bemühen darum uns tatsächlich glücklich macht. Vielleicht fühlt man sich beim Bergsteigen ja überhaupt nicht glücklich. Und statt in den Flow zu kommen, fragt man sich womöglich, was man da um Himmels willen eigentlich tut. In einem solchen Fall würde man das Bergsteigen überhaupt nicht genießen, sondern eher ständig daran denken, abzustürzen oder zu verunglücken. Welches Ziel wir für uns auch wählen, der Weg dorthin bringt uns nur dann in den Flow, wenn es gut zu uns passt, wenn wir uns mit Herz und Seele dafür entscheiden.

Welches Ziel wir für uns auch wählen, der Weg dorthin bringt uns nur dann in den Flow, wenn es gut zu uns passt, wenn wir uns mit Herz und Seele dafür entscheiden.

DIE KRAFT DER ZIELE

Natürlich können wir auch ohne Flow glücklich sein, doch dann sind wir stärker von äußeren Gegebenheiten abhängig. Wir haben Erlebnisse, die uns erfreuen, fühlen uns wohl, weil uns etwas oder jemand begegnet oder weil angenehme Dinge passieren. Im Flow jedoch können wir diese Gefühle selbst hervorbringen. Indem wir uns selbst ein Ziel gesteckt haben, haben wir auch selbst etwas erschaffen. Und auch wenn wir hierbei nicht in den Flow kommen sollten, würde sich doch immerhin unser

Gemütszustand verbessern – weil wir zielgerichtet handeln können. Aus Studien geht hervor, dass Menschen im Laufe eines Tages ein Drittel ihrer Zeit mit Tätigkeiten zubringen, die sie tun möchten, ein weiteres Drittel mit Aufgaben, die sie erledigen müssen, und das letzte Drittel mit Dingen, die sie nur tun, weil sie nichts Besseres zu tun haben. Bei Aktivitäten, die man aus Mangel an besseren Alternativen und ohne ein Ziel, auf das sich die eigene Aufmerksamkeit richten könnte, unternimmt, fühlt man sich am wenigsten wohl. Man spricht in diesem Fall von »psychischer Entropie«, einem Zustand ohne bestimmte Intention und Richtung und daher auch ohne geistige Ordnung. Die Aktivitäten, die aus unserem eigenen Wollen hervorgehen, sind dagegen intrinsisch motiviert; sie vermitteln uns ein gutes Gefühl, weil wir uns selbst für sie entschieden haben.

Auch bei Tätigkeiten, die wir unfreiwillig angehen und für die wir nur extrinsisch motiviert sind, fühlen wir uns gar nicht mal so schlecht. Sie bringen uns wohl nicht in den Flow, haben aber immerhin ein mehr oder weniger verbindliches Ziel, auf das wir hinarbeiten müssen. Bei vielen Menschen beruht ihr ganzes Berufsleben auf der extrinsischen Motivation, etwas tun zu müssen. Dennoch fühlen sie sich in solchen Situationen oft wohler als in ihrer ziellos verbrachten Freizeit. Irgendwelche Ziele zu haben – mögen es auch nicht die eigenen sein –, fühlt sich offenbar besser an, als überhaupt keine Ziele zu haben. Obwohl viele Leute darüber klagen, dass ihre Arbeit sie nicht befriedigt und sie permanent dem Ende des Arbeitstages oder dem Urlaub entgegenfiebern, belegen Untersuchungen, dass sie sich dessen ungeachtet bei ihrer Arbeit, wenn ihre Aufmerksamkeit auf bestimmte Ziele gerichtet ist, noch am wohlsten fühlen. Daraus lässt sich ein überraschendes Fazit ziehen: Wir fühlen uns im Allgemeinen bei unserer Arbeit besser als in unserer Freizeit. Die Arbeit mag zwar für viele unbefriedigend sein und selten zum Flow führen, sie ist aber zumindest übersichtlich und verhilft uns zu zielgerichtetem Verhalten. Unsere Freizeit müssen wir dagegen selbst gestalten. Wir müssen uns selbst Ziele setzen und aus eigenem Antrieb heraus etwas dafür tun. Dafür können wir nicht auf den Halt klarer Regeln bauen, wir erhalten kein Feedback und wir sind auch nicht gezwungen, unsere Aufmerksamkeit zu fokussieren. Gerade die Tatsache, dass alles offen und ohne feste Struktur ist, macht es so schwierig, in solchen Aktivitäten aufzugehen. Deshalb sind hierfür Selbsterforschung und Introspektion erforderlich – unter der Fragestellung: Was finde ich schön, was finde ich wichtig, was passt zu mir und was macht mich froh?

AMOR FATI

Weil sich tagtäglich viele Aufgaben stellen, die schlicht und einfach zu erledigen sind, ist es enorm hilfreich, diese Aufgaben schätzen zu lernen. Es gibt viele Dinge, die uns nicht unmittelbar zufrieden und erst recht nicht glücklich machen, wie den Haushalt zu erledigen und die Kinder zur Schule zu bringen. Bei vielen Menschen gilt das leider auch in Bezug auf ihre tägliche Arbeit. Aber solange wir sie nicht umgehen können, sollten wir sie lieben lernen. Mit *amor fati* – der Liebe zum Schicksal – erweist man sich selbst einen großen Dienst. Der amerikanische Autor John Gray hat diesem Phänomen ein ganzes Buch mit dem Titel: *So bekommst du, was du willst, und willst, was du hast*[42] gewidmet.

Der Ausdruck *amor fati* ist vor allem durch den deutschen Philosophen Friedrich Nietzsche bekannt geworden, die »Bejahung dessen, was ist«, ist aber auch ein buddhistischer Gedanke. In ihm ist das Streben nach Gleichmut und der Verzicht auf den Anspruch, dass das Leben anders sein sollte, enthalten. Vielleicht liegt darin auch eines der größten Geheimnisse eines glücklichen Lebens – in der Suche nach der Balance zwischen zwei Elementen: einerseits Frieden zu schließen mit dem, was besteht, und daran »nichts ändern zu wollen«, andererseits Ziele zu verfolgen, um damit etwas zu ändern. Diese Form der Lebenskunst erfordert die Akzeptanz von Situationen, die man nicht wirklich ändern kann, ohne hierbei so weit zu gehen, sich mit allem und jedem abzufinden.

Diese Form der Lebenskunst erfordert die Akzeptanz von Situationen, die man nicht wirklich ändern kann, ohne hierbei so weit zu gehen, sich mit allem und jedem abzufinden.

In Situationen, die man nur hinnehmen kann, ist es womöglich hilfreich, sich kleine Ziele vorzunehmen, um so die Aufgabe, die man erledigen muss, attraktiver zu gestalten. Man kann zum Beispiel kleine Herausforderungen einbauen, durch deren Bewältigung man sich weiterentwickeln kann. Oder man kann versuchen, seine Aufgaben effizienter oder auch ruhiger, aufmerksamer und hingebungsvoller zu erledigen. Man kann lernen, seine Sinne besser dafür einzusetzen und so präsenter zu sein. Man kann versuchen, einfachen Zielen einen Sinn zu geben, indem man einen bestimmten Anspruch mit ihnen verbindet oder indem man sie in eine Kategorie »höherer Ziele« einordnet. Manchen Menschen gelingt es unter sehr öden Bedingungen, in denen sie über Jahrzehnte immer dieselbe Arbeit verrichten, aus ihrer Aufgabe durch die Einteilung in kleine Schritte jeden Tag etwas Schönes zu machen. In Csikszentmihalyis erstem Buch über Flow[43] finden sich wunderbare Schilderungen von Bauern, Fabrikarbeitern oder Schlachtern, die täglich dieselben Handlungen verrichten und daran Freude haben, weil sie sie mit kleinen selbstgesteckten Zielen verbinden.

Es gibt auch Situationen, in denen Menschen selbst unter schrecklichen Bedingungen noch eine Chance sahen, ihrer Existenz mittels eines Ziels Sinn zu verleihen. Bekannt sind Nelson Mandelas Berichte über seine Jahre in Gefangenschaft. Auch Viktor Frankl, ein österreichischer Arzt, der jahrelang in einem Konzentrationslager zubrachte und darüber ein Buch geschrieben hat, wird in diesem Zusammenhang oft genannt. In seinem Buch zitiert er eine Aussage von Nietzsche: »Wer ein Warum zu leben hat, erträgt fast jedes Wie.« Frankl beschreibt, wie es ihm während seiner Gefangenschaft gelungen war, sich Ziele zu setzen und an eine Zukunft zu glauben. Getragen von der Liebe zu seiner Frau und der Verbundenheit zu seinen Mitgefangenen, war er sogar in der Lage gewesen, das Leuchten eines schönen Sonnenuntergangs zu genießen. »Sofern nun das konkrete Schicksal dem Menschen ein Leid auferlegt, wird er auch in diesem Leid eine Aufgabe, und ebenfalls eine ganz einmalige Aufgabe sehen müssen.«[44] Durch die Annahme seines Schicksals und seine enorme Lebenskraft war es ihm gelungen zu überleben. Auf der Grundlage seines Glaubens in die Kraft des Menschen, sich selbst motivieren zu können, entwickelte er später eine Form der Psychotherapie.

Auch wenn es kaum fassbar ist, was solche Menschen mental verkraften konnten, gibt uns ihre Geisteskraft doch eine Vorstellung davon, wozu Menschen fähig sind. Offenkundig ist es manchen Menschen sogar in einer solchen Situation noch möglich, über Lebenskunst nachzudenken und darin eine Chance zu sehen, ihrem Leben einen Sinn und eine tiefere Bedeutung zu geben.

2. Ziele im eigenen Lebenskreis

Nach diesen Heldengeschichten kehren wir wieder zu unseren eigenen Lebenszielen zurück. In der Flow-Theorie werden Ziele auf allen Ebenen beschrieben. Es gibt kleine, alltägliche Ziele und große, lebensorientierende Ziele. Csikszentmihalyi weist in seinen Büchern immer wieder auf die Bedeutung höherer, übergreifender Ziele hin, aus denen andere Zielsetzungen harmonisch hervorgehen. Ein solches Lebensziel gibt dem ganzen Leben Sinn und lenkt die Richtung unserer Aufmerksamkeit auf Aktivitäten, die ihm angemessen sind. Ein solches Ziel kann dann zu einem Lebensthema werden, das sich als »eine Sammlung von Zielen, die durch ein höheres Ziel verbunden sind, das allem, was man tut, Wert verleiht« beschreiben lässt. So verstanden, kann ein solches Ziel auch zu einer Lebenshaltung oder Lebensphilosophie werden und den persönlichen Lebensstil prägen. Ein schönes Vorbild dafür findet sich in dem Buch *Nur die Freundlichen überleben* des italienischen Psychologen und Philosophen Piero Ferrucci. Er schildert, dass er seine Lebenshaltung nicht nur als abstraktes höheres Ziel betrachtet, sondern sie auch als bewusste Haltung in seinem Alltag zum Ausdruck bringt. Es ist inspirierend zu lesen, wie er sich – fast im Sinne einer Mission – für seine Lebenshaltung entscheidet und wie es ihm gelingt, sie in allen Bereichen seines täglichen Lebens einzubringen. Aber bevor wir tiefer auf solche höheren Ziele eingehen, die eine Berufung, Mission oder Bestimmung sein können, betrachten wir zunächst ein einfacheres Model.

Bei meinen Klienten verwende ich gern den Lebenskreis. Der Lebenskreis oder das Lebensrad besteht aus einem Kreis mit acht Segmenten – oder Tortenstücken, wenn Sie so wollen –, die folgende Themen enthalten: Familie und Freunde, Wohnung und Finanzen, Gesundheit und Wohlergehen, Partnerschaft und Familie, Flow und Kreativität, Spiritualität und Sinngebung, Werdegang und Lebensziel, persönliches Wachstum. Wenn der Mittelpunkt den Wert Null aufweist und der äußere Rand den Wert Zehn, kann man für jedes Segment angeben, wie viel Erfüllung und Zufriedenheit dieser Lebensbereich bietet. Man kann dann in jedem der acht Segmente einen Bogen an der entsprechenden Stelle einzeichnen, manche näher zur Kreismitte, andere näher zum äußeren Rand. Dann betrachtet man jeden Lebensbereich ein zweites Mal und kennzeichnet in einer anderen Farbe, welchen Zustand man sich wünscht. Meint man beispielsweise, im Bereich Flow und Kreativität drei Punkte erreicht zu haben, wünscht sich aber eigentlich, auf acht zu kommen, ist noch einiges zu tun. Der Lebenskreis ist ein praktisches Modell, um über alle möglichen Aspekte des Lebens zu reflektieren. Die Diskrepanz zwischen Wunsch und Wirklichkeit zeigt, in welchen Bereichen man noch arbeiten und sich Ziele setzen sollte. Das Resultat macht auch deutlich, mit welchen Bereichen man schon zufrieden oder auf welche man vielleicht sogar stolz ist und was demnach bleiben soll, wie es ist. Die eigene Einschätzung zu notieren und die erwünschte Situation zu schildern, regt dazu an, darüber nachzudenken, wie man sich sein Leben eigentlich vorstellt. Manche Klienten entdecken dabei – ähnlich wie im zuvor genannten Passion Test –, dass ihre Lebensvorstellung zu ihrer Überraschung oder Enttäuschung ganz anders aussieht, als sie allgemein angenommen hatten. Mit einigen niedrigen Werten hatten sie sich schon mehr oder minder abgefunden: »So ist es eben.« Wobei dies weniger einer tief gehenden Akzeptanz geschuldet ist, sondern mangelnder Inspiration und Motivation, neue Ideen dafür zu entwickeln.

In der Praxis lassen sich innerhalb bestimmter Lebensbereiche oft große Unterschiede zwischen dem aktuellen und dem erwünschten Stand erkennen. Das Leben, nach dem man sich sehnt – mit mehr Freunden, einer anspruchsvolleren Arbeit und einer romantischen Beziehung –, bekommt etwa acht oder neun Punkte, die reale Situation vier oder fünf. Manchmal gehen die Einschätzungen auch in die umgekehrte Richtung, aber das ist eher die Ausnahme. Mit einem Lächeln erinnere ich mich an einen Klienten, der dachte, dass seine Zehn für »Wohnung und Finanzen« besser eine Sechs sein sollte. Er war der Meinung, dass sein Reichtum und seine vielen Wohnungen ihn zu bequem machen würden und ihn von sinnvollen Lebenszielen abhalten würden.

Manchmal werden einzelne Segmente des Lebenskreises aufgeteilt, etwa weil sich die Zufriedenheit in Bezug auf Freunde anders darstellt als in Bezug auf die der Familie. Manche Menschen können mit Spiritualität und Sinngebung nichts anfangen – »das sagt mir nichts, das ist nichts für mich« – und andere vermissen die Kategorie »Spaß und Freude«. Wenn jedoch durch die Arbeit mit dem Lebenskreis eine gute Vorstellung davon zu gewinnen ist, was anders oder besser laufen könnte, kann man damit beginnen, seiner Fantasie, auf welchem Weg dieses Ziel zu erreichen ist, freien Lauf zu lassen.

EINE VISION ENTWICKELN

Wenn Ihnen ein Lebensbereich wenig Erfüllung bietet, aber auch noch recht viel im Unklaren liegt – etwa weil Sie mit Ihrer Arbeit nicht glücklich sind und keine Idee haben, was Sie anderes tun könnten –, können Sie mit einer visuellen Vorstellung beginnen. Wie sollte Ihre Arbeit idealerweise aussehen? In Ihrer Fantasie können Sie dann ein Bild von einem idealen Arbeitsplatz entstehen lassen. Wie geht es dort zu, welche Gespräche führen Sie dort, mit wem gehen Sie zum Mittagessen, welche Gedanken beschäftigen Sie, wofür bekommen Sie Anerkennung, welche Talente können Sie einsetzen? Mit einem solchen Bild vor Augen schaffen Sie für sich selbst eine Vision. Eine Vision ist ein klares Bild einer noch nicht existenten, aber womöglich realisierbaren Situation, in dem Sie Ihren Wünschen gut Ausdruck verleihen können. Die Ziele, die darin angesprochen werden, dürfen sich natürlich nicht widersprechen, wie etwa der Wunsch, ein abenteuerliches Leben zu führen und viele Reisen zu unternehmen, dem Wunsch, ein hingebungsvoller Vater beziehungsweise eine hingebungsvolle Mutter zu sein.

Eine solche Vision hilft uns dabei, unseren Wünschen in der Fantasie eine ganz konkrete Form zu geben. Wenn man es versäumt, sie in dieser Weise zu konkretisieren, riskiert man, dass sie zu Tagträumen und schließlich zu Illusionen werden. Manche Menschen haben große – oder sogar großartige – Fantasien, doch nicht genügend Motivation oder Energie, sich wirklich dafür einzusetzen. Sie sind zwar mit ihrem Leben unzufrieden, hoffen aber immer wieder auf ein Ereignis oder die richtige Gelegenheit – was jedoch nie eintritt, so dass sie weiterhin tun, was sie immer getan haben, und erreichen, was sie immer erreicht haben. Das Ergebnis und damit auch das Gefühl der Unzufriedenheit verändern sich nicht. Eine Vision ist eine Herausforderung, wirklich aktiv zu werden. Eine Wunschvorstellung, die wir hegen und pflegen und die wir in unserer Fantasie schon deutlich vor uns sehen, wird mehr und mehr zu einem Teil von uns, und der Schritt zu ihrer Umsetzung wird immer kleiner. Wir sehen uns beispielsweise schon als Mitarbeiter der Pressestelle eines großen Unternehmens und können uns mittlerweile lebhaft vorstellen, wie wir uns dort bewegen, Kunden empfangen, neue Ideen entwickeln und gemeinsam mit anderen an spannenden Projekten arbeiten. Das Visualisieren der gewünschten Situation bewirkt offenbar auch Veränderungen auf neurologischer Ebene. Wenn wir uns mit diesen Szenarien in unserer Fantasie vertraut machen, entstehen offenbar geistige Modifikationen, die diese Veränderungen bereits vorbereiten. Aus der Studie von Candace Pert[45] geht hervor, dass Bilder und sogar Worte schon die Verbindungen neuronaler Strukturen im Gehirn beeinflussen können.

Mit diesem positiven Gedanken und einer klaren Vorstellung des Ziels vor Augen können wir nun planen und möglichst einen ersten Schritt machen, um in Schwung zu kommen. Um uns selbst zu motivieren, uns jeden Tag auf unser Ziel zuzubewegen, sollten wir einen mehrschrittigen Plan und eine Zeitleiste erstellen. Bevor man einen solchen Plan skizziert, sollte man sich fragen, was zur Umsetzung dieser Vision nötig ist. Und als Antwort auf die Frage wiederum ein Ziel formulieren. Auch für dieses Ziel kann man wieder fragen, was dazu erforderlich ist, und so nach und nach einen Gesamtplan erstellen und dann jeweils mit dem nächstliegenden beginnen.

Debbie Ford beschreibt die schöne Möglichkeit, sein Ziel unter der folgenden Fragestellung zu konkretisieren: Welcher Mensch könnte diese Aufgabe gut meistern und welche Eigenschaften bräuchte er dazu?[46] Aus diesem Blickwinkel kann man eine ganze Reihe von Qualitäten und Fähigkeiten zusammenstellen und sich immer wieder die Frage vorlegen, wozu man selbst in der Lage wäre. Letztendlich erhält man so eine realistische Vorstellung von den erforderlichen Qualitäten, über die man schon verfügt oder die man noch entwickeln sollte, um seinem Ziel näher zu kommen.

POSITIVE INTENTION

Eine Vision entwickeln, einen Stufenplan erstellen und an den eigenen Qualitäten arbeiten, das können wir immer, ob wir nun große Lebensziele oder kleine Ziele im Alltag verfolgen. Daneben spielt aber auch die Intention, mit der man sein Vorhaben angeht, eine wichtige Rolle. Suzanne Segerstroms zuvor erwähnte Studie[47] belegt, dass optimistische Probanden schon von Natur aus von einem Gelingen ihres

Vorhabens ausgehen. Es fällt ihnen leicht, sich vorzustellen, dass sie ihre Ziele erreichen werden und das Schicksal ihnen günstig gesinnt sein wird. Sie stellen sich positiv auf die Überwindung von Hindernissen ein und lassen sich von Gegenschlägen nicht so leicht entmutigen. Jan Bommerez bemerkt dazu treffend: »Wenn man seine Aufmerksamkeit auf das Ziel konzentriert, verschwinden die Hindernisse. Wenn man seine Aufmerksamkeit auf die Hindernisse richtet, verschwinden die Ziele.«[48]

Wenn man positiv in die Zukunft blickt, stellen Hindernisse und Herausforderungen keine Gründe dar, an seinem Ziel zu zweifeln. Sie sind eher Möglichkeiten, sich stark zu engagieren und dabei in Flow zu kommen. Pessimisten fehlt dieses natürliche Vertrauen in ein gutes Gelingen. Daher sind sie weniger dazu bereit, sich voll und ganz für eine Zukunft einzusetzen – eine Zukunft, die ihnen schon von vornherein als düster erscheint. Weil ihre Erwartungen gering sind, halten sie es für eine Vergeudung von Zeit, Geld, Mühe und Energie, sich derart zu engagieren, und geben ihre Ziele letztlich schneller auf.

Wenn man positiv in die Zukunft blickt, stellen Hindernisse und Herausforderungen keine Gründe dar, an seinem Ziel zu zweifeln.

Auch wenn man von Natur aus nicht sehr optimistisch ist, kann man sich bei dem Versuch, seine Ziele zu erreichen, dennoch eine positivere Lebenseinstellung aneignen. Denn schließlich ist ein finsterer Blick auf das Leben auch nur eine eingeübte Sichtweise, die sich ebenso gut durch eine andere, positivere ersetzen lässt.

3. Flow-Ziele und Lebensthema

Die Ziele, die Sie mit Hilfe des Lebenskreises und Ihrer Vision gefunden haben, sind wahrscheinlich sehr unterschiedlich. Für jeden Teil des Lebenskreises können Sie ein konkretes Ziel formulieren, wie zum Beispiel: in einem Pressebüro arbeiten, Klaviersonaten einüben, täglich meditieren, etwas Schönes mit den Kindern unternehmen. Sie können sich aber auch weitreichendere Ziele ausdenken wie: sich für den Naturschutz engagieren, zu jedem freundlich sein oder ein Pflegekind aufnehmen. Solche größeren Ziele lassen sich wieder in kleinere konkretere Ziele aufteilen, in Bezug auf das Naturschutzziel zum Beispiel konkrete Ziele wie: ein aktives Mitglied in einer Naturschutzorganisation werden, Vorträge in Schulen halten, Lobbyarbeit in der Politik leisten usw. Diese Teilziele werden Sie nicht immer in gleichem Maße in den Flow bringen, aber sie sind Teile eines hierarchisch übergeordneten

Ein Ziel, das für Sie gut ist, wirkt wie ein Magnet, der Sie anzieht.

Ziels, das Ihnen als Ganzes Erfüllung bringen wird. Alle Ziele, für die Sie sich entscheiden, sollten zu Ihnen passen und für Sie attraktiv sein. Ein Ziel, das für Sie gut ist, wirkt wie ein Magnet, der Sie anzieht. Wenn wir uns die Merkmale des Flows noch einmal vor Augen führen, sehen wir, dass Flow-Ziele in erster Linie authentisch sind. Sie gehören wirklich zu uns und unseren Werten, Talenten und Wünschen. Bei der Umsetzung dieser Ziele haben wir das Gefühl, uns nahe zu sein und uns selbst zu verwirklichen. Zudem handelt es sich um intrinsische Ziele, die ihre Motivation in sich selbst tragen. Wir haben sie nicht aus externen Gründen gewählt, sondern weil sie für uns selbst Bedeutung haben. Sie harmonieren miteinander und stehen nicht im Widerspruch zu anderen Zielen, die wir verfolgen. Unsere Ziele sind erreichbar: weder zu hoch gegriffen, aber gewiss auch nicht einfach umzusetzen. Sie sollten uns Entwicklungsmöglichkeiten bieten, aber auch realisierbar sein. Der Weg zu ihnen sollte eine Herausforderung darstellen, die uns dazu inspiriert, uns mit Leib und Seele dafür zu engagieren. Ein Ziel gibt uns ein Feedback über unsere Leistung. Nach einem Ziel zu streben, gibt uns ein gutes Gefühl, weil wir sehen, dass wir vorankommen. Wir genießen es, darauf hinzuarbeiten, und wir fühlen uns froh und glücklich. Im Lauf der Zeit bauen wir auf diese Weise unsere Fähigkeiten aus, allmählich verbessern wir uns in dem, was wir tun. Weil wir weiterhin Freude an unseren Tätigkeiten haben wollen, werden wir sie immer etwas anspruchsvoller gestalten. So erweitern wir unsere Grenzen und stellen uns selbst immer wieder neuen Herausforderungen. Mit der Zeit haben wir das Gefühl, die Situation vollkommen zu beherrschen.

PERSÖNLICHES WACHSTUM

Die Entscheidung, welche Ziele wir verfolgen, prägt uns als Mensch. Denn in der Verfolgung unserer Ziele entfalten wir unser Potenzial und unsere Persönlichkeit. Bei dieser Entwicklung geht es nicht nur um eine Vertiefung oder Erweiterung, sondern gerade auch um eine Kombination von beidem: um das Heranwachsen zu einer vielschichtigen Persönlichkeit mit einem deutlich erkennbaren eigenen Kern. Ein Zitat von Csikszentmihalyi ist in diesem Zusammenhang erhellend: »Einige Menschen sind integriert, aber nicht sehr differenziert: Sie halten an einigen wenigen Ideen, Ansichten oder Gefühlen fest. Sie sind berechenbar. Sie wirken langweilig, eindimensional, starr. Andere äußern vielfältige Ansichten, sind wandelbar und streben ständig neue, andere Ziele an, haben anscheinend kein Zentrum, keine Kontinuität, keine beherrschende Leidenschaft. Ihr differenziertes Bewusstsein ist schlecht integriert. Keine dieser beiden Daseinsformen ist besonders befriedigend.«[49]

Die kreativen Menschen in Csikszentmihalyis Studie hatten eine komplexe Persönlichkeit in diesem Sinne, dass sie beide Seiten entwickelt hatten. Die Künstler und Wissenschaftler, die angaben, häufig im Flow zu sein, hatten sowohl ein differenziertes als auch ein integriertes Selbst und waren in kognitiver, sozialer wie auch emotionaler Hinsicht komplex. Sie waren Menschen mit vielen Facetten, die unterschiedlichste Fertigkeiten beherrschten, eine autonome Haltung einnahmen und sich sowohl ihrer besonderen Talente als auch ihrer Grenzen bewusst waren.

Nun stellt sich natürlich die Frage, ob sie schon von Natur aus so waren oder erst so geworden sind. Wahrscheinlich trifft beides zu: Zweifelsohne hatten sie schon ein großes Talent, das sie entfalten wollten, doch gewiss haben sie sich, um so erfolgreich werden zu können, im Verlaufe dieses Prozesses immer wieder Ziele vorgenommen. Dass ihre Ziele sie »angezogen haben wie ein Magnet«, geht aus den Interviews mit ihnen sehr deutlich hervor. Oft gingen sie so vollkommen in ihrer Lieblingsbeschäftigung auf, dass sie die Zeit ganz aus dem Auge verloren. In Csikszentmihalyis Buch kommt beispielsweise ein Paläontologe zu Wort, der morgens damit begann, einen Stein zu untersuchen, und aufschrak, als es dunkel wurde. Erst da wurde ihm bewusst, dass es schon Abend war und er sich den ganzen Tag über mit dem Stein beschäftigt hatte. Dass es möglich ist, derart in einer Tätigkeit aufzugehen, macht aber auch deutlich, wie genau man sich überlegen muss, für was man sich entscheidet. Denn wenn man nicht mit Leib und Seele hinter seiner Entscheidung steht, wird man nie in einen solchen Rausch geraten.

Es erfordert schon großes Geschick, ein Ziel so zu formulieren, dass es tatsächlich zu einer Flow-Aktivität führt. Die größte Chance, in den Flow zu kommen, bieten Ziele, die dazu angetan sind, unsere geistige Energie über eine lange Lebensspanne zu fordern, wie Kinder zu glücklichen Menschen zu erziehen, sich an Sportwettkämpfen zu beteiligen oder Musik zu machen. Diese Aktivitäten sind so differenziert und persönlich so anspruchsvoll, dass man Ziele in diesen Bereichen jahrelang verfolgen kann. Man kann sich ständig steigern, etwas dazulernen, sich an seinen Erfolgen erfreuen, sich neue Ziele suchen usw. Die größte Chance auf lebenslange Flow-Erfahrungen bietet sich, wenn man wie die Künstler und Wissenschaftler in Csikszentmihalyis Studie ein übergeordnetes Ziel anstrebt. Mit einem solchen höheren und größeren Ziel verbinden sich eine Reihe kleinerer Ziele, die sich wie von selbst daraus ergeben und überdies untereinander verknüpft sind. Das Ziel »zum Naturschutz beitragen« birgt zum Beispiel eine Reihe untergeordneter

Die größte Chance, in den Flow zu kommen, bieten Ziele, die dazu angetan sind, unsere geistige Energie über eine lange Lebensspanne zu fordern.

Ziele in sich, die vielleicht nicht alle zu Flow-Erfahrungen führen, deren Bedeutung aber darin liegt, Teil eines größeren Ziels zu sein.

EIN SINNVOLLES LEBENSTHEMA

Wenn man sich für das Lebensziel entschieden hätte, sich für die Natur einzusetzen, hätte man ein Ziel gewählt, dem man leicht sein ganzes Leben widmen könnte. Man kann beruflich oder in seiner Freizeit aktiv werden, in jedem Falle bieten sich viele Möglichkeiten auf unterschiedlichen Ebenen. Ein solches Ziel kann ein Lebensthema sein, das all unseren Aktivitäten einen Wert verleiht und auf diese Weise dem Leben als Ganzem einen Sinn gibt. Es bestimmt unsere Aufmerksamkeit und die Richtung, in der wir nach Aktivitäten suchen, die ihm entsprechen. An diesem Ziel zu arbeiten, ist für uns persönlich bedeutsam und macht unser Leben wertvoll. Das ist es, was Csikszentmihalyi als »Sinngebung« bezeichnet. »Sinn oder Bedeutung schaffen heißt, Ordnung in den Inhalt des Bewusstseins bringen, indem die Handlungen eines Menschen zu einer einheitlichen Flow-Erfahrung gefügt werden.«[50] Ein solches sinngebendes Lebensthema wirkt nicht nur richtungsweisend, es ist auch hilfreich in Entscheidungsprozessen. Denn bei allen Entscheidungen können wir uns zunächst fragen, ob sie zu unserem Lebensthema passen, und so alles mit dem Ziel in Einklang bringen, für das wir uns einsetzen. So verbinden sich letztendlich all unsere Aktivitäten zu einer konsistenten und sinnvollen Einheit.

Aus Sonja Lyubomirskys Glücksstudie geht hervor, dass allen glücklichen Menschen eine wichtige Eigenschaft gemeinsam ist: Sie arbeiten an einem Lebensziel, das ihnen wichtig ist. Um welche Ziele es sich dabei handelt, ist nicht so entscheidend, solange sie die Eigenschaften von Flow-Zielen in sich tragen. Denn jedes Ziel kann einem Leben Sinn geben. Wichtig ist nur, dass das Ziel unserem Handeln Richtung und Struktur gibt und uns die Chance bietet, darin Freude und Erfüllung zu finden. »Wenn Sie einen glücklichen Menschen suchen, finden Sie jemanden mit einem Projekt.«[51] Diese Projekte können auf unterschiedlichsten Gebieten und Ebenen liegen: Sie können im Bereich unseres persönlichen Lebens (bezogen auf uns selbst oder auf unser näheres Umfeld) angesiedelt sein, in einem weiteren Bereich (der Gemeinschaft, der wir angehören) wirksam werden oder einen noch umfassenderen Beitrag (für die ganze Welt) leisten. Auf der persönlichen Ebene verwirklichen wir damit unsere eigenen Ambitionen und Träume, die wir leben wollen. Wenn das Lebensziel zum Beruf wird, kann man sogar von einer Berufung sprechen. Und wenn das Lebensziel im Dienste anderer oder von etwas Höherem steht, kann man es als eine Mission bezeichnen.

4. Eine Berufung als Bestimmung

Wenn es jemandem gelingt, ein Lebensziel zu seinem Beruf zu machen, spricht man von einer Berufung. Denn er hat dann die Möglichkeit, sich sein Leben lang tagtäglich einem Ziel zu widmen, das er als wichtig erachtet und für das er sich gern engagiert. Eine Berufung ist und bleibt ein faszinierendes Phänomen. Früher hörte man öfter von jungen Männern, sie seien zum Priester »berufen«, obwohl sie das manchmal überhaupt nicht wollten. Doch ihre Berufung war so stark, dass sie ihr dennoch gehorchen mussten. Wie soll man sich eine solche Berufung vorstellen? Wie eine innere Stimme, ein tiefes Gefühl, ein Bild, das sich immer wieder aufdrängt, einen Ort, von dem man angezogen wird, oder einen ständigen Drang – auch wider Willen – irgendwo hinzugehen? Oder wie ein Gefühl, krank oder sehr unglücklich zu werden, wenn man diesen Ruf ignorieren würde?

Die Zeichen einer Berufung können sehr beängstigend sein. Ich erinnere mich daran, dass eine meiner Klassenkameradinnen befürchtete, sie sei zur Nonne berufen. Als hätte sie darauf überhaupt keinen Einfluss. Ich selbst fürchtete mich auch einmal vor einer unerwünschten Berufung. Als Psychologin und Psychotherapeutin behandelte ich an einem Institut, an dem ich tätig war, viele Opfer von Inzest und sexueller Gewalt. Nach jahrelanger Erfahrung und einer ganzen Reihe von Kursen konnte ich recht gut mit diesen Frauen umgehen. Ich entwickelte eine erfolgreiche Therapiemethode und fand es schön zu beobachten, wie es meinen Klientinnen allmählich besser ging. Meine Kollegen zogen mich als »Expertin« zu sehr schweren Fällen hinzu und es schien so, als hätte ich meine Berufung gefunden. Aber nach ein paar Jahren entwickelte sich bei mir ein Widerwille gegen die Inhalte meiner Arbeit. Meine Methode bestand darin, die traumatischen Erfahrungen meiner Klientinnen zu aktualisieren – also in der Gegenwart wieder lebendig werden zu lassen – und die Emotionen, die dabei hochkamen, detailliert zu besprechen. So waren meine Tage angefüllt mit der Arbeit an furchtbaren Erfahrungen. Irgendwann wollte ich das nicht mehr. Es war so traurig und entmutigend; es ging immer so weiter, eine Klientin nach der anderen, es wurde immer schlimmer, was für eine Tristesse. Es kam mir vor, als würde ich nur die Symptome und nicht die Ursachen bekämpfen. Ich sah mich schon dreißig Jahre später immer noch bei meiner Arbeit, ohne dass sich gesellschaftlich viel verändert hätte. Mir wurde allmählich bewusst, dass ein wirklich sinnvoller Beitrag darin bestehen könnte, Vorträge zu halten, Multiplikatoren zu beeinflussen und Nachbarschaftszentren zu besuchen. So könnte ich wirklich auf die Ursachen eines großen Problems in unserer Gesellschaft einwirken. Aber das war nicht meine Mission; ich wollte nur dafür sorgen, dass die Frauen, die vor mir saßen, sich etwas glücklicher fühlten. Daher ließ ich unter großen Mühen das, was ich zunächst als meine Lebensaufgabe betrachtet hatte, hinter mir zurück. Es fühlte sich wie eine Flucht, ja fast wie Verrat an. Noch lange fürchtete ich, dass mich etwas auf diese finstere Seite meines Lebens zurückführen würde – *amor fati*. Erst später wurde mir klar, dass man etwas, was man gut kann, nicht zwangsläufig sein Leben lang tun muss. Seiner Berufung zu folgen, sollte inhaltlich auch angenehm und nicht nur sinnvoll und nützlich sein. Man muss es genießen und froh und dankbar dafür sein können, dass man diese Arbeit jeden Tag tun darf.

Dieses Gefühl begegnete mir auch bei den Künstlern und Musikern in Csikszentmihalyis Kreativitätsstudie. Viele von ihnen beschreiben das, was sie tun, in folgender Weise:»Man könnte sagen, ich hätte jede Minute in meinem Leben gearbeitet, aber ebenso gut könnte man auch sagen, ich hätte nie gearbeitet.« Ihrer Berufung zu folgen, brachte für sie so viel Glück und Flow mit sich, dass sie ihre Tätigkeit gar nicht als Arbeit empfanden. Es war für sie einfach schön, ihr nachzugehen, ganz gleich ob sie es nun beruflich oder in ihrer Freizeit taten. Menschen mit einer Berufung sind daher beneidenswert! Sie haben ein Ziel, das sie leitet, sie haben nicht das Gefühl zu arbeiten, und in ihrer Freizeit tun sie am liebsten und mit Freude genau das, was sie auch beruflich tun.

SEINE BERUFUNG FINDEN

Eine Berufung wird oft als »das Leben, für das man gedacht ist«, definiert. In der Literatur findet man viele Definitionen, von denen mich die Folgenden am meisten ansprechen: Ein Gefühl der Berufung »ist die Überzeugung, dass man eine bedeutsame Rolle auf der Bühne des Lebens zu spielen hat«[52]. »Eine Berufung zu haben, kann bedeuten, das ganze Leben hindurch ein ganz besonderes Ziel zu haben, das uns wie von selbst die richtigen ›Rollen‹ zuweist, um es kontinuierlich zu verwirklichen.«[53] »Es ist das Gefühl, dass das Leben einen Zweck hat, dass man dazu bestimmt ist, große Taten zu vollbringen.«[54] In der letzten Definition ist der Unterschied zu Mission nicht wirklich deutlich. Bei einer Mission werden die eigenen Ziele – in stärkerem Maße als bei einer Berufung – zugunsten eines Höheren überschritten.

Viele Autoren begreifen eine »Berufung« als eine Rolle oder eine Aufgabe, der man sich voll und ganz widmet, wie zum Beispiel »die Berufung der Mutterschaft«, »die Berufung zur Lehre« oder die »Berufung zur Ehrlichkeit«. Bei den genannten Aufgaben sollte man jedoch besser von einer Lebensaufgabe, bei letzterer von einem »Lebensthema« sprechen. Da wir uns im vorangegangenen Kapitel schon eingehend mit dem Begriff des Lebensthemas befasst haben, werden wir uns hier auf die Berufung zu einer bestimmten beruflichen Aktivität beschränken.

Viele Autoren interpretieren eine Berufung auch als das Wiederfinden einer Bestimmung, die schon in uns liegt und an die wir durch unsere Suche oder durch unerwartete Ereignisse in unserem Leben erinnert werden. In diesem Zusammenhang ist Marc Gafnis Sichtweise von Bedeutung. Er beschreibt die persönliche Suche des Menschen als »Ruf seines einzigartigen Seelenmusters (soulprints)«.

Das Seelenmuster beziehungsweise »soulprint ist die Essenz des eigenen Wesens, das uns dazu aufruft, unsere eigene Bestimmung zu finden und ihr wieder zum Ausdruck zu verhelfen. Dazu begeben wir uns auf die Suche nach den Träumen unserer Jugend.«[55]

Das Traumgefühl der Jugend ist der intuitive Gradmesser, an dem sich erweist, ob etwas für uns richtig oder falsch ist. Welche einzigartige Geschichte ist uns in unserem Leben auf dieser Welt zugedacht? Um diese Frage zu beantworten, versuchen wir das Gefühl unserer Kinderträume wiederzufinden und aufleben zu lassen. Gafnis Botschaft lautet: »Verliere nie den Blick deiner Kindertage.« Die Suche führt uns über lange

Je mehr wir unsere Eigenheit verwirklichen, desto mehr werden wir Teil eines großen Ganzen.

und gewundene Pfade, mit zahlreichen Umwegen und Stolpersteinen, die alle notwendig sind, um unsere eigene Geschichte wiederzufinden. Unterwegs begegnen wir verkappten Berufungen, falschen Berufungen und Scheinberufungen, die uns dazu verleiten wollen, vom rechten Pfad abzukommen. Aber je näher wir unserem eigenen Seelenmuster kommen und damit unserer Individualität Form geben, desto mehr werden wir uns universell und mit der Welt und unseren Mitmenschen verbunden fühlen. Je mehr wir unsere Eigenheit verwirklichen, desto mehr werden wir Teil eines großen Ganzen.

EINE BERUFUNG ALS FLOW-ZIEL

An dieser Beschreibung, die übrigens große Ähnlichkeit zu Joseph Campbells Heldenreise aufweist, zeigt sich, dass eine Berufung etwas völlig anderes darstellt als ein Beruf. Eine Berufung ist Teil unserer Persönlichkeit und Ausdruck unseres Wesens. Im Idealfall spiegelt sich in unserem Tun unsere innere Welt. Eine Berufung ist keine Karriere. Doch sie kann zu einem Beruf oder einer beruflichen Laufbahn werden, wenn wir uns nicht hingebungsvoll genug damit beschäftigen. Wenn wir unsere Ziele nicht steigern und uns keine neuen Herausforderungen suchen und so weniger Flow und Freude in unserem Tun erleben, können wir das gute Gefühl, berufen zu sein, leicht wieder verlieren. Dann kann dieselbe Arbeit, die wir zuvor als Berufung erlebt haben, zu einem Trott oder einer Abfolge langweiliger, wenig inspirierender Tätigkeiten werden.

Wie eine Studie über Reinigungskräfte in einem Krankenhaus zeigt, kann durchaus auch ein einfacher Job zu einer Berufung werden. Putzkräfte, die ihre Arbeit als Job begriffen, beschrieben ihn einfach als Reinigen von Zimmern. Andere hingegen betrachteten dieselbe Arbeit als ihre Berufung, weil sie sie für den Gesundungsprozess der Patienten als wesentlich erachteten. Sie waren der Auffassung, dass saubere Zimmer die Patienten aufheitern würden und dass sie schneller wieder gesund werden würden, wenn sie sich besser fühlten. Die Reinigungskräfte, die ihre Arbeit als Berufung empfanden, fühlten sich dabei deutlich wohler.[56]

Auch hierbei geht es darum, welche persönliche Bedeutung man den Dingen verleiht. Es geht weniger um die Arbeit selbst, sondern vielmehr darum, wie man arbeitet, welchen Sinn man ihr gibt und was man aus den Herausforderungen, die sie stellt, herausholt. Bei dem erwähnten Tätigkeitsfeld geht es vielleicht nicht ganz so deutlich wie in Gafnis Schilderungen um »einen Ausdruck des individuellen Selbst«. Gleichwohl sahen die Reinigungskräfte, die ihre Tätigkeit als eine Berufung empfanden, auch die Chance, etwas aus ihrer Arbeit zu machen, indem sie ihre Seele hineinlegten und damit – fast schon wie bei einer Mission – einen sinnvollen Beitrag zu einem größeren Ganzen leisteten. Eine Berufung liegt auf der gleichen Ebene wie eine Flow-Erfahrung und trägt dieselben Merkmale wie Flow-Ziele. Wenn wir uns zu etwas berufen fühlen, nutzen wir unsere charakteristischen Qualitäten, unsere besonderen Ideen oder einzigartigen Erfahrungen. Wir tun, was wir gut können, was wir gerne tun und wozu wir ein Bedürfnis verspüren. Wir arbeiten innerhalb einer gewissen Struktur an bestimmten Zielen und diese Arbeit erfüllt uns mit Freude und Zufriedenheit. Wenn wir einer intrinsischen, also inneren Motivation folgen, haben wir mehr Flow-Erfahrungen als bei Zielen, die sich uns von außen stellen. Wenn das, was wir wollen, und das, was wir müssen, nicht mehr in Balance zueinander steht, nimmt unsere Motivation ab und unsere Arbeit wird weniger befriedigend. Halten wir uns jedoch an die Flow-Regeln, können wir diese Balance selbst beeinflussen und versuchen, unsere Arbeit wieder attraktiver zu gestalten. Auch Arbeit, die nicht unserer Berufung entspricht, kann so wieder mehr Spaß machen und als befriedigender erlebt werden.

Es geht weniger um die Arbeit selbst, sondern vielmehr darum, wie man arbeitet, welchen Sinn man ihr gibt und was man aus den Herausforderungen, die sie stellt, herausholt.

Wie lauteten die Flow-Regeln noch mal? Klare Ziele, direktes Feedback, eine Balance zwischen Anforderung und Fähigkeiten, Beherrschung der Situation, mit intensiver Konzentration in seiner Aufgabe aufgehen und sich mit vollkommener Achtsamkeit dem Moment widmen. Sicherlich werden Sie nicht bei jedem Ihrer Ziele all diese Ansprüche erfüllen können, doch schon die Chance, ihnen annäherungsweise gerecht zu werden, kann eine schöne Herausforderung darstellen.

Übrigens ist es nie zu spät, seine Berufung noch einmal auf den Prüfstand zu stellen und sich zu fragen, ob das, was man tagtäglich tut, wirklich noch das Richtige ist. Stehen Sie noch mit vollem Herzen hinter dem, was Sie tun, oder sehen Sie eine Möglichkeit, einem Zustand der Ihrer Berufung entspricht, näher zu kommen? Die folgenden Fragen können Ihnen dabei helfen.

FRAGEN ZUR BERUFUNG

Hier folgt nun eine Reihe von Fragen, die Ihnen dabei helfen können, über Ihre eigene Berufung nachzudenken. Weil eine Berufung natürlich sehr viel mit Flow und mit eigenen Talenten und Qualitäten zu tun hat, können Sie auch noch einmal auf die Fragelisten im zweiten Kapitel zurückblicken. Die Fragen zur Berufung sind von verschiedenen Quellen inspiriert, die Sie allesamt in der Literaturliste finden.[57]

Sind Sie zu etwas berufen?

Welches Thema zieht sich wie ein roter Faden durch Ihr Leben?

Haben Sie eine Vorstellung davon, worin Ihre Bestimmung liegt?

Welcher Art von Arbeit würden Sie am liebsten nachgehen?

Wer tut die Arbeit, der Sie gerne nachgehen würden? Wie sieht das Arbeitsleben dieser Person aus?

Wenn Geld keine Rolle spielen würde, was würden Sie dann gerne mit Ihrem Leben anfangen?

Was wollten Sie als Kind einmal werden?

Was konnten Sie als Kind schon sehr gut?

Welche Form hat Ihre Berufung im Laufe Ihres Lebens angenommen?

Welche Menschen bewundern Sie am meisten? Was an ihnen bewundern Sie genau?

Welcher Traum oder welches Talent, das Sie früher einmal hatten, könnten Sie wieder zum Leben erwecken?

Was würden Sie tun, wenn Sie viel furchtloser wären, als Sie es heute sind?

Welche Träume hatten Sie in Ihrer Jugend? Hat das, was Sie jetzt tun, Ähnlichkeit mit Ihren früheren Träumen?

Welche Träume hegen Sie für Ihre Kinder?

Welche Aspekte Ihres Hobbys würden Sie gerne in Ihrem Berufsleben wiederfinden?

Was sollte in Ihrem Leben geschehen? Was brauchen Sie, um vollkommen zur Geltung zu kommen?

5. Eine Mission haben

Für eine Mission nutzt man – ebenso wie für eine Berufung – seine individuellen Qualitäten. Doch anders als bei einer Berufung stellt man seine Talente und Fähigkeiten in den Dienst anderer Menschen oder den Dienst eines höheren Ziels. Eine Mission ist immer mehr als ein Job und umfasst Interessen und Aktivitäten in und außerhalb des eigenen Arbeitsfelds. Die meisten großen Unternehmen haben ihre Mission schriftlich festgelegt, sie verfügen über ein Dokument, in dem ihre Vision, ihre Ziele und Grundwerte genau beschrieben sind. Im Idealfall wird diese Mission immer wieder korrigiert. Sie fungiert als eine Art Modell, um gegenwärtige und zukünftige Ziele zu evaluieren und anzupassen.

Die meisten Menschen haben keine schriftlich fixierte Mission. Sie könnten ihre persönliche Mission nicht einmal formulieren. Manche könnten vielleicht ihre Werte, Lebensziele oder Sehnsüchte im Einzelnen beschreiben, aber ihre Mission in einem klar formulierten Satz zusammenfassen, das könnten sie nicht.

Ich wage das hier so sicher zu behaupten, weil ich mir schon seit Jahren angewöhnt habe, Klienten, Kursteilnehmer, Kollegen und

Freunde nach ihrer persönlichen Mission zu fragen – um meistens von ihnen zu hören, dass sie keine Mission haben. Womöglich klingt das Wort »Mission« in ihren Ohren viel zu erhaben. Als sollte man sich selbst völlig zurücknehmen, um für die Welt etwas Bedeutsames zu leisten. Daher denken sie vielleicht aus Bescheidenheit: »So wichtig ist das, was ich für die Welt leiste, nun auch wieder nicht.« Ich fürchte jedoch, dass die Antworten auf meine Frage auch deshalb dürftig ausfallen, weil die meisten von ihnen noch nie darüber nachgedacht haben.

In meiner Praxis bin ich bestrebt, eine Psychotherapie oder ein Flow-Coaching mit einer persönlichen Mission abzurunden. Klienten, die diesen Prozess mit einer Mission abschließen, gehen anders »in die Welt« als Klienten ohne Mission. Es fällt mir auf, dass Menschen mit einer Mission tatkräftiger im Leben stehen als andere. Sie haben ein Ziel, das ihnen wie eine Art Kompass die Richtung weist, und zwar ein gutes Ziel, etwa anderen zu helfen oder etwas in der Welt zum Besseren zu wenden. Zu etwas beizutragen, was für andere Menschen bedeutsam ist, gibt einem ein sehr gutes Gefühl.

Zu etwas beizutragen, was für andere Menschen bedeutsam ist, gibt einem ein sehr gutes Gefühl.

So habe ich schon öfter erlebt, dass Klienten sehr unzufrieden über ihre Arbeit und ihr Leben zu mir kamen und schon kurz darauf ganz zufrieden wieder zu demselben Leben und derselben Arbeit zurückkehrten, weil sie nun eine Mission hatten. Ich erinnere mich zum Beispiel an einen Juristen, dessen Geschichte deutlich zeigte, dass er von einem Gefühl für Gerechtigkeit motiviert wurde. Als wir dieses Gefühl nach einer gewissen Zeit in einer Mission formulierten, war er tief bewegt. Unter Tränen erklärte er mir, wie dankbar er sei, mit dieser Mission seine Arbeit tun zu dürfen: Sie schien ihm auf den Leib geschneidert! Aber das war sie natürlich immer schon, nur war sie ihm nicht bewusst gewesen. Was zuvor nur seine Arbeit war, war nun eine Arbeit mit einem besonderen Ziel, und er hatte nun einen gemeinsamen Nenner, unter dem er verschiedene, sehr unterschiedlich geartete Aktivitäten unterbringen konnte – das war für ihn vielleicht das Wichtigste. Er konnte nun gezielt Entscheidungen treffen und Prioritäten setzen, denn er wollte seine Mission im gleichen Sinne weitertragen. Dass er nach diesem einschneidenden Erlebnis völlig anders wegging, liegt wohl auf der Hand. In einem späteren Gespräch erfuhr ich, wie positiv dieser Wendepunkt sein Gefühl beeinflusst hat: Seine Arbeit erschien ihm viel sinnvoller und bedeutsamer und passte nun viel besser zu ihm als zuvor. Das ist nur eines von vielen Beispielen, in denen ich aus nächster Nähe miterleben konnte, wie ungemein positiv sich eine Mission auf das persönliche Leben eines Menschen auswirken kann.

Wie entstehen solche Missionen? Zum Beispiel die Mission, den Menschen Gerechtigkeit zu bringen? Ich finde es immer sehr spannend herauszufinden, wie sich eine Mission bei einem Menschen entwickelt hat. Bevor ich Psychologie studiert habe, hatte ich eine Ausbildung zur Berufswahlberaterin absolviert, um so mehr über die Motivationen zu erfahren, die hinter einer Berufswahl stehen.

Allmählich wuchs mein Interesse an menschlicher Motivation im Allgemeinen und ich fand das Sujet eines Lebensthemas – eines roten Fadens, der alles durchzieht – letztendlich spannender. Ich entdeckte, dass Menschen, die in ihrem Beruf sehr zufrieden und erfolgreich sind, die Neigung haben, im Nachhinein Argumente aus der Vergangenheit für diesen Weg zu suchen. Ein erfolgreicher Architekt erklärte beispielsweise, er habe schon als Vierjähriger die schönen Bauten auf dem Weg zu seiner Vorschule sehr gemocht. Mit sechs habe er bereits gewusst, dass er die Welt mit den eigenen herrlichen Entwürfen verschönern wolle.

Menschen haben das Bedürfnis, von ihrem Leben ein kohärentes und konsistentes Bild zu zeichnen. Sie sehen es gerne, dass ihr Lebenslauf von frühester Jugend an einer klaren Linie folgt. Denn dann können sie ihr Leben als gelungen betrachten, sie haben ja das verwirklicht, was in ihnen lag. Dieser Mechanismus macht eine Untersuchung der ursprünglichen Motivationen schwierig. Denn die eigene Geschichte wird dadurch im Nachhinein so konstruiert, als würde sie mit dem gegenwärtigen Leben eine stimmige und logische Einheit bilden. Und wahrscheinlich ist das auch gut so.

Ich konnte oft beobachten, dass sich eine Berufswahl auf eine bestimmte Familiensituation zurückführen ließ. Zum Beispiel wenn jemand wegen der Erkrankung seiner Eltern Forscher werden wollte, um ein Medikament gegen ebendiese Krankheit zu finden. Oder wenn ein behindertes Geschwisterkind in der Familie der eigentliche Grund war, warum jemand in die Pflege gehen und damit zum Glück solcher Kinder beitragen wollte. Vielleicht liegt die Motivation hier in der früheren Ohnmacht des Kindes und dem Wunsch, in seinem späteren Leben wirklich etwas bewirken zu können.

Lebensthemen entstehen oft als Reaktion auf ein großes Leid, das man in seiner Kindheit erfahren hat. Um es verarbeiten zu können, wird es als Herausforderung interpretiert. So kann etwa eine Misshandlung durch den Vater zu der Interpretation führen, dass vor allem Minderheiten Opfer von Gewalt werden und der Kampf für mehr Rechte schutzloser Minderheiten ein sinnvolles und anspruchsvolles Lebensziel ist. Nach der Entwicklung gewisser Kenntnisse und Fertigkeiten – beispielsweise nach einem Jurastudium – wird diese Herausforderung möglicherweise auf andere Menschen in vergleichbaren Umständen ausgeweitet. Die Mission kann schließlich darin bestehen, Harmonie in das Leben vieler Menschen zu bringen.

Menschen mit derartigen negativen Kindheitserfahrungen laufen leicht Gefahr, sich lebenslang als Opfer oder defensive Persönlichkeit zu fühlen. Andererseits können sie ebenso gut eine persönliche Motivation wecken, die in einer Berufung oder Mission Gestalt annimmt. Die Lebenskraft, persönliches Leid in eine Motivation umzuwandeln, anderen zu helfen, liegt prinzipiell in uns allen. Eine solche Motivation ist eine Triebfeder höherer Ordnung, sie ist eine wirkliche Mission. Aus Sicht der Lebenslaufpsychologie ist eine solche Entscheidung auf einem höheren Entwicklungsniveau einzustufen.

Wenn ich an die vielen Inzestopfer denke, die ich im Laufe der Jahre behandelt habe, kommen mir nur wenige in den Sinn, die sich als betroffene Experten oder Berater dazu in der Lage sahen, anderen zu helfen. Es ist allerdings gut möglich, dass sich ein solches Bedürfnis bei einigen Betroffenen erst nach Jahren entwickelt, so dass man als Therapeutin davon nie etwas mitbekommt. An die wenigen Fälle, von denen ich erfahren habe, erinnere ich mich mit einem Gefühl großer Bewunderung. Bei vielen Klienten betrachtete ich es schon als eine große Leistung, dass sie sich bemühten, mit so vielen ekelhaften Bildern im Kopf und widerlichen körperlichen Erinnerungen einfach weiterzuleben. Dass sich einige dann noch für andere einsetzen wollten, fand ich großartig und bewegend. Ich sah darin ein äußerst wertvolles menschliches Verhalten.

MISSION UND LEBENSLAUF

Aus entwicklungspsychologischer Sicht ist die Umsetzung einer Mission die höchste Stufe eines Lebensweges. In der ersten Phase seines Lebens ist ein Mensch vor allem auf sich selbst und sein Bedürfnis an physischem Wohlergehen, an Genuss und Kontakt zu anderen konzentriert. Dem folgt ein Prozess der Selbstverwirklichung, der von dem Wunsch durchdrungen ist, sich selbst und seinen authentischen Gefühlen, persönlichen Talenten und eigenen Vorstellungen Ausdruck zu verleihen. Auf diese Individuationsphase folgt ein Bedürfnis nach Verbundenheit mit anderen sowie der Wunsch, Teil eines größeren Ganzen zu sein, für andere wichtig zu werden und etwas zur Gemeinschaft, der man angehört, beizutragen. In den folgenden Phasen erweitert sich dieses Bedürfnis zu einer Verantwortung für die Gemeinschaft als Ganzes. Es entsteht der Wunsch, sich für das Wohlergehen anderer zu engagieren und so auch etwas zur Welt beizutragen. In der weiteren Entwicklung treten die eigenen Bedürfnisse immer weiter in den Hintergrund. In der letzten Phase, der Transzendenz, haben sie sogar nur noch untergeordnete Bedeutung. In ihr geht es um universelle Werte und höhere Ziele. Die betreffende Person ist nun gereift, weise, transzendiert und vielleicht sogar »erleuchtet«. Im letzten Kapitel werden wir diese Phasen im Blick auf ihre Beziehung zur Flow-Theorie detaillierter betrachten.

EINE EIGENE MISSION

Nun möchte ich Sie bitten, über Ihre eigene Mission nachzudenken. Eine Reihe von Fragen wird Ihnen dabei helfen. Außerdem können Sie auch auf Ihre Beantwortung der Fragen zu Ihrer Berufung im vorhergehenden Abschnitt und der Fragen zu Ihren Werten im zweiten Kapitel zurückgreifen.

Ihre Mission ist Ihr Beitrag zur Welt. Das kann eine kleine Welt, wie Ihre Familie, Ihr Viertel oder Ihre Stadt sein. Oder eine große Welt, wie Ihr Berufsstand, Ihr Land, die Welt als Ganzes oder ein anderes höheres Ziel, von dem zahlreiche Menschen profitieren. Auf welchen Bereich sich Ihre Mission bezieht, spielt keine Rolle. Es geht um die von Ihren Werten getragene Botschaft, um das, was Ihnen wichtig ist. Vor Kurzem sah ich im Fernsehen jemanden, der sehr viel Land aufgekauft hatte, das er schützen wollte, »um es dem Planeten zurückzugeben«. Tja, das ist natürlich auch eine Möglichkeit, obwohl ich nicht genau weiß, was ich davon halten soll. Aber das ist eine Mission – so viel ist deutlich.

Es geht um die von Ihren Werten getragene Botschaft, um das, was Ihnen wichtig ist.

Für eine Mission brauchen Sie keine Rolle zu spielen, sie muss nichts Erhabenes sein und Sie müssen auch nicht etwas sehr Ungewöhnliches oder Schwieriges dafür tun. Wenn von Mission die Rede ist, entsteht bei vielen sogleich die Assoziation von harter Arbeit in einem armen entbehrungsreichen Land, weit ab von jeglicher Zivilisation. Was sie dazu veranlasst, besser von jeglicher Mission Abstand zu nehmen. Aber bei einer Mission kann es auch einfach um Dinge gehen, die man gern tut, die einem leicht von der Hand gehen und die man gerade deshalb gern mit anderen teilen möchte. Man gibt persönlich etwas von sich, von dem auch andere profitieren können. Die Liste der folgenden Fragen kann Ihnen helfen, Ihre Gedanken zu Ihrer Mission zu konkretisieren. Vielleicht entdecken Sie dabei auch etwas, was Sie schon seit Jahren tun und nun als Ihre Mission bezeichnen können. Wie alle Fragelisten in diesem Buch treten dieselben Fragen immer in etwas anderen Formulierungen in Erscheinung. Vielleicht spricht Sie eine Formulierung stärker an als eine andere.

FRAGEN ZU MISSION

Hatten Sie als Kind schon eine Mission? Und später in Ihrem Leben?

Worin liegt Ihre Botschaft an die Welt?

Was sollten die Leute später über Sie sagen?

Wenn Sie alt sind und mit einem kleinen Kind an der Hand spazieren gehen, das Sie fragt: »Worauf bist du in deinem Leben am stolzesten?« Was würden Sie antworten?

Welche Dinge haben sich durch Ihr Dasein in der Welt verändert?

Was möchten Sie vor Ihrem Tod noch erreichen?

Was tun Sie, um sich sichtbar zu machen?

Haben Sie wiederkehrende Träume, die mit einer Mission zu tun haben?

> Was für ein Mensch wollen Sie am Ende Ihres Lebens sein?

> Wenn Sie drei Minuten Zeit hätten, um im Fernsehen etwas zu sagen,
> wie würde Ihre Botschaft lauten?

6. Ihre persönliche Mission

Nun können Sie damit beginnen, Ihre Mission in einem Satz zusammenzufassen. Dazu können Sie die Methode, die die amerikanische Autorin Laurie Beth Jones in ihrem Buch *Die Macht der Mission* beschreibt, einsetzen. Dieses einfache Verfahren hat schon vielen Menschen auf der Suche nach ihrer Mission geholfen. Auch in meiner Praxis greife ich gern auf dieses sinnreiche Modell zurück.

Jones stellt die Vorteile einer Mission übersichtlich dar und ich möchte ihre Argumente hier noch einmal kurz zusammenfassen. Eine klar formulierte Mission funktioniert wie ein Kompass und gibt unserem Leben eine Richtung, einen Inhalt und eine Bedeutung. Mit Hilfe einer Mission können wir all unsere Tätigkeiten leicht einordnen, beurteilen und verbessern. Unsere ganze Lebensführung und die meisten unserer Aktivitäten entspringen diesem Gedanken oder lassen sich damit in Verbindung setzen. Eine authentische Mission ist inspirierend und steckt andere an. Sie betrifft sowohl unsere Arbeit als auch unser Privatleben und ist umfassend genug, die Aktivitäten eines ganzen Lebens einzubeziehen. Sie ist ganz auf uns zugeschnitten und gibt unseren einzigartigen Talenten und Qualitäten genügend Raum. Für Ihre persönliche Mission ist es wichtig, dass Sie in der Lage sind, sie in einem einzigen Satz zu formulieren. Es sollte ein einfacher Satz sein, den jedes zwölfjährige Kind verstehen könnte. Wenn man Sie nachts wecken würde, sollten Sie diesen Satz sofort aufsagen können. Ihr Satz beginnt mit der kraftvoll ausgesprochenen Wendung»Meine Mission ist es ...« und enthält keine einschränkenden Ausdrücke wie»womöglich«, »vielleicht«, »ich werde es versuchen«, »ich hoffe« und dergleichen. Ihre persönliche Mission ist eine klare Aussage!

Bevor Sie mit der Formulierung beginnen, können Sie noch einmal auf die vorhergehende Frageliste zu Ihrer Mission und die Fragen zu

Eine authentische Mission ist inspirierend und steckt andere an.

Ihren Talenten zurückblicken. Wo liegen Ihre Talente noch mal? Sie können Ihre wichtigsten Qualitäten noch einmal notieren und sich dabei auch an Talente erinnern, die Sie früher einmal hatten, die Sie jetzt aber kaum mehr nutzen. Denken Sie auch daran, was Sie bewegt, was Sie wütend macht oder worüber Sie sich aufregen. Wie könnten Sie diese Emotionen fruchtbar machen? Könnten Sie mit ihrer Hilfe einen Beitrag leisten? Und wie könnte der aussehen?

Mit diesen Gedanken über die Dinge, die Sie bewegen und die Sie gut beherrschen, suchen Sie weiter. Das erfordert Genauigkeit, denn es muss auch etwas sein, was Sie gerne tun, schließlich möchten Sie in den Flow kommen. Welches Verb könnte Ihr Engagement beschreiben? Das ist die erste Frage. Suchen Sie sich aus der folgenden Liste drei Verben aus. Welche davon sprechen Sie an? Wahrscheinlich fallen Ihnen auch noch andere Möglichkeiten ein:

berühren	dienen	aufnehmen
anregen	teilen	verhandeln
ergänzen	träumen	beistehen
anspornen	teilnehmen	ausbilden
beschleunigen	demonstrieren	entwerfen
mitreißen	wachsen lassen	entdecken
bauen	begeistern	entspannen
bedenken	ermöglichen	erziehen
verstehen	finanzieren	opfern
vermitteln	heilen	organisieren
ermutigen	geben	auftreten
beurteilen	lieben	überzeugen
betrachten	erneuern	loben
beschließen	helfen	gewinnen
besprechen	handeln	realisieren
befreien	reparieren	beraten
bewegen	improvisieren	retten
erreichen	inspirieren	reisen
zusammentragen	integrieren	schenken
bewahren	wählen	erschaffen
schützen	leiten	zusammenbringen
kommunizieren	zuhören	unterstützen
kombinieren	einführen	sprechen
in Kontakt bringen	motivieren	spielen
coachen	erleben	schreiben
konstruieren	meistern	zusammenstellen

stimulieren	verbinden	beleben
zufriedenstellen	verteidigen	unterhalten
bewirken	verfeinern	erneuern
ausführen	verbessern	übersetzen
ausdrücken	vereinigen	vertrauen
herausfinden	verbreiten	sammeln
auswählen	aufklären	versorgen
vereinfachen	verstärken	gestalten
erfüllen	vorwärtsbringen	schätzen
erhellen	unterrichten	anwerben
verstärken	verkaufen	wissen

Dann stellt sich die zweite Frage: Was sind Ihre grundlegenden Werte? Für diese Frage können Sie einen Blick zurück auf die Wertefrageliste aus dem zweiten Kapitel werfen.

Die dritte Frage lautet: Worin sehen Sie Ihre Aufgabe: Wem wollen Sie helfen? Wen möchten Sie wirklich unterstützen, inspirieren, pflegen, führen oder aufbauen – je nachdem, welches Verb (aus der oben stehenden Liste) Sie gewählt haben?

Hier finden Sie einige Tätigkeitsfelder oder Zielgruppen, für die Sie sich einsetzen könnten.

Gesundheitswesen	Energie	Ernährung
Erziehung	Kirche	menschliche Entwick-
Menschenrechte	Verteidigung	lung
Verwaltung	Natur	Spiritualität
Kinder	Tourismus	internationale Bezie-
Gewässerschutz	Bücher	hungen
Rechtswesen	Medien	Handel
Mode	Politik	Musik
bildende Kunst	Forschung	Finanzen
Tiere	Wirtschaft	Jugendliche
Bildung	Pflege	Studenten
Sport	Bauwesen	Ausländer

Mit der Antwort auf diese drei Fragen formulieren Sie nun Ihre Mission:

Mein Mission ist es, ... (Ihre wichtigsten Werte),
.... in, bei, mit, durch, für .... (Ihre
bevorzugten Tätigkeitsfelder) .... (Ihre drei Verben).

Je spezieller und klarer Ihr Fokus ist, desto brauchbarer ist Ihre Mission als Leitfaden und Kompass in Ihrem Leben. Eine Mission wie »Menschen etwas zu geben, sie zu leiten und ihnen zu helfen« ist nicht hilfreich, um Ihrem Handeln eine Richtung zu geben.

Wenn Sie Ihren Satz formuliert haben – und das kann einige Zeit dauern –, dann ist das ein glasklarer Satz. Wie beispielsweise: Meine Mission ist es, junge Menschen, die vom Weg abgekommen sind, liebevoll aufzufangen, zu begleiten und ihnen Sicherheit zu bieten, so dass sie sich in ihrer Entwicklung zu selbstständigen Erwachsenen unterstützt fühlen.

Sie sollten so lange an Ihrem Satz herumbasteln, bis er sich gut anhört. Ihre Mission muss wirklich zu Ihnen passen! Sie können auch Synonyme wählen, die sich für Sie besser anhören. Sie können den Satz aufschreiben, irgendwo aufhängen und nach einer gewissen Zeit noch einmal schauen, was Sie dabei empfinden. Denn letztlich fühlen Sie selbst, ob Ihr Satz gut ist. Klienten, mit denen ich in dieser Weise arbeite, beschäftigen sich manchmal wochenlang mit ihrem Satz, sie denken natürlich nicht unentwegt daran, aber sie haben ihn doch irgendwo in ihrem Hinterkopf gespeichert. Dass die Mission richtig ist, spüren sie auch körperlich als ein Gefühl der Erleuchtung. »Das ist es!«, sagen sie dann und schauen mich ganz begeistert an.

Mit manchen Klienten versuche ich auch, eine Metapher oder ein Symbol für ihre Mission zu finden. In meinen Kursen sorgt diese Suche für viel Heiterkeit und Spaß, weil alle mitdenken wollen und die merkwürdigsten Dinge genannt werden. Es werden dann Naturvorstellungen, Gegenstände, Tiere oder Sätze mit bestimmten Erläuterungen vorgeschlagen: »Ich bin ein Brückenbauer, ich verbinde zwei Welten.« »Ich bin ein Augenöffner, ich öffne Menschen die Augen für das, was sie selbst noch nicht sehen.« Solche visuellen Vorstellungen betrachte ich als Symbole, die die Ausformulierung einer Mission unterstützen können.

Obwohl oder gerade weil dieses Modell sehr einfach ist, habe ich gute Erfahrungen damit gemacht. Wenn es jemand nicht gewohnt ist, über sich und sein Leben nachzudenken und es nun zum ersten Mal tut, kann dieser Prozess sehr langwierig sein. Welches waren noch mal meine Werte? Und habe ich überhaupt Talente? Ich habe wirklich keine Idee, was ich wichtig finde! Das sind Aussagen, die ich dann von Klienten höre und anhand deren mir klar wird – was übrigens ziemlich oft vorkommt –, dass sie noch einen weiten Weg vor sich haben.

Aber bei Ihnen ist das natürlich anders, denn Sie haben sich hiermit schon eine Weile beschäftigt. Sie haben Ihre Qualitäten gründlich erforscht, sich an die schönsten Momente Ihres Lebens erinnert, herausgefunden, was Sie inspiriert und was Sie in den Flow bringt. Sie haben Ihre Werte aufgelistet, Sie wissen, worin Ihre Berufung liegt und was Ihnen Kraft gibt. Und mit Hilfe des Passion Tests haben Sie über Ihr ideales Leben und die Ziele, die Sie zu seiner Realisierung verfolgen können, nachgedacht. Mit so viel Selbsterkenntnis kann Ihnen das Formulieren einer Mission nicht mehr allzu schwerfallen. Alles rückt nun an die richtige Stelle und Sie können Ihre Mission als die Krönung Ihrer Suche betrachten.

Wenn sich Ihre Mission für Sie gut anfühlt, können Sie auch noch einmal auf die Ziele in Ihrem Lebenskreis zurückblicken. Kann Ihre Mission Ihnen helfen, Ihre Ziele präziser zu formulieren? Ergeben sich dadurch nun andere Prioritäten, neue Entscheidungen oder eine andere Abfolge in Ihrem Stufenplan? Auf welche Aktivitäten sollten Sie mehr Nachdruck legen und auf welche weniger?

Laurie Beth Jones drückt es sehr stark und plastisch aus.»Eine persönliche Mission dient als Rüstung und Schwert: Sie rüstet Sie für die Wahrheit und zerschlägt alles, was in Ihrem Leben falsch ist.«[58] Ein kämpferisches Bild, das gut verdeutlicht, wie eine Mission wirken kann.

Es ist gut möglich, dass Sie die Ziele aus Ihrem Lebenskreis nun mit anderen Augen sehen. Vielleicht legt Ihnen Ihre Mission andere Ziele ans Herz oder sie macht Ihnen deutlich, welche Gründe Sie für Ihre Ziele haben. Wenn Sie noch einmal auf die Ergebnisse Ihres Passion Tests zurückblicken, können Sie untersuchen, wie sich Aspekte Ihres idealen Lebens mit denen Ihrer Mission kombinieren lassen. Letztendlich geht es darum, all diese verschiedenen Erkenntnisse miteinander in Einklang zu bringen. Das Kundtun einer persönlichen Mission sollte nichts Plötzliches sein, das Ihnen Ihr Leben noch zusätzlich erschwert. Es sollte sich natürlich anfühlen und Ihnen einen Halt und die Möglichkeit geben, unterschiedliche Facetten Ihrer Persönlichkeit und Ihres Lebens miteinander zu verbinden. In der Flow-Theorie spielt das Wort Harmonie immer wieder eine besondere Rolle. Für ein Leben im Flow ist es wichtig, Ihre Aufmerksamkeit, Ihre Zeit und Ihre Gewohnheiten mit der Vision Ihrer Persönlichkeit in Einklang zu bringen. Wenn Ihnen das gelingt, werden Sie eine innere Harmonie erreichen, die Sie letztendlich glücklich machen wird.

KAPITEL 5: **GLÜCKSFORSCHUNG**

In diesem eher theoretischen Kapitel werden Sie wichtige Begriffe aus der Flow- und Glückspsychologie kennenlernen. Darüber hinaus möchte ich Ihnen einige Ergebnisse wissenschaftlicher Studien zu Glücksstrategien und emotionaler Intelligenz vorstellen, die Sie in Ihrem Leben anwenden können. Theoretische Betrachtungen und Fragen zu den Themen Genuss und Reue können Sie vielleicht dazu anregen, Ihren eigenen freudigen oder reumütigen Gefühlen nachzugehen. Vielleicht entdecken Sie dabei noch einiges, was Sie ändern könnten, um Ihre Lebensqualität zu erhöhen.

1. Glück in der Flow-Theorie

Glückliche Menschen sind häufiger als andere im Flow-Zustand – in ihrer Arbeit ebenso wie in ihrer Freizeit, in ihren Beziehungen, in ihren Familien und in anderen Lebenssituationen. Wenn Menschen oft in mehreren Lebensbereichen im Flow sind, fühlen sie sich am glücklichsten. Sie besitzen dann die Metafähigkeit, bei vielen ihrer Aktivitäten in den Flow zu kommen und so ihr Leben auf ein höheres Niveau zu heben. Diese Fähigkeit, die eigentlich eine Form von Lebenskunst ist, erhöht ihre Lebensqualität und vermittelt ihnen das Gefühl, im Fluss zu sein. Im Flow fühlen sie sich rundum glücklich und überlassen sich ihrem Lebensfluss. Im Flow-Zustand sind sie ganz sie selbst und dem Kern ihrer Persönlichkeit am nächsten.

Für manche Menschen ist es alltägliche Normalität, im Flow zu sein. Menschen mit einem kreativen Geist, die fortlaufend damit beschäftigt sind, etwas zu erschaffen oder zu gestalten, beschreiben ihr Leben oft als eine einzige große Flow-Erfahrung. Für sie ist Flow die Triebfeder, ihre Kreativität umzusetzen. Auch Kinder sind oft im Flow. Die Flow-Erfahrung ist uns allen als ein normaler Zustand unseres Daseins bekannt.

Die Flow-Erfahrung ist uns allen als ein normaler Zustand unseres Daseins bekannt.

In meiner Praxis höre ich des Öfteren, dass Klienten sich wieder wie früher fühlen möchten, als sie noch unbefangen und glücklich waren und ihnen das Leben noch so einfach erschien. Manche beschreiben wehmütig das selige Gefühl, völlig in etwas aufzugehen und tief in ihrem Innern intensiv glücklich zu sein. Vor allem, wenn sie sich auch noch an ein »besonderes Erlebnis« aus dieser Zeit erinnern, können nicht selten selbst nach Jahren noch nostalgische Gefühle aufkommen. Da sie sich damals so wesentlich und verbunden gefühlt haben, kennen sie dieses Gefühl noch und wissen, dass sie es wiedererlangen können. Manchmal lässt sich beobachten, wie sie aus dem Gedanken heraus »Ich will, dass es wieder so wird, wie es früher war« krampfartig diesen Erinnerungen nachjagen. Ihre früheren Erfahrungen werden dann zu einem Gradmesser dessen, was an Gefühlen möglich ist, zu einem Gradmesser, vor dem alle weniger intensiven Erfahrungen verblassen. Dieses ganz besondere Gefühl wird dann zu einem Glücksmaßstab, der sie letztendlich sehr unglücklich machen kann. Da ein derartiges Erlebnis vielleicht nie wiederkehrt, werden andere schöne Erfahrungen, die mit der Intensität von damals in keinster Weise mithalten können, nicht gewürdigt.

ES STECKT SCHON IN IHNEN

Wir können allerdings davon ausgehen, dass uns die Intensität der Kindheitserfahrungen anzeigt, worin das Potenzial – das wir schon in uns haben – liegt. Etwa die Fähigkeit, intensive sinnliche Wahrnehmungen zu genießen, sich kreativen Ideen zu öffnen, liebevoll zu sein und Wärme zu spüren, den Mut zu haben, Vertrauen aufzubringen und sich dem hinzugeben, was das Leben bietet. Und natürlich können wir dieses Potenzial wieder neu beleben, denn diese Fähigkeiten stecken noch immer in uns.

So können wir bewusst darauf hinwirken, mehr Flow in unser tägliches Leben zu bringen. Im Flow-Zustand kommen wir unserem Wesen am nächsten, fühlen wir uns am authentischsten – und daher glücklich. Auch wenn wir heute andere Erfahrungen machen als früher, erleben wir sie doch mit der gleichen intensiven Offenheit und Aufgeschlossenheit. Mögen wir auch unsere Kindheit schon Jahrzehnte hinter uns gelassen haben, so können wir doch versuchen, die Welt und ihre Chancen auf neue Erfahrungen aus kindlicher Perspektive zu betrachten und uns über die erstaunlichen Menschen und Dinge wundern, denen wir auf unserem Weg begegnen.

In dem zuvor bereits erwähnten Interview mit Jaap van Zweden spricht er davon, dass es süchtig machen könne, sich ständig – sogar ohne aktiv zu sein – im Flow zu fühlen. Es sei das Gefühl »grundlos glücklich zu sein«, ein Zustand des Friedens und des Wohlbefindens, der aus dem Innern kommt.[59] Die Autoren des Passion Tests formulieren es so: »Grundlos glücklich zu sein, ist die Erfahrung einer tiefen inneren Zufriedenheit, die aus einer tiefen Verbindung mit dem eigenen Wesen hervorgeht.«[60]

AUS DER FLOW-FORSCHUNG

Menschen, die oft im Flow sind, erleben ihre täglichen Aktivitäten als sehr befriedigend, sie erfreuen sich an dem, was sie tun, und nehmen sich im Allgemeinen als kreativ wahr. Musiker und Sportler werden von ihrem Wunsch, möglichst oft im Flow zu sein, dazu angespornt, ihre Grenzen zu überwinden und sich noch stärker einzusetzen. Bei Studenten kann man aus der Häufigkeit ihrer Flow-Erfahrungen am deutlichsten ersehen, in welchem Maße sie ihr Talent entfalten werden. Unternehmensmitarbeiter mit Flow-Erfahrungen sind glücklicher, motivierter und produktiver als Kollegen, die nicht im Flow sind. Menschen, die oft im Flow sind, haben ein stärkeres Selbstwertgefühl. Sie sind mit sich selbst zufriedener und haben weniger Probleme mit negativen selbstbeobachtenden Gedanken. In einer Studie unter Managern fühlten sich diejenigen, die häufiger im Flow waren, motivierter, weniger gestresst und körperlich gesünder als andere. In den meisten Flow-Studien wird das Zusammensein mit anderen als wichtigster Flow-Produzent bezeichnet. Die meisten Menschen fühlen sich in der Gesellschaft mit Freunden, Familienmitgliedern oder einfach mit anderen Menschen viel glücklicher. Vor allem in der Gemeinschaft mit Freunden fühlen wir uns glücklich und motiviert, ganz gleich womit wir uns gerade beschäftigen. »Sogar das Lernen und die häuslichen Arbeiten, die unsere Stimmung drücken, wenn wir sie nur allein oder nur mit Angehörigen zusammen erledigen, werden zu positiven Erlebnissen, wenn man diese Aufgaben zusammen mit Freunden bewältigt.«[61]

Wenn Probanden sagen sollen, was aus einem gewöhnlichen Tag einen gelungenen Tag macht, wird am häufigsten »das Zusammensein mit glücklichen Menschen« genannt sowie »wenn Leute Interesse zeigen, was ich sage« und »als sexuell attraktiv bemerkt zu werden«.[62]

Menschen, die sich glücklich fühlen, strahlen eine andere Energie aus als unglückliche Menschen. Ebenso wie Traurigkeit wirkt Glück ansteckend. Es ist angenehm, in der Nähe eines glücklichen Menschen zu sein. Jemand, der Zufriedenheit mit sich selbst und seinem Leben ausstrahlt, zieht andere an und trägt dazu bei, dass diese sich ebenfalls glücklicher fühlen.

Jemand, der Zufriedenheit mit sich selbst und seinem Leben ausstrahlt, zieht andere an und trägt dazu bei, dass diese sich ebenfalls glücklicher fühlen.

In den Anfangszeiten der Flow-Forschung fand die Wirkungsweise der Spiegelneuronen noch wenig Beachtung. Spiegelneuronen sind besondere Gehirnzellen, die »spiegeln«, was wir bei einem anderen sehen, und so bewirken, dass wir ähnliche Emotionen erleben wie unser Gegenüber.[63] Heute weiß man mehr über diese Zellen und hält es für sehr wahrscheinlich, dass die Ausstrahlung eines glücklichen Menschen die Spiegelneuronen anderer Menschen aktiviert, sie dadurch ebenfalls öfter lächeln und sich innerlich wohler fühlen. Die Lebendigkeit und Energie, die ein glücklicher Mensch ausstrahlt, kann so unbemerkt stark auf seine Umgebung ausstrahlen. Dabei ist es natürlich auch von Belang, dass ein glücklicher Mensch für andere offener ist und mehr Energie hat, um sich empathisch zu verhalten.

Wenn mich Kursteilnehmer fragen, ob es nicht »egoistisch« sei, sich um Flow zu bemühen und am eigenen Glück zu arbeiten, erzähle ich ihnen von den Spiegelneuronen und davon, wie ansteckend Emotionen sein können. Was glauben Sie, welchen Einfluss hat wohl eine glückliche Lehrerin in einer Klasse, ein zufriedener Mitarbeiter in einem Unternehmen, eine gut gelaunte Ärztin in einem Krankenhaus, ein freundlicher Schaffner im Zug, eine fröhliche Kassiererin im Supermarkt oder eine vergnügte Mutter in ihrer Familie? Denken Sie einmal über die gewaltige Wirkung nach, die Ihr Verhalten auf Ihr Umfeld hat. Je mehr Leuten Sie täglich begegnen, desto mehr profitieren diese von der ansteckenden Wirkung des Glücksgefühls, das Sie ausstrahlen.

Wegen dieses positiven Effekts ist es spannend zu untersuchen, welche Menschen Ihnen selbst ein gutes Gefühl vermitteln. Welche Menschen machen Sie froh, nach welchen Kontakten fühlen Sie sich besser als vorher und was tun diese Menschen genau mit Ihnen?

Im Allgemeinen fühlen wir uns von jemandem angezogen, bei dem wir uns wohlfühlen. Aber das kann für jeden ein anderes Gefühl sein. Vielleicht ist es das Gefühl, ganz man selbst sein zu können oder intellektuell gefordert und im eigenen Denken stimuliert zu werden. Oder das Gefühl, sicher, akzeptiert und ungezwungen zu sein. Sind wir froh, wenn andere uns mit ihrer Lebhaftigkeit und ihrem Enthusiasmus anstecken, oder suchen wir Menschen, die uns Ruhe oder das Gefühl von Wertschätzung geben? Das alles sind interessante Fragen, die uns bei der Suche nach dem Flow helfen können. Aber die wichtigste Frage ist natürlich, ob Sie selbst ein Mensch sind, bei dem sich andere wohlfühlen – und wie Sie ein solcher Mensch werden können, bei dem sich andere glücklich fühlen.

2. Glück in der Positiven Psychologie

In der Positiven Psychologie ist in den letzten Jahren viel zum Thema Glück geforscht worden. Was macht uns glücklich? Warum ist Glück für manche leichter erreichbar als für andere? Was machen glückliche Menschen anders als andere und welche Eigenschaften sind dabei hilfreich?

Aus dem Vorangegangenen ist deutlich geworden, dass wir nicht durch das, was uns begegnet, sondern durch unser eigenes Handeln glücklich werden, also durch das, was wir selbst tun und denken. Ich bin davon überzeugt, dass das Geheimnis eines glücklichen Lebens darin besteht, ein Leben mit vielen Flow-Momenten zu führen, das durch Entwicklung und Wachstum geprägt ist. Es ist allerdings zu beachten, dass es große Unterschiede zwischen Menschen gibt.

Man geht davon aus, dass fünfzig Prozent unserer Fähigkeit, glücklich zu sein, erblich bedingt sind. Jeder hat eine Art festen Glückswert: ein Glücksniveau, auf das er immer wieder zurückkehrt, weil er so »justiert« ist. Wenn sich nicht etwas Gravierendes wie eine schwere Erkrankung ergibt, pendeln wir uns nach einiger Zeit wieder auf das in uns angelegte Glücksniveau ein. Dasselbe gilt bei erfreulichen Erlebnissen wie einem Gewinn oder einem plötzlichen Erfolg. Zunächst werden sie als großes Glück erlebt, doch schon bald passen wir uns an und fallen auf unser gewohntes Glücksniveau zurück. Externe Ereignisse haben darauf nur einen geringen Einfluss. Das rührt auch daher, dass wir uns an die Veränderungen in unserem Leben gewöhnen. Der Mechanismus der »hedonistischen Apathie« verringert mit der Zeit die Wirkung eines neuen Autos oder eines neuen Hauses, deren Besitz wir zunächst als große Freude und genussvoll erlebt haben. Aufgrund dieses Mechanismus wird aus dem Genuss dann zunächst Komfort und schließlich wieder Normalität. Die schleichende Gewöhnung kann so leicht zu Unzufriedenheit beitragen, bei negativen Erfahrungen allerdings auch zu einer Hinnahme. Die Hälfte unserer Fähigkeit, glücklich zu sein, wird also von unserem angeborenen Glückstalent bestimmt.

Zehn Prozent werden von Lebensumständen wie äußerer Schönheit, Reichtum, Alter, Arbeit, Land, Abstammung und Wohnort bestimmt. Doch das trifft nur zu, wenn bestimmte Grundbedürfnisse befriedigt sind. Für Menschen, die in armen Ländern oder unter einem diktatorischen Regime leben, gelten andere Gesetzmäßigkeiten. Ihr Leben wird in viel größerem Maße von ihren Lebensumständen bestimmt.

Aus vergleichenden Glücksstudien, die über Jahre hinweg in verschiedenen Ländern durchgeführt worden sind, geht hervor, dass die Verbesserung des Lebensstandards nur einen geringen Einfluss auf das Glücksgefühl hat. Das gilt natürlich nur oberhalb eines bestimmten

Konsumniveaus. Denn Menschen unterhalb der Armutsgrenze fühlen sich selbstverständlich glücklicher, wenn sie plötzlich mehr verdienen.

Der englische Ökonom und Politiker Richard Layard liefert in seinem Buch *Die glückliche Gesellschaft* eine interessante Analyse des ökonomischen Einflusses auf das Erleben von Glück. Er thematisiert darin die Wirkung des Phänomens »gefühltes relatives Einkommen« und gelangt zu folgender Feststellung: »Wenn Menschen im Vergleich zu anderen Menschen reicher werden, dann empfinden sie sich als glücklicher. Aber wenn der Reichtum einer gesamten Gesellschaft zunimmt, dann empfinden sie sich nicht als glücklicher.«[64] Das scheint jedenfalls im Westen zu gelten. Layards Feststellung klingt merkwürdig: Könnten Menschen nicht auch glücklicher werden, wenn sie sehen, dass der Wohlstand in ihrem Umfeld steigt? Offenbar nicht, wir scheinen eher dazu zu tendieren, uns mit Wohlhabenderen zu vergleichen. Die meisten Menschen denken, dass ein Einkommen, das oberhalb des Durchschnitts liegt, sie langfristig glücklich machen würde. Daher beeinträchtigt das Wohlergehen anderer unser eigenes Glücksgefühl. Demnach würden wir es uns einfacher machen, wenn wir uns mit anderen vergleichen würden, die weniger als wir selbst verdienen, oder besser noch, wenn wir überhaupt keinen Vergleich anstellen würden, sondern uns auf einen eigenen inneren Maßstab verlassen könnten.

Nach diesem Exkurs über den Einfluss von Wohlstand wenden wir uns wieder den anderen Glücksvariablen zu. Mit den zehn Prozent, die durch die Lebensumstände, zu denen auch das Einkommen zählt, bestimmt werden, und den fünfzig Prozent der genetischen Anlage sind wir nun bei sechzig Prozent aller Glücksfaktoren angelangt.

GLÜCK ALS TÄTIGKEITSWORT

Was bleibt, ist ein Anteil von vierzig Prozent, den wir durch die Art, wie wir mit uns selbst umgehen, beeinflussen können. Etwas weniger als die Hälfte der Fähigkeit, glücklich zu sein, wird also von unserem bewussten Verhalten bestimmt: von dem, was wir tun, von dem, was wir anstreben, und von unserer Art und Weise, in der wir Entscheidungen in unserem Leben treffen.

In Hinsicht auf diese vierzig Prozent können wir Glück eigentlich als ein Tätigkeitswort auffassen. Denn wir können uns bewusst dafür entscheiden, unsere Familie, den Ort, an dem wir wohnen, die Schönheit der Berge und des Meeres zu genießen. Wir können uns bewusst vornehmen, für das, was wir haben, etwa für unsere Gesundheit und unsere Familie, dankbar zu sein. Wir können uns selbst dafür entscheiden, anderen zu helfen und uns dadurch besser zu fühlen. Wir können uns eine optimistische Lebenshaltung aneignen. Wir können Sport und körperliche Bewegung genießen, uns einem Lebensthema widmen oder einer Mission folgen. Kurzum: Innerhalb dieser vierzig Prozent können wir eine ganze Reihe von Entscheidungen treffen, die uns glücklicher machen. So betrachtet, ist Glück das Ergebnis unseres eigenen Handelns.

Unsere Lebensumstände können zwar unser Glücksgefühl kurzfristig beeinflussen, aber letztlich gewöhnen wir uns an diese Veränderungen, so dass wir schon bald wieder auf unser früheres Glücksniveau zurückfallen. Wirkliches und beständiges Glücksempfinden geht allein aus inneren Veränderungen hervor.»Eines der Geheimnisse des Glücks ist es, sich gute Dinge auszusuchen, an die man sich nie gewöhnen kann«, schlussfolgert Richard Layard.[65] Diese Aussage deckt sich voll und ganz mit der Flow-Theorie. Schließlich geht es auch bei Flow-Erfahrungen stets darum, in Bewegung zu bleiben. Indem man seine bisherigen Ziele verändert und sich mit einem gewissen Tatendrang neuen Herausforderungen stellt, entdeckt man immer wieder neue Dinge für sich.

POSITIVE PSYCHOLOGEN ALS FORSCHER

Mittlerweile wurden viele Faktoren entdeckt, die das Glück beeinflussen. In diesem Kapitel werden wir den Arbeiten einiger Forscher der ersten Stunde besondere Aufmerksamkeit widmen. Vor allem den Studien von Martin Seligman und Sonja Lyubomirsky, denen es gelungen ist, erste wissenschaftliche Erkenntnisse auch außerhalb der akademischen Welt einem größeren Publikum bekannt zu machen. Ein anderer Psychologe und Philosoph, dessen Ideen viele Menschen ansprechen, ist Tal Ben-Shahar, der als Dozent für Positive Psychologie an der Harvard-Universität lehrt. Er hat ein Bild des Glücks als Schnittmenge dreier sich überschneidender Kreise entworfen. Im ersten Kreis befinden sich nur Dinge, die uns ein Gefühl von Sinn und Bedeutung geben; im zweiten alles, was wir gerne tun und was wir genießen; und im dritten alles, was wir gut können. Mit Hilfe dieses Modells aus»Bedeutung – Freude – Stärken« untersucht er den roten Faden im Leben eines Menschen, seine»Lebensberufung«, wobei es ihm nicht um die Frage geht, wie ein Mensch gern leben möchte, sondern darum, auf was er *nicht verzichten* kann. In seinem philosophischen Buch *Glücklicher* versammelt Ben-Shahar meditative Übungen und weise Gedanken, warnt aber wiederholt vor der Erwartung, dass uns irgendetwas oder irgendjemand ewige Glückseligkeit bringen könnte. Erst wenn wir akzeptieren, dass unser tägliches Leben nun einmal das Einzige ist, woraus unser Leben besteht,»dass das alles ist«, können wir uns öffnen und weiterentwickeln. »Wir sind dann glücklich, wenn wir Bedeutung und Freude daraus ziehen, Zeit mit geliebten Personen zu verbringen, etwas Neues zu lernen oder an einem bestimmten Projekt mitzuwirken. Je mehr unsere Tage mit diesen Erfahrungen erfüllt sind, desto glücklicher werden wir. *Das ist alles, worauf es ankommt.*«[66]

Mit dieser buddhistischen Aussage rührt er an den Grundgedanken der Glücksvorstellung innerhalb der Positiven Psychologie. Ein glückliches Leben bauen wir nach und nach, Erfahrung um Erfahrung auf. Glück ist die Folge – oder eher: das Nebenprodukt – eines Prozesses, den wir aus uns selbst heraus allmählich in Gang bringen. Glück

Glück ist die Folge eines Prozesses, den wir aus uns selbst heraus allmählich in Gang bringen.

entsteht, wenn wir diesen Prozess lieben. In diesem Sinne ist Glück das Ergebnis eines inneren Erfolges.

3. Glücksstrategien

Sonja Lyubomirsky publizierte 2007 – wie schon erwähnt – eine Studie über die neuesten psychologischen Untersuchungen zum Thema Glück.[67] Schon im Jahr darauf war dieses Buch in vielen Ländern auf den Bestsellerlisten. Offensichtlich bestand und besteht weiterhin ein großer Bedarf nach wissenschaftlichen Abhandlungen, die praktische Ratschläge und brauchbare Tipps für die Anwendung im Alltag liefern. Lyubomirskys zwölf Glücksstrategien sind aus einer Reihe langfristiger Studien hervorgegangen.

Natürlich stellen diese Strategien nicht die einzigen Möglichkeiten dar, glücklich zu werden, und außerdem hat die Wissenschaft der Positiven Psychologie zwischenzeitlich auch nicht stillgestanden. Doch die zwölf von Lyubomirsky beschriebenen Strategien sind die einzigen, die gut erforscht sind und ihre Wirksamkeit bei einer großen Gruppe von Menschen unter Beweis gestellt haben. Einige (wie die Flow-Strategie) sind mittlerweile ziemlich populär, und von einigen anderen könnte man sagen, dass sie – wie etwa die Freundlichkeitsstrategie – nicht besonders überraschend und uns eigentlich schon bekannt sind. Dennoch werde ich hier alle zwölf Strategien kurz beschreiben, damit Sie selbst einschätzen können, welche von ihnen am besten zu Ihnen passt.

Die erste Glücksaktivität heißt: *Entwickeln Sie Ihre Fähigkeit zur Dankbarkeit:* Erkennen Sie, womit Sie gesegnet sind, freuen Sie sich an dem, was Sie haben, genießen Sie die kleinen Dinge, die in Ihrem Leben gut sind und führen Sie sich diese regelmäßig vor Augen. Wie viele Studien zeigen, ist das eine Haltung, die sehr viel dazu beiträgt, sich glücklicher zu fühlen.

In meinen Kursen zum Thema Flow, in denen ich auch auf diese zwölf Strategien eingehe, beobachte ich gelegentlich, dass es Teilnehmern künstlich erscheint, jede Woche darüber nachzudenken, wofür sie dankbar sind. Dennoch entwickelt man mit diesem Vorgehen eine andere, positivere Sichtweise, die letztlich dazu führt, dass man sich anders fühlt. Denn schließlich ist die ständige Konzentration auf alles, was schiefgeht oder schwierig und problematisch ist – oft als kritische Haltung betrachtet –, auch nur eine erlernte Haltung, die wir ebenso gut durch eine andere Haltung ersetzen können.

Da ich alle Strategien ausprobiert habe, konnte ich am eigenen Leib erfahren, wie gut diese Glücksaktivität funktioniert. Als sich bei mir vor zwei Jahren plötzlich herausstellte, dass ich Krebs hatte und operiert werden musste, fand ich es sehr anstrengend, weiterhin positiv zu denken. Düstere Bilder von einer grauen, ungewissen Zukunft überfielen mich in meinem Krankenhausbett. Und das, obwohl ich wusste, dass es meinem Körper und meiner Seele absolut nicht guttat, negative Gedanken zuzulassen. Im Gegenteil! Gerade darüber hatte ich viel wissenschaftliche Literatur gelesen. Ich wusste, dass ich das schnell ändern musste. Zum Glück hatte ich gerade das Buch von Sonja Lyubomirsky gelesen. Also habe ich, sobald ich mich ein wenig bewegen konnte, mit einem »Dankbarkeitstagebuch« begonnen. Dieser Moment war der erste Schritt auf dem Weg aus meiner Verzagtheit. Als ich mich zwang, in eine andere Richtung zu blicken, gab es auf einmal furchtbar viel, für das ich dankbar sein konnte! Schließlich lebte ich noch, bekam ständig Besuch von meiner Familie und meinen Freunden, die Sonne warf ihre herrlichen Strahlen auf meine Bettdecke, jeder war nett zu mir, und so gab es jeden Tag noch viele andere Dinge, die ich bemerkte. Dieses Vorgehen erschien mir nicht künstlich, sondern vielmehr sehr wirkungsvoll. Und daher beschloss ich, diese Glücksaktivität nicht nur bei Rückschlägen, sondern auch als normale alltägliche Lebenshaltung in mein Repertoire aufzunehmen.

Die zweite Glücksaktivität heißt: *Seien Sie optimistisch*. Betrachten Sie Ihr Leben aus einem positiven Blickwinkel, orientieren Sie sich am Guten und haben Sie Vertrauen in eine sonnige Zukunft. Über diese Strategie haben wir bereits im dritten Kapitel gesprochen. Aus Segerstroms Studie geht deutlich hervor, wie außerordentlich stark diese Haltung unser Lebensglück beeinflusst. Ich bin von Natur aus leider nicht optimistisch und muss mir viel mehr Mühe geben als die beneidenswerten Optimisten, um mir etwas von dieser Haltung anzueignen.

Die dritte Glücksaktivität lautet: *Vermeiden Sie Grübeleien oder soziale Vergleiche*. Das scheint mir klar, denn über das, was schiefging oder noch schiefgehen könnte, zu sinnieren, wirkt sich negativ auf unsere Stimmung, Konzentration und Tatkraft aus. Es beeinflusst das Selbstwertgefühl und entmutigt uns. Von vielen psychologischen Ratschlägen, die dem Grübeln entgegenwirken wollen, ist der Folgende besonders klug: Stellen Sie sich selbst die Frage:»Spielt das noch eine Rolle, wenn ich im Sterben liege?« Wahrscheinlich ist diese Frage sehr effektiv, um Sorgen zu relativieren und in einen weiteren Kontext zu stellen, ebenso wie die etwas weniger extreme Frage:»Wird das in einem Jahr noch wichtig sein?«

Dass wir uns mit»sozialen Vergleichen« keinen guten Dienst erweisen, haben wir bereits angesprochen. Glückliche Menschen verhalten sich in dieser Hinsicht offensichtlich anders als weniger glückliche Menschen. Sie sind durchaus im Stande, sich an den Erfolgen anderer zu erfreuen und mit anderen mitzufühlen, wenn es ihnen schlecht geht.

SOZIALE BEZIEHUNGEN STÄRKEN UND STRESS BEWÄLTIGEN

Die vierte Glücksstrategie heißt: *Seien Sie freundlich.* Seien Sie hilfsbereit, anteilnehmend, großzügig, mitfühlend, aufmerksam, gütig usw. Aus allen Studien geht hervor, dass Hilfsbereitschaft glücklicher macht, selbst wenn die Person, der wir damit helfen, nichts von unserer Güte mitbekommt. Gutes zu tun, vermittelt uns das angenehme Selbstbild, eine altruistische und mitfühlende Person zu sein, es verstärkt das Gefühl der Verbundenheit mit anderen Menschen.

Damit verwandt ist auch die fünfte Glücksaktivität: *Pflegen Sie Ihre sozialen Beziehungen.* Zu lieben und geliebt zu werden, ist das Gefühl, das uns am glücklichsten macht. Jemand, der Freunde hat, ist viel glücklicher und gesünder als ein Mensch ohne Freunde. Obwohl dabei nicht ganz klar ist, was Ursache und was Wirkung ist. Der kausale Zusammenhang zwischen herzlichen sozialen Beziehungen und Glück funktioniert in beide Richtungen, denn Menschen werden einerseits durch Freundschaften und romantische Liebesbeziehungen glücklicher, anderseits haben glückliche Menschen auch größere Chancen, Geliebte oder Freunde zu finden.

In den letzten Jahren hat die wohltuende Wirkung des Hormons Oxytocin, das bei herzlichen Kontakten zu Menschen, die man mag, und bei Liebkosungen freigesetzt wird, große Aufmerksamkeit auf sich gezogen. Oxytocin vermittelt uns Vertrauen in das Wohlwollen anderer und macht uns freigiebiger und kooperativer. Menschen mit mehr engen persönlichen Kontakten werden durch die Ausschüttung dieses

Hormons in ihrem Empathieverhalten und bei ihrer Glücksaktivität gestärkt.

Eine weitere Aktivität lautet: *Entwickeln Sie Bewältigungsstrategien*, also Möglichkeiten, mit etwas Schmerzlichem oder Traurigem umzugehen. Eine der vielen Strategien, die Lyubomirsky nennt, besteht darin, »einem traumatischen Erlebnis eine gute Seite abzugewinnen«, was »eine neue Wertschätzung unseres zerbrechlichen Lebens und die Erkenntnis, wie wichtig es ist, im Hier und Jetzt zu leben« zur Folge haben kann.

Aus Studien geht hervor, dass eine solche Bewältigungsstrategie bei einem lebensbedrohlich, zum Beispiel an Krebs, Erkrankten nicht nur die mentale Einstellung, sondern auch die körperliche Gesundheit und das Immunsystem stark beeinflussen kann. Etwas so sinnlos Erscheinendem wie einer Krankheit einen positiven Sinn abzugewinnen, kann sich positiv auf die körperliche Gesundheit auswirken und ist damit »ein bemerkenswertes Musterbeispiel der Macht des Geistes über den Körper«. Auch die Suche nach sozialer Unterstützung ist eine Bewältigungsstrategie, die den Stresshormonspiegel senkt und das Immunsystem stärkt.

Die siebte Glücksstrategie heißt: *Lernen Sie zu vergeben*. Auch auf diesem Gebiet ist sehr viel geforscht worden und alle Ergebnisse weisen in dieselbe Richtung: Wer in der Lage ist zu vergeben, hilft sich mehr als ein Mensch, der sich an seiner Bitterkeit oder seinem Hass festklammert. Hierbei geht es übrigens auch darum, sich selbst zu vergeben. Mit Vergebung ist nicht gemeint, dass man sich mit dem anderen versöhnt, die Geschehnisse verleugnet, sich Entschuldigungen ausdenkt, alles vergisst oder bagatellisiert. Vergebung ist nicht einmal ein Tun, von dem andere etwas wissen müssen, sondern eine Handlung, die man ganz für sich allein vornimmt.

In meiner Arbeit mit traumatisierten Opfern sexueller Gewalt konnte ich die Wirkung dieses Mechanismus oft aus der Nähe betrachten. Manche Klientinnen konnten sich nicht von einem tiefen Hass befreien und waren unentwegt mit Rachegedanken beschäftigt. Sie fühlten sich dauernd sehr unglücklich und waren auch angespannter, was zahlreiche gesundheitliche Beschwerden nach sich zog. Sie konnten sich nicht davon lösen und strahlten dieses Gefühl auch nach außen aus, was wiederum zur Folge hatte, dass andere sich von ihnen abwendeten.

Andere Klientinnen, die ihrer Wut in der Therapie freien Lauf lassen und ihr Trauma verarbeiten konnten, gelang es dagegen, ihre Hassgefühle allmählich abzuschwächen. Damit fiel eine große Last von ihnen ab und sie konnten sich wieder mehr dem Leben öffnen. Ihr Körper entspannte sich, sie standen nicht ständig unter Stress und konnten an sich eine weichere Seite entdecken. Letztlich ging es ihnen viel besser als den verbitterten Klientinnen, deren ganzes Leben im Zeichen der Wut und des Leides, das ihnen angetan worden war, stand.

»Sie haben leicht reden«, schrie mich eine Klientin einmal an, die Opfer einer Gruppenvergewaltigung mit schweren körperlichen Verletzungen geworden war, als ich ihr Jahre später die Möglichkeit zu vergeben vorschlug. Doch inzwischen kenne ich die psychologische Wirkung, die dieses Wagnis, die Vergangenheit loszulassen, den Tätern zu vergeben und wieder in ihr eigenes Leben zurückzukehren, entfalten kann. Mit diesem großen Schritt haben sie vor allem sich selbst geholfen.

Dass »Vergebung dem Vergebenden hilft«, gilt natürlich auch in anderen Situationen, nach einer Scheidung und bei anderen Konflikten in der Familie oder der Arbeitswelt, aber erst nachdem alle ursprünglichen Gefühle offengelegt und zum Zuge gekommen sind.

RELIGION, SPIRITUALITÄT UND ANDERE GLÜCKSSTRATEGIEN

Dann folgt als achte Glücksstrategie: *Schaffen Sie Flow-Erfahrungen.* Damit kennen wir uns inzwischen gut aus, daher brauche ich es hier nicht weiter zu vertiefen.

Auch die Bedeutung der neunten Strategie: *Genießen Sie die Freuden des Lebens* ist inzwischen wohl deutlich geworden. Das Thema Genießen wird in einem nächsten Kapitel wieder zur Sprache kommen, aber folgende Aussage von Lyubomirsky fasst es gut zusammen: »Genießen Sie die kleinen Dinge, denn vielleicht werden Sie eines Tages zurückblicken und erkennen, dass das die großen Dinge waren.«

Dasselbe gilt auch für die zehnte Glücksaktivität: *Engagieren Sie sich für Ihre Ziele.* Ebenso wie das Genießen ist »das Sich-Ziele-Setzen« ein Teil der Flow-Erfahrung. Diese Aktivität ist schon im zweiten Kapitel ausführlich dargestellt worden.

Die elfte Glücksaktivität lautet: *Beschäftigen Sie sich mit Religion und Spiritualität.* Religiöse Menschen sind glücklicher, gesünder und erholen sich schneller von Traumata. Wer an Gott glaubt, kann den Ereignissen in seinem Leben leichter einen Sinn geben. Dabei gibt ihnen ihre Beziehung zu Gott positive Gefühle wie Trost, Liebe, Dankbarkeit, Hoffnung, Sicherheit und Leitung.

Dasselbe gilt auch für spirituelle Menschen, die im alltäglichen Leben etwas Heiliges sehen, die meditieren und an eine Macht glauben, die größer ist als sie selbst. Auch hier geht es um Bedeutungssuche und ein Gefühl von Wert, Lenkung, Rechtfertigung und Sinngebung. In ihrer spirituellen Suche erleben sie mehr Glück als andere und sind geistig und körperlich bei besserer Gesundheit, leiden weniger an Stress und haben letztendlich ein längeres Leben.

Die zwölfte und letzte Glücksaktivität besteht darin *für Körper und Geist zu sorgen*, durch Meditation, Aufmerksamkeitstraining, Achtsamkeit und durch Sport, von dem angenommen wird, dass er der wirkungsvollste Glücksbringer überhaupt ist. Auch diese Strategie steht in Zusammenhang mit der Flow-Erfahrung. Zu guter Letzt nennt Lyubomirsky noch die heilsame Wirkung des Schlafes, denn ausreichend Schlaf wirkt sich positiv auf die Stimmung, die Energie, die Aufmerksamkeit, die Gesundheit und die Lebensdauer aus.

4. Emotionale und soziale Intelligenz und Glück

Aus allen Glücksstudien geht hervor, wie wichtig das Zusammensein mit anderen Menschen ist. Positive Beziehungen zu den Freunden, der Familie, dem Partner, den Kollegen und anderen Menschen, mit denen wir regelmäßig Kontakt haben, sind die größte Quelle von Zufriedenheit und Wohlbefinden. Je besser unser Kontakt mit anderen ist, umso glücklicher fühlen wir uns. Wenn wir mit einem geliebten Menschen eine herzliche emotionale Begegnung hatten, kann das gute Gefühl, das daraus entsteht, unsere Stimmung noch lange beeinflussen. Weiter oben haben wir schon den Mechanismus der emotionalen Ansteckung thematisiert, also die Möglichkeit, sich von den Emotionen anderer anstecken zu lassen. Wenn es sich dabei um positive Emotionen handelt, verbessert sich unsere Stimmung. Aufgrund der Funktionsweise der Spiegelneuronen reagieren wir – mehr oder weniger bewusst – auf die Signale, die bei jedem Kontakt ausgesandt werden. Wenn es sich um eine empathische und unterstützende Interaktion mit jemandem, den wir mögen, handelt, erleben wir das als angenehm und fühlen uns glücklich. Auch aufgrund der Freisetzung des Hormons Oxytocin kann sich ein herzlicher Kontakt wohltuend auswirken.

Wie anders ist das aber bei einer negativen Interaktion! Wenn unser Gegenüber Emotionen wie Wut oder Verachtung ausstrahlt, wirkt das ebenfalls ansteckend und der Einfluss wirkt »toxisch«. Wir fühlen uns innerlich verletzt und die Stimmung schlägt schnell ins Negative um. Ähnliches passiert auch in ambivalenten Beziehungen, die emotional unkalkulierbar sind und ständige Wachsamkeit erfordern.

Doch es bleibt nicht nur bei emotionaler Ansteckung, der Einfluss von Beziehungen geht viel weiter. Beziehungen – ob gut oder schlecht – beeinflussen nicht nur unsere Stimmung, sondern wirken sich auch auf den Zustand unseres Gehirns aus. Neurologische Studien belegen immer deutlicher, dass Interaktionen das Gehirn über dessen Neuroplastizität mitgestalten: Durch wiederholte Erfahrungen wird die Form, die Größe und die Zahl der Neuronen sowie ihrer synaptischen Verbindungen verändert.

Viele spannende Studien dazu kommen in dem Buch *Soziale Intelligenz* des bekannten amerikanischen Psychologen Daniel Goleman zur Sprache. Auf der Grundlage seiner Forschungen folgert er:»Am stärksten sind die Prägungen, die sich in engen Beziehungen ergeben; sie versetzen das Gehirn immer wieder in einen bestimmten Zustand. Wenn man von einer Person, mit der man über Jahre hinweg täglich zu tun hat, ständig verletzt oder aber emotional gestärkt wird, dann kann sich das auf die Schaltungen unseres Gehirns auswirken.«[68]

Goleman schildert eine Reihe von Untersuchungen, die zeigen, dass die Art und Weise unserer emotionalen Beziehung sowohl unseren Geist als auch unseren Körper beeinflusst. Der Körper reagiert schließlich auch auf die Qualität unserer engeren Beziehungen. Die Reize, die wir von anderen aufnehmen, haben starke Auswirkungen auf unseren eigenen Körper.»Wenn wir einen Menschen haben, auf den wir uns als sichere Basis verlassen können – den Lebenspartner, einen engen Freund oder eine Freundin, einen liebevollen Angehörigen –, dann verfügen wir über einen biologischen Verbündeten.« Und weiter schreibt er:»Auch die Befunde einer ganzen Anzahl epidemiologischer Untersuchungen zeigen, dass konfliktreiche Beziehungen ein ebenso hohes Gesundheitsrisiko darstellen können wie Rauchen, hoher Blutdruck, hohe Cholesterinwerte, Fettleibigkeit und mangelnde körperliche Bewegung.«

Daran wird deutlich, wie wichtig die Qualität unserer Interaktion mit anderen ist. Unser Glück wird – stärker als von Einkommen, Arbeit, Wohnung usw. – von den Menschen, mit denen wir täglich umgehen, bestimmt. Gut funktionierende Beziehungen wirken auf die Gesundheit, das Glücksgefühl und das Wohlbefinden insgesamt wie »emotionale Vitamine«.

Gut funktionierende Beziehungen wirken auf die Gesundheit, das Glücksgefühl und das Wohlbefinden insgesamt wie »emotionale Vitamine«.

Es ist also in jeder Hinsicht besser, viel mehr Zeit und Energie in Menschen zu investieren, mit denen man sich gut versteht. Vielen fällt das leicht, sie tun es schon von Natur aus und werden täglich von angenehmen Kontakten bereichert. Doch für manche ist das eine ziemlich schwere Aufgabe und eine Quelle für Enttäuschungen. Was beide Gruppen unterscheidet, ist das Maß ihrer emotionalen und sozialen Intelligenz.

EMOTIONALE INTELLIGENZ

Daniel Golemans Buch *Emotionale Intelligenz* traf bei seinem Erscheinen 1995 auf ein großes Bedürfnis nach psychologischen Kenntnissen. Es wurde in vierundzwanzig Sprachen übersetzt und weltweit millionenfach verkauft. Der Begriff ist inzwischen zum Allgemeingut geworden und findet in Bereichen wie Bildung, Management, Erziehung, Medizin und Psychotherapie Anwendung. Auch auf die Gefahr hin, manche Leser mit Vertrautem zu langweilen, möchte ich hier doch den Kern seiner Theorie in Kürze zusammenfassen.

Emotionale Intelligenz besteht aus fünf Kompetenzen: drei persönlichen, die unseren Umgang mit uns selbst prägen, und zwei sozialen Kompetenzen, die darüber entscheiden, wie wir mit anderen umgehen. Jahrelang gab es nur dieses eine Modell. Später jedoch traf Goleman eine andere Einteilung und fasste die sozialen Kompetenzen unter dem Begriff *soziale Intelligenz* zusammen. Weil sich der soziale Teil nicht unabhängig von dem individuellen Teil betrachten lässt, werden hier beide Begriffe dargestellt, wobei ich mit der *emotionalen Intelligenz* beginne: den fünf emotionalen Kompetenzen, die dafür sorgen, dass wir uns gut fühlen.

Die erste Kompetenz besteht – wie könnte es auch anders sein – in *Selbsterkenntnis und Selbstbewusstsein:* der Fähigkeit, die eigenen Gefühle und Emotionen wahrzunehmen und sich ihrer im Moment ihres Auftretens bewusst zu sein. Letzteres ist sehr wichtig, denn es geht darum, sofort zu erkennen, was in uns vorgeht, und die eigenen Emotionen und Gefühle in dem Moment, in denen sie auftreten, zu beobachten. Mit dieser Fähigkeit können wir also gewissermaßen in unser Inneres blicken und unmittelbar erkennen oder fühlen, was uns bewegt. Wir können Verbindungen zwischen dem, was wir fühlen, denken, tun und sagen, herstellen. Und wir können unsere Intuitionen nutzen, was sehr wichtig ist, denn »Menschen können innerhalb von dreißig Sekunden einer Begegnung intuitiv erfassen, welchen grundlegenden Eindruck sie nach fünfzehn Minuten – oder nach einem halben Jahr – von dem anderen haben werden.«[69] Selbsterkenntnis ermöglicht es uns, unsere Stärken und Schwächen zu erkennen, und das gibt uns Selbstvertrauen und ein gutes Selbstwertgefühl.

Die zweite Kompetenz liegt in der *emotionalen Selbstregulierung:* in der Fähigkeit, mit den eigenen emotionalen Zuständen und Impulsen umzugehen, seine Emotionen zu kontrollieren und zu beherrschen, sich Veränderungen flexibel anzupassen und stressresistent zu sein. Zu dieser Gruppe von Kompetenzen gehört auch die Fertigkeit, vertrauenswürdig, treu und verantwortungsbewusst zu sein.

Die dritte Fähigkeit ist die *Selbstmotivation:* sich überwinden und motivieren können, das zu tun, was man sich vorgenommen hat. Diese Kompetenz hat einen starken Einfluss auf alle anderen Fähigkeiten und ist die stärkste Triebfeder, um in den Flow zu kommen. Sie umfasst alle Eigenschaften, die das Erreichen von Zielen erleichtern: Engagement, Leistungswille, Initiative, die Fähigkeit, Chancen zu ergreifen, und Optimismus hinsichtlich der Umsetzung der eigenen Ziele.

Daran schließen sich die sozialen Kompetenzen an, deren erste die *Empathie* ist: die Fähigkeit, sich in andere einzufühlen sowie offen und empfindsam dafür zu sein, was in einem anderen vorgeht. Der Zusammenhang zwischen Empathie und Selbstbewusstsein ist offensichtlich, denn je mehr wir uns unserer eigenen Gefühle bewusst sind, desto besser können *Empathie beginnt also beim eigenen Innenleben.* wir uns in die Gefühle und Bedürfnisse anderer hineinversetzen. Empathie beginnt also beim eigenen Innenleben.

Zu dieser Kompetenz zählt auch die Fähigkeit, nonverbale Signale zu deuten. Da neunzig Prozent der emotionalen Botschaften nonverbal sind, können wir uns besser in andere hineinversetzen, wenn wir für Signale wie Gesichtsausdrücke, den Klang der Stimme, Gesten und Körperhaltung empfänglich sind. Die Fähigkeit, mit all diesen Informationen auf die Emotionen eines anderen Menschen einzugehen, ist die wichtigste Kompetenz im Umgang mit anderen. Sie funktioniert wie ein sozialer Radar und macht uns für alle ausgesprochenen und unausgesprochenen Informationen bei einem Kontakt empfänglich. Empathie impliziert Sensibilität, die Fähigkeit, aktiv zuzuhören, und ein ehrliches Interesse am anderen.

Empathische Menschen sind oft beliebt, weil ihre Kompetenz dazu beiträgt, dass andere sich wohlfühlen. Andere sind gern in ihrer Nähe, weil sie sich gesehen und gehört und dadurch auch bestärkt fühlen. Goleman betrachtet es als eine Art sozialer Verantwortung, mit Menschen so umzugehen, dass sie sich möglichst gut fühlen und in der Lage sind, ihr Bestes zu geben.

Die letzte Gruppe besteht aus sozialen Kompetenzen, die dazu befähigen, die Emotionen anderer zu *regulieren* und dadurch erwünschte Reaktionen hervorzurufen. Es geht also darum, etwas mit anderen zu tun: sie zu inspirieren, zu aktivieren oder zu lenken, ihnen eine Richtung zu geben, sie zu beruhigen, zu beeinflussen, zu überzeugen, sie miteinander in Kontakt zu bringen oder zur Zusammenarbeit zu stimulieren. Auch für diese Fähigkeiten sind die erstgenannten individuellen emotionalen Kompetenzen unverzichtbar, ja sie bilden sogar eine Grundlage dafür. Denn um gut zu kommunizieren, sind sowohl Selbsterkenntnis als auch emotionale Selbstbeherrschung und Selbstmotivation erforderlich.

Da mittlerweile alle fünf Kompetenzen in Tests gemessen werden können, hat man festgestellt, dass emotional begabte Menschen in vielen Bereichen einen großen Vorteil haben. Sie sind nicht nur mit ihren Beziehungen zufriedener, sondern auch erfolgreicher in ihrer Arbeit. Sie haben weniger innere Kämpfe auszutragen und können sich dadurch besser konzentrieren und auf ihre Ziele fokussieren.

SOZIALE INTELLIGENZ

In Golemans späterem Werk *Soziale Intelligenz* wird eine andere Einteilung der Kompetenzen zugrunde gelegt. Goleman beschreibt soziale Intelligenz als ein Verhalten, bei dem es um einen intelligenten Umgang sowohl *mit* als auch *in* Beziehungen geht. Dabei unterscheidet er zwischen sozialem Bewusstsein und sozialen Fertigkeiten. *Soziales Bewusstsein* umfasst ein Gespür für die Befindlichkeit anderer und steht mit Eigenschaften wie Empathie, Zugewandtheit, empathischer Genauigkeit und sozialen Kognitionen (Wissen darum, wie die soziale Welt funktioniert) in Zusammenhang. *Soziale Fertigkeiten* bieten die Möglichkeit, aus diesen Wahrnehmungen etwas zu entwickeln, etwa durch die Fertigkeiten der Synchronie (flexibel auf nonverbaler Ebene agieren), der Selbstdarstellung, der Einflussnahme (das Ergebnis sozialer Interaktionen gestalten) und der Fürsorglichkeit. Goleman nutzt für diese Einteilung auch neuste neurowissenschaftliche Erkenntnisse, die es ihm ermöglichen, die Fertigkeiten mit der Funktionsweise des Gehirns in Beziehung zu setzen.

Diese Eigenschaften und ihre neurologischen Konsequenzen entscheiden also weitgehend darüber, wie wir mit anderen umgehen, wie viel Befriedigung wir aus sozialen Kontakten ziehen, wie viel Flow sie uns geben und wie sie zu unserem Glück und Wohlbefinden beitragen. Im Ganzen betrachtet, geht es in diesen beiden Modellen allerdings um sehr viele Fertigkeiten. Eigentlich umfassen sie so ziemlich alles, was man im Laufe seiner persönlichen Entwicklung lernen kann. Das kann entmutigend erscheinen – wie eine Lebensaufgabe, mit der man immerzu beschäftigt sein wird –, aber auch stimulierend wirken. Die Theorie der emotionalen und sozialen Intelligenz bietet darüber hinaus einen geeigneten Rahmen, um unsere eigenen Erfahrungen einzuordnen. An ihm können wir erkennen, wo unsere Stärken liegen und was wir schon gut beherrschen. Wir können mit seiner Hilfe aber auch unsere Grenzen ermessen und erkennen, welchen Bereichen wir noch mehr Energie und Aufmerksamkeit widmen sollten. Erkenntnisse über soziale Intelligenz können uns auch dazu anregen, im Kontakt mit anderen mehr auf unsere physischen Reaktionen zu achten. Wie fühlen wir uns, wenn wir mit einer bestimmten Person zusammen sind, und wie geht es uns beim Zusammensein mit anderen? Was geschieht dabei in unserem Körper, ist es ein angenehmes oder eher unangenehmes Gefühl? Was ist unseren Reaktionen gemeinsam, und lässt sich darin ein bestimmtes Muster erkennen? Menschen, die im sozialen und pflegerischen Bereich arbeiten, haben sich diese Fertigkeiten meist schon früh angeeignet. Oder sie arbeiten gerade in diesem Bereich, weil ihnen diese Fertigkeiten schon in die Wiege gelegt worden sind. In der Ausbildung zum Psychotherapeuten wird man ständig darin trainiert, beim Kontakt mit Klienten auf dieses innere Gefühl zu hören. Denn schließlich ist es das wichtigste Instrument, mit dem man arbeitet. Hilfreich ist dabei die Frage: »Was löst der andere bei mir aus?« Die Antwort darauf liegt oft in einem körperlichen Gefühl. Nun ist ein solches Gefühl relativ leicht zu erkennen, wenn man in einer Helferrolle ganz auf den anderen fokussiert ist. Viel schwieriger wird es in Kontakten, in denen man selbst eine aktive Rolle spielen muss. Wenn man zum Beispiel etwas oder jemanden verteidigen, ein Team leiten oder unterrichten muss und man einen Großteil seiner Energie für die inhaltliche Aufgabe braucht. Doch auch in solchen Situationen ist es von Vorteil, immer – auch wenn es nur für einen kurzen Moment und parallel zu anderen Tätigkeiten möglich ist – etwas Aufmerksamkeit für einen nach innen gerichteten Blick zu erübrigen und sich zu fragen: »Was geschieht hier, wie fühlt sich das an, was löst das bei mir aus?« Denn diese Fragen können uns in sehr kurzer Zeit viele Informationen über den unsichtbaren Fluss liefern, der in und unterhalb einer jeden Kommunikation fließt.

Es ist verlockend, sich in der Kommunikation vor allem auf die Worte zu konzentrieren, auf das, was ausdrücklich gesagt wird, denn das ist deutlich und klar, und darum scheint es doch in erster Linie zu gehen. Aber eigentlich geht es nicht darum oder zumindest geht es nicht nur darum. Im Kontakt zu anderen geschehen auch sehr viele andere, ungreifbare und weniger deutliche Dinge und oft spielen gerade sie eine große Rolle. Wenn man diese Haltung stärker verinnerlicht, kann man damit experimentieren und beobachten, ob man gut damit fährt. Versteht man andere besser? Versteht man sich selbst besser? Werden die eigenen Kontakte fruchtbarer? All das ist möglich und man erkennt schon bald, ob man damit seine eigene soziale Intelligenz steigert.

5. Genuss, Vergnügen und Zufriedenheit

Wie schon erwähnt, gehört der Wissenschaftler Martin Seligman zu den Gründungsvätern der Positiven Psychologie. Er hat unter anderem in seinem Buch *Der Glücks-Faktor* viele Untersuchungen zum Thema Glück zusammengetragen, analysiert und beschrieben. Obwohl er als Forscher und Hochschullehrer über viele Jahre hinweg seinen Beitrag zur Disziplin der Psychologie geleistet hat, grenzt er sich heute deutlich gegen die »negative Psychologie« ab, die vor allem an der Behandlung von psychischen Krankheiten ausgerichtet ist und dabei die positiven Seiten des Lebens völlig aus dem Blick verloren hat.

Mit seiner Studie über den Zusammenhang zwischen Glücksempfinden, Stärken und Tugenden hat er einen wichtigen Beitrag zur Positiven Psychologie geleistet. Er unterscheidet darin zwischen Vergnügen und Zufriedenheit. Vergnügen sind Freuden oder Momente des Genusses, die auf sinnlichen und emotionalen Erfahrungen beruhen. Es sind flüchtige, zufällige Gefühle, für die man sich nicht besonders anstrengen muss. Körperliche Genüsse erfahren wir mit den Sinnen, beim Schmecken, Riechen, Bewegen, Sehen, Hören und beim sexuellen Genuss, wenn wir einen Orgasmus haben. Es gibt auch komplexere Sinneseindrücke, die uns sinnliches Vergnügen bereiten können, wie das Anhören von Musik, das Genießen eines schönen Gartens, das Probieren eines erlesenen Weines. Solche Erfahrungen können uns sehr viel Freude bereiten, doch diese Freuden währen meist nicht lange, weil der Stimulus selbst nur für eine kurze Zeit besteht und wir uns schnell an etwas Schönes oder Leckeres gewöhnen. Ein Stück Schokolade kann man sehr genießen, aber wenn man sie hinuntergeschluckt hat, ist das gute Gefühl schon größtenteils verschwunden. Und bei dem vierten Stück herrlicher Zartbitterschokolade scheint auch der kurzzeitige Genuss eher geringer zu werden.

Verglichen mit der Zufriedenheit während einer Flow-Erfahrung sind hedonistische Genüsse kurzfristige Glücksmomente, die schnell verfliegen. Um in den Flow zu kommen, bedarf es zwar größerer Anstrengungen, doch führt diese Investition auch zu längerfristiger Freude und Zufriedenheit. Seligman beschreibt diese positiven Emotionen in unterschiedlichen Abstufungen. Zu den Vergnügen höherer Intensität gehören für ihn Hingerissensein, Entzücken, Ekstase, Glückseligkeit, Euphorie, Hochstimmung und Begeisterung. Vergnügen mittlerer Intensität sind Überschwang, Spritzigkeit, Leidenschaft, Lust, Frohsinn, Munterkeit, gute Stimmung. Und zu den Vergnügen mit geringer Intensität gehören Behagen, Harmonie, Amüsiertheit, Sättigung und Entspannung.

Um an etwas Freude zu haben, muss man etwas genießen können, und das fällt nicht jedem leicht. In meiner Praxis frage ich meine Klienten oft, was sie genießen, und höre dann meistens, dass sie »nicht dazu kommen« oder nur im Urlaub Zeit dafür finden. Manchmal fällt Ihnen wenig (Sex, leckeres Essen) oder auch überhaupt nichts ein, was sie genießen könnten. Viele Menschen nehmen sich keine Zeit dafür oder sind es nicht gewöhnt, sich auf etwas zu konzentrieren. Gut zuzuhören, genau hinzuschauen und für die kleinen Dinge des Lebens, die man fühlt oder schmeckt, offen zu sein, sind zwar besondere Fertigkeiten, sie lassen sich jedoch durchaus erlernen.

Seligman sieht in der Unfähigkeit, etwas zu genießen, eine Verarmung der heutigen Zeit, deren Ursache in unserer Schnelllebigkeit liege. »Zeit sparend (wofür eigentlich?) und für eine Zukunft planend (die schon gestern begonnen hat, doch gleichwohl niemals kommt) verlieren wir weite Gebiete der Gegenwart.«[70] Eine Aussage, über die man nachdenken sollte, denn: Warum müssen wir uns eigentlich ständig beeilen? Und worum geht es eigentlich in unserem Leben? In einer Arbeitssituation ist eine solche hektische Einstellung vielleicht noch vorstellbar, aber in anderen Bereichen bringt sie doch kaum etwas. Denn was sollen wir denn mit all der Zeit anfangen, die wir mit unserer Hektik einsparen? Und wann werden wir dann endlich beginnen, etwas zu genießen?

Ich selbst hätte lieber einige wenige intensive Erfahrungen, die mich glücklich oder euphorisch sein lassen, als eine Vielzahl von Erfahrungen von geringer Intensität, bei denen ich mich behaglich oder entspannt fühle. Aber das sieht wahrscheinlich jeder anders und manchem vermittelt wohl auch die Jagd nach immer mehr Genüssen ein gutes Gefühl. Auf jeden Fall besteht offenbar ein starker Zusammenhang zwischen der Gewohnheit, etwas zu genießen, und der Erfahrung eines intensiven und vielfältigen Glücksgefühls.

EIN GUTES UND EIN SINNVOLLES LEBEN

In ihrer zuvor bereits erwähnten Studie über Kreativität schreibt Julia Cameron: »Die Qualität des Lebens steht immer im Verhältnis zu der Fähigkeit, Freude zu empfinden. Die Fähigkeit, Freude zu empfinden, ist das Geschenk, das man erhält, wenn man aufmerksam ist.«[71] Einfach, aber wahr, denn wenn man kleinen Erlebnissen keine Aufmerksamkeit schenkt, erlebt man auch viel weniger, an dem man sich erfreuen könnte, und das Leben wird ziemlich öde und langweilig.

Denn eigentlich besteht unser Leben vor allem aus dem, was wir wahrnehmen und worauf wir unsere Aufmerksamkeit richten.

Denn eigentlich besteht unser Leben vor allem aus dem, was wir wahrnehmen und worauf wir unsere Aufmerksamkeit richten. Doch um unsere Aufmerksamkeit auf etwas richten zu können, müssen wir schon in einem bestimmten Gemütszustand sein. Wenn wir innerlich ganz von Alltagssorgen, Entscheidungsproblemen, Auseinandersetzungen mit anderen oder Grübeleien über die Vergangenheit und die Zukunft in Beschlag genommen werden, bleibt wenig Raum dafür. Es bedarf eines gewissen Freiraums und Empfänglichkeit, um die Dinge in seinem eigenen Umfeld wahrzunehmen.

Wer vieles genießen kann, hat laut Seligman ein angenehmes Leben. Doch Menschen, die neben Vergnügungen auch Zufriedenheit erlangen, haben in ihrem Leben noch mehr gewonnen. Zufriedenheit erlangen wir durch Aktivitäten, denen wir deshalb gerne nachgehen, weil sie unseren eigenen Werten entsprechen und weil wir bei ihnen unsere Talente einsetzen können. Damit beschreibt Seligman eigentlich den Flow-Zustand. Mit unseren persönlichen Qualitäten bauen wir so psychologisches Kapital auf, wachsen menschlich, fühlen uns glücklich und haben ein gutes Leben. Obwohl es verlockend ist, sich mit einem angenehmen Leben mit allerlei Vergnügungen zu bescheiden, gibt es seiner Auffassung nach keinen schnelleren Weg zum Glück als »ein gutes Leben«, in dem wir jeden Tag unsere einzigartigen Talente und Stärken nutzen. Denn wenn wir darauf verzichten, laufen wir Gefahr, »spirituell zu verhungern« und das Gefühl von Authentizität und Sinn zu verlieren. Doch auch wenn wir uns täglich an etwas erfreuen und oft im Flow sind, haben wir längst noch nicht alle Möglichkeiten ausgeschöpft. Denn darüber hinaus können wir auch nach einem sinnvollen Leben streben, indem wir unsere Qualitäten in den Dienst von etwas stellen, das über uns selbst hinausgeht. Seligman formuliert damit eigentlich den Begriff des Lebensthemas aus der Flow-Theorie und die persönliche Mission aus der Entdeckungsreise im vierten Kapitel.

Genuss und Flow sind verwandte Begriffe, die sich teilweise überlappen. Um in den Flow zu kommen, müssen wir wissen, was uns Genuss bereitet, und uns für diesen Genuss öffnen. Doch während wir im Flow völlig in unserer Erfahrung aufgehen, haben wir beim Genuss etwas mehr Distanz zu ihr. Die Frage, ob wir die Erfahrung genießen, stellt sich, während wir im Flow sind, gar nicht, sie könnte eher ablenken. Außerdem erfordern Flow-Erfahrungen ein größeres Engagement, wir müssen uns Ziele stecken, diszipliniert bei der Sache bleiben und nach Herausforderungen suchen. Auf einen Genuss können wir dagegen auch mehr oder weniger zufällig stoßen. Für komplexere Genüsse sind allerdings ebenfalls eine gewisse Anstrengung sowie die Intention vonnöten, diese Erfahrungen bewusst wahrzunehmen und sie nicht als etwas Selbstverständliches zu betrachten.

Es ist spannend herauszufinden, was man eigentlich genießt. Welche Sinnesorgane man am stärksten nutzt. Ob man ein Mensch ist, der vor allem das Sehen genießt und von dem, was er sieht, bewegt wird. Oder dem Klänge und Musik die größte Freude bereiten. Vielleicht hat man seine besten Erfahrungen auch bei einem leckeren Essen oder beim Riechen herrlicher Düfte oder dabei, zu berühren oder berührt zu werden. Und wie intensiv sind die eigenen Gefühle dabei? Gibt es vielleicht die Möglichkeit, einige dieser Erfahrungen zu intensivieren? Oder eine Flow-Aktivität daraus zu machen? Wenn man Freude daran hat, schöne Dinge zu betrachten, könnte man doch zum Beispiel fotografieren lernen. Viele Menschen haben einen ihrer Sinne stark entwickelt und andere etwas vernachlässigt. In fortgeschrittenem Lebensalter finden sie dann manchmal heraus, dass sie bestimmte Aktivitäten – etwa zu Musik zu tanzen oder zu wandern – sehr genießen, sich aber bisher fast keine Zeit dafür genommen haben. Oft handelt es sich um Aktivitäten, an denen sie schon als Kind Freude hatten, die sie im Laufe ihres Lebens jedoch vergessen oder aus den Augen verloren haben. Es lohnt der Mühe, diese verlorenen Erfahrungen wiederzuentdecken und ihnen eine Form zu geben, die Erfüllung bietet. Was im Flow natürlich sehr leicht möglich ist, da die Latte bei einer solchen Aktivität immer höher gelegt wird und sich die sinnliche Sensibilität dadurch ständig steigert. In eine solche Flow-Erfahrung können wir uns viel stärker einbringen und sie so viel intensiver und lang anhaltender genießen als zufällige Genussmomente.

6. Reue über verpasste Chancen

Wie fühlen wir uns, wenn uns entgegen unserer Hoffnung bewusst wird, dass wir bisher kein sehr gelungenes, nicht einmal ein angenehmes und schon gar kein sinnvolles Leben geführt haben? Menschen, denen klar wird, dass ihr Leben hinter ihren Erwartungen zurückbleibt, haben sich zuvor oft über Jahre hinweg mit dem Gedanken getröstet, dass es später einmal besser werden würde. Doch plötzlich bleibt dafür nicht mehr viel Zeit und sie müssen erkennen, dass ihre Hoffnung womöglich nur eine Illusion war. Es ist nicht mehr realistisch, sich an eine solche Zukunftsvorstellung zu klammern.

Einige werden von dieser Einsicht erschüttert und verfallen in Schwermut, andere versuchen mit allen Mitteln, noch möglichst viel aus ihrem Leben herauszuholen, und wieder andere suchen die Hilfe eines Psychologen oder Coachs, um gemeinsam mit ihm herauszufinden, um was es in ihrem Leben eigentlich geht.

Menschen, die sich mit dieser Frage an einen Psychotherapeuten wenden, leiden oft unter Gefühlen des Bedauerns. Ihr Leben ist anders verlaufen, als sie erhofft hatten, sie haben Chancen vertan und würden heute manche Entscheidungen vielleicht anders treffen, doch dafür ist es nun spät. Manche sehen die Verantwortung dafür nicht bei sich selbst, sondern geben anderen die Schuld für ihre Enttäuschung: zum Beispiel ihrem Partner oder ihrem Arbeitgeber. In solchen Fällen muss meist viel aufgearbeitet werden – ein hartes Stück Arbeit für den Therapeuten.

Ein Vertreter der Positiven Psychologie, der sich mit Entscheidungsfindung befasst, ist der amerikanische Psychologieprofessor Barry Schwartz. Er hat festgestellt, dass Menschen, die bei einem Reue-Test eine hohe Punktzahl erreichten, mit ihrem Leben weniger glücklich und weniger zufrieden waren als Menschen, die nur auf eine geringe Punktzahl kamen. Außerdem hatten sie einen pessimistischeren und deprimierteren Blick auf ihr Leben als andere. Bis dahin klingt das sehr logisch. Es zeigt sich allerdings, dass sie nicht nur Dinge bedauerten, die sie getan hatten, sondern vor allem solche, die sie unterlassen hatten. Wenn man Menschen fragt, welche Dinge aus den vergangenen Monaten sie bedauern, nennen sie vieles, was anders lief, als sie wollten, und Entscheidungen, die sich als falsch herausstellten. Doch wenn man sie fragt, was sie in ihrem bisherigen Leben am meisten bedauern, nennen sie meist Dinge, die sie versäumt haben. Und je mehr Zeit ins Land geht, desto mehr scheinen sie zu bereuen, was sie unterlassen haben.

In seiner Studie über Entscheidungsfindung beschreibt Schwartz viele Erkenntnisse, die auf den ersten Blick zwar nicht immer logisch erscheinen, aber emotional sehr gut nachzuvollziehen sind. So etwa den Beinahe-Effekt: Je näher man dem erwünschten Ergebnis gekommen war, desto mehr Bedauern empfindet man darüber, es verpasst zu haben – denken Sie nur an den zweiten Platz bei der Fußballweltmeisterschaft. Oder die Beobachtung, dass das Risiko, eine Entscheidung zu bereuen, mit der Zahl der Wahlmöglichkeiten steigt. Denn bei einer größeren Auswahl hat man an seiner Wahl weniger Freude, weil der »Möglichkeitsverlust« – die Möglichkeiten, die man ablehnen muss, um sich für eine von ihnen zu entscheiden – größer wird. Doch wenn man sich alle Optionen offenhält, um noch einmal umdenken zu können, fühlt man sich auch nicht glücklich, denn dann empfindet man ein geringeres Bedürfnis, zu seiner Entscheidung zu stehen und sich dafür einzusetzen. Aus Sicht von Schwartz' Theorie liegt das Glück bei einer Entscheidung eher in deren »Verbindlichkeit« als in der Wahlfreiheit. »Wir müssen im Einzelfall entscheiden, wann unsere Wahlhandlungen wirklich von Bedeutung sind, und unsere Energie darauf richten, selbst wenn es zur Folge hat, dass wir dann andere Möglichkeiten auslassen. Die Wahl, wann wir wählen wollen, ist möglicherweise die wichtigste Wahl, die wir treffen können.«[72]

Eine Entscheidung, zu der wir nicht wirklich stehen und mit der wir keine Verpflichtung eingehen, scheint eine sichere Wahl zu sein, bei der man nichts verlieren und sich noch alle Seiten offenhalten kann. Aber letztlich bringt eine solche Entscheidung wenig und man fühlt sich nicht wohl dabei. Es erfordert Mut und Vertrauen, sich ganz für etwas zu entscheiden und völlig dazu zu stehen, auch wenn man weiß, dass man viele Wahlmöglichkeiten hat und nie sicher sein kann, die beste Entscheidung getroffen zu haben.

Es erfordert Mut und Vertrauen, sich ganz für etwas zu entscheiden und völlig dazu zu stehen, auch wenn man weiß, dass man viele Wahlmöglichkeiten hat und nie sicher sein kann, die beste Entscheidung getroffen zu haben.

NOCH MEHR REUE?

Auch in Irvin D. Yaloms Studie zur Angst vor dem Tod geht es um das Gefühl, nicht genug aus seinem Leben gemacht zu haben. Dieser berühmte Psychiater, der zu meinen Lieblingsautoren gehört, veröffentlicht schon seit etwa vierzig Jahren wissenschaftliche Bücher und Romane mit einem philosophischen Touch. Nun, da er selbst ein gewisses Alter erreicht hat, wagt er sich auch an das Thema Todesangst und sieht die Angst vor dem Tod in einem engen Zusammenhang mit dem Gefühl, etwas verpasst zu haben: »Je geringer die Zufriedenheit im Leben, desto größer die Todesfurcht; je mehr man es versäumt sein Leben voll auszuleben, desto mehr wird man den Tod fürchten.«[73]

Viele Menschen, die sich mit dieser Angst an einen Psychiater wenden, sind verzweifelt, weil sich ihre Träume nicht erfüllt haben und sie nun erkennen, dass sie selbst es waren, die diese Träume nicht verwirklicht haben. Sie sind traurig und enttäuscht darüber, in ihrem Leben nicht das Beste aus sich gemacht zu haben. Im Gespräch fragt Yalom seine Klienten immer nach ihren Gefühlen des Bedauerns und den Gründen für ihre Auffassung, nicht gut gelebt zu haben. Er versucht, die unberücksichtigten Teile ihres Selbst aufzuspüren und neues Leben darin zu entfachen. Und er überzeugt sie davon, dass es nie zu spät ist, »das einzige Leben, das sie haben«, voll auszuleben. Denn wenn sie diese Entscheidung nun nicht treffen, werden sie bald wieder Gründe haben, etwas zu bereuen. Er tut dies auf eine sehr überzeugende und integere Weise, was mich dazu bewogen hat, seine Fragen auch für meine eigenen Klienten zu nutzen.

Obwohl sich selten Klienten unmittelbar mit dem Thema Reue an mich wenden, liegt die tiefere Ursache ihrer Beschwerden oder Probleme oft in diesem Bereich. Denn schließlich lassen sich die meisten Leiden auf Selbstverleugnung, das Gefühl, sich selbst im Stich zu lassen und nicht aus seinem Kern heraus zu leben, zurückführen. Wenn wir von unserem Lebensweg abgekommen sind und nicht mehr wissen, worin unsere Bestimmung liegt, entstehen in uns Bedauern und Gram über ein verpasstes Leben.

Wenn wir von unserem Lebensweg abgekommen sind und nicht mehr wissen, worin unsere Bestimmung liegt, entstehen in uns Bedauern und Gram über ein verpasstes Leben.

Yaloms Fragen sind sehr einfach, aber auch konfrontativ. Ich konnte sehen, wie tief bestürzt einige Klienten waren, weil ihnen die Wahrheit über sie selbst und ihr Leben plötzlich sehr dicht vor Augen stand. Doch die Botschaft ist deutlich und klar und entfaltet ihre Wirkung.

Nachdem Yalom seine Klienten danach gefragt hat, was sie heute bedauern, bittet er sie, in ihrer Vorstellung fünf Jahre vorauszuschauen und zu reflektieren, welche neuen Gründe für ein Bedauern für sie in dieser Phase womöglich entstanden sein werden. Um daran seine Kernfrage anzuschließen:»Wie könnten Sie heute leben, ohne neue Gefühle des Bedauerns aufzubauen? Was muss sich dafür in Ihrem Leben verändern?«

Denn wenn man weitere Reue verhindern und in fünf Jahren nicht mit noch größerem Bedauern zurückblicken will, ist jetzt der richtige Moment gekommen, darüber nachzudenken, in seinem Leben neue Entscheidungen zu treffen.

Wenn man diesen Gedanken richtig auf sich einwirken lässt, braucht man keine Motivation von anderen mehr, denn man spürt, dass diese Entscheidung nun ganz bei einem selbst liegt. Man kann die Verantwortung nicht mehr auf etwas anderes oder jemand anderen abwälzen oder auf später verschieben, denn es geht darum, jetzt eine eigene Entscheidung zu treffen. Das schließt nicht aus, dass man dabei gut etwas Hilfe in Anspruch nehmen könnte. Im folgenden Kapitel geht es um Eigenschaften und Fertigkeiten für ein Leben, über das Sie weder heute noch in fünf Jahren Bedauern empfinden werden.

KAPITEL 6: **BRING FLOW IN DEIN LEBEN**

Dieses Kapitel ist am stärksten an der Praxis orientiert. In ihm erfahren Sie, wie Sie sich den Flow zu eigen machen und als ein natürliches Element in Ihre Lebenshaltung integrieren können. Sie erhalten Tipps und Ratschläge zu Kompetenzen, die es Ihnen ermöglichen, mehr Flow in Ihren Alltag zu bringen. Im Folgenden werden Sie drei Aspekte Ihrer Persönlichkeit genauer in den Blick nehmen: Ihre Gefühle und Emotionen, die Qualität Ihres Bewusstseins und Ihre körperliche Harmonie. Für Letzteres finden Sie auch einige Übungen, die Ihnen helfen, sich in Ihrem Körper heimischer zu fühlen.

1. Flow als Lebenshaltung

Wie kann Flow Ihr *way of life* werden? Welche Eigenschaften können dazu beitragen, mit dem Flow in Ihrem Leben vertraut zu werden?

Die erste Eigenschaft, die dazu beiträgt, ist natürlich Neugier: ein starkes Interesse an der Welt, wie es besonders Kinder haben. Ein kleines Kind schaut neugierig in die Welt: »Was passiert da? Was sehe ich da Schönes?«

Doch die gesuchte Haltung geht über den fröhlichen Eifer eines Kindes hinaus. Es ist auch eine Haltung der Offenheit, des Staunens und der Empfänglichkeit für Neues und Schönes. Es ist eine Art innerer Begeisterung für neue Erfahrungen. Diese kann auch sehr leise und innerlich sein – man muss nicht ständig nach außen tragen, dass man auf der Suche nach neuen Eindrücken ist. Offenheit ist eine innerliche Einstellung, eine Art Lebenshaltung. Die Realisierung dieser Lebenshaltung erfordert allerdings eine aktivere Haltung.

> *Offenheit ist eine innerliche Einstellung, eine Art Lebenshaltung. Die Realisierung dieser Lebenshaltung erfordert allerdings eine aktivere Haltung.*

Erst ein ausreichend großes Maß an geistigem Freiraum ermöglicht es uns, für die Eindrücke der Außenwelt empfänglich zu sein. Viele meiner Klienten wünschen sich mehr Glück und Flow, wissen aber nicht, was sie dafür tun sollen. In den Gesprächen mit ihnen tritt immer wieder zutage, dass ihr Geist völlig von Sorgen und Grübeleien in Beschlag genommen ist. Sie haben den Kopf so voll, dass sie all ihre geistige Energie benötigen, um im psychischen Sinne zu überleben. Eine solche Haltung kann sich natürlich nicht vom einen auf den anderen Tag ändern, denn es gibt ja einen Grund dafür, warum sie auf diese Weise mit sich umgehen. Aber letzten Endes steht doch das Ziel im Vordergrund, die Aufmerksamkeit und Energie des Klienten in eine andere Richtung zu lenken, nämlich auf die spannenden und schönen Dinge des Lebens, die es doch auch noch gibt.

Eine kleine Anfangsübung besteht dann etwa darin, jeden Tag drei Dinge aufzuschreiben, die in irgendeiner Hinsicht überraschend oder ungewöhnlich waren. Was ist mir heute aufgefallen? Habe ich etwas gesehen, gehört oder erlebt, was meine Aufmerksamkeit erregt oder mich neugierig gemacht hat? So kann man eine ganze Reihe von Erfahrungen sammeln und am Ende der Woche oder nach einem Monat schauen, ob man darin ein bestimmtes Muster erkennt, das man intensivieren kann.

Wenn Sie ein Mensch sind, der sich für vieles interessiert, für den das Leben eigentlich zu kurz ist, um seinen ganzen Interessen nachzugehen, können Sie sich wahrscheinlich kaum vorstellen, warum es nicht jedem so gehen sollte. Diese Übung wird Ihnen dann sicherlich seltsam erscheinen, für andere aber ist sie notwendig. Wenn Sie nicht dazugehören, können Sie froh darüber sein, von Natur aus schon neugierig auf die Welt gekommen zu sein, und diesen Teil getrost auslassen. Menschen, denen diese Eigenschaft – vielleicht nur zeitweise oder in einer bestimmten Lebensphase – fehlt, müssen sich aktiv auf die Suche nach spannenden und fesselnden Dingen machen. Zumindest dann, wenn sie in den Flow kommen möchten.

In dieser Phase können Sie bewusst alle möglichen neuen Bereiche erkunden und ausprobieren, zum Beispiel Musik, Philosophie, Gartenarbeit, Literatur, Sport, Tiere, andere Kulturen, Computer, Natur, Wissenschaft oder Kunst, und Sie können auch den Kontakt zu anderen Menschen suchen, die sich für das gleiche Thema interessieren. Wenn Sie auf etwas Interessantes und Herausforderndes stoßen, können Sie sich in diese Dinge vertiefen und so wiederum Neues entdecken. Oft gelangt man so in ganz neue Welten, die man mit kindlicher Freude genießen und durch die man fast wie von selbst in den Flow kommen kann. Doch bisweilen weicht die Neugier auch einer Art Besorgnis, ob die eigenen Interessen nicht zu hoch gegriffen seien, da man doch schließlich kein Biologe oder Autor oder Musiker sei und überhaupt das alles bestimmt zu schwierig werde: »Wer bin ich denn?« Solche Gedanken sind bei Ihnen sicherlich auch schon in Momenten aufgekommen, in denen Sie daran dachten, als Maler oder Autor kreativ zu werden. Hegen Sie aber nicht die Hoffnung, ein Naturtalent zu sein oder diese Tätigkeiten zu Ihrem Beruf zu machen, spielt das eigentlich keine Rolle. Csikszentmihalyi sagt in seinem Buch über Kreativität darüber Folgendes:»Die Welt geht uns an, und welcher Teil am besten zu uns selbst, zu unseren Möglichkeiten passt, können wir nur erfahren, wenn wir den ernsthaften Versuch machen, so viele Aspekte wie möglich kennenzulernen.«[74] Die Vorstellung, dass diese Welt auch die Ihre ist und Sie sich einfach auf die Suche begeben können, um herauszufinden, was zu Ihnen passt, stellt sich oft als überraschende Erkenntnis dar. Denn viele neigen eher dazu, danach zu schauen, zu was sie passen könnten, als sich selbst zum Ausgangspunkt zu nehmen und von sich aus zu schauen, was zu ihnen passen könnte.

WAS IST SCHÖN UND WAS IST SCHEUSSLICH?

Die zweite Eigenschaft, die dazu beitragen kann, täglich im Flow zu sein, ist die Intention, sich immer für das zu entscheiden, was zu Ihnen passt, was Sie gerne tun und was Ihnen Kraft gibt.

Eine der witzigsten Aussagen Csikszentmihalyis ist sein Ratschlag:»Finden Sie heraus, was Sie gern tun, und tun Sie es öfter.« In dieser Aussage ist eigentlich die ganze Flow-Theorie zusammengefasst, so einfach ist es. Damit Sie so weit kommen können, gibt Csikszentmihalyi den folgenden Tipp. Fragen Sie sich zuerst:»Was ist schön und was ist scheußlich?«

Die Intention, sich immer für das zu entscheiden, was zu Ihnen passt, was Sie gerne tun und was Ihnen Kraft gibt, ist entscheidend für täglichen Flow.

Und nehmen Sie sich dann vor:»Ich tue mehr Dinge, die ich schön finde, und weniger, die ich scheußlich finde.« Auch das klingt wieder sehr einfach, aber es ist genau das, worum es geht. Und darin liegt auch der Grund, warum viele scheitern, nie in den Flow kommen oder selten an etwas Freude haben. Sie wissen nicht, was sie schön und was sie scheußlich finden. Menschen, die es nicht gewohnt sind, über sich nachzudenken und auf ihre Gefühle zu hören, fällt es ziemlich schwer, ihre Erfahrungen zu interpretieren. Warum fühle ich mich eigentlich gerade so? Wodurch werde ich plötzlich so traurig? Was macht mich froh? Wenn man sich selbst gut kennt, versteht man, warum man etwas fühlt, und kann alltägliche Entscheidungen viel leichter treffen.

Im ersten Teil dieses Buches haben Sie mit Hilfe der Frageliste zum Flow, zu Ihren Qualitäten, Wünschen und Inspirationen schon viel über sich selbst erfahren. Ich fände es schön, wenn Ihnen Ihre Gefühle mittlerweile so zugänglich wären, dass Sie sie als Leitfaden für Ihre

Entscheidungen nutzen könnten. Denn es macht alles viel einfacher, wenn Sie Ihren Gefühlen vertrauen können und sich wie von selbst für die Dinge entscheiden, die gut für Sie sind.

Eine andere einfache Übung, die dafür hilfreich sein kann, besteht darin, sich täglich alle paar Stunden aufzuschreiben, was man getan hat und wie man sich dabei gefühlt hat. Diese Aufgabe hilft Ihnen, Ihre Gefühle im Tagesverlauf wahrzunehmen. Manchmal führt dies zu überraschenden Entdeckungen. So erkannte eine Klientin in meiner Praxis, eine Mutter, die über die volle Arbeitszeit hinaus arbeitete, dass sie es eigentlich sehr genoss, mit ihren zwei kleinen Kindern zu spielen – wozu sie wegen ihrer Arbeit als Fachärztin kaum Zeit fand. Ein anderer Klient, der unter Verspannungen litt, erkannte, wie schlecht er sich während der Konferenzen fühlte, die neunzig Prozent seines Arbeitsalltags bestimmten – auch wenn er nicht dazu bereit war, die Konsequenzen daraus zu ziehen, da er sich lange um die hohe Funktion, die er gegenwärtig einnahm, bemüht hatte. Andere Klienten entdeckten, wie sehr sie es genossen, in der Natur zu sein, oder wie wohl sie sich mit bestimmten Freunden fühlten – und wie unwohl in anderer Gesellschaft. Wieder andere nahmen wahr, wie es sich anfühlt, nichts zu tun und den ganzen Abend vor dem Fernseher zu verbringen.

Es ist auch interessant herauszufinden, wie groß die Anteile an den täglichen Aktivitäten sind, die man gerne tut oder nur tut, weil man sie tun muss. Manche entdecken hierbei, dass der Pflichtteil – den sie in der Regel weniger angenehm finden – viel größer ist als der selbstgewählte Teil, den sie gerne tun. Diese Entdeckung ist besonders überraschend, wenn sich herausstellt, dass die als Pflicht empfundenen Aktivitäten zum Teil in der Freizeit stattfinden. Dass die eigene Arbeitszeit damit ausgefüllt ist, wird hingegen oft als selbstverständlich erachtet.

Immer mal wieder erstaunt mich die Resignation, mit der viele hinnehmen, dass ihre Arbeit überwiegend aus Tätigkeiten besteht, die ihnen keinen Spaß machen: »So ist es nun mal, das ist der Lauf der Dinge.« Obwohl jede Arbeit natürlich auch unerfreulichere Seiten hat – bei mir sind das die Berichte für die Versicherungsträger –, scheint es mir ausgesprochen ungesund, wenn die Verteilung zwischen schönen und scheußlichen Aufgaben so stark aus der Balance gerät. Alle Möglichkeiten, im Flow zu sein und etwas zu genießen, können sich dann nur in der Freizeit ergeben, wenn diese nicht schon völlig von anderen Verpflichtungen oder von Erholung und dem Ausgleich des täglichen Energieverlusts vereinnahmt wird.

Die Intention, sich bewusst für Tätigkeiten zu entscheiden, die zu einem selbst passen, ist vielleicht nicht in jedem Fall umsetzbar, doch grundsätzlich ist sie für jeden von uns denkbar und daher umso wichtiger. Dabei geht es nicht nur um das, was man tatsächlich tut, sondern auch um alle Entscheidungen, die man trifft, etwa die Wahl des Wohnortes oder des Arbeitsplatzes oder auch die Auswahl der Menschen, mit denen man sich gerne umgibt. So können Sie sich beispielsweise dafür entscheiden, nur die Gesellschaft von Menschen zu suchen, die Sie so schätzen, wie Sie sind, und die Ihnen wohlwollend gegenüberstehen. Oder Sie können sich dafür entscheiden, ab und zu alleine zu sein und sich Zeit für Reflexion oder Besinnung zu nehmen, weil Sie bemerken, wie gut Ihnen das tut.

Idealerweise wird es für Sie dann allmählich zur festen Gewohnheit, sich selbst immer wieder zu fragen: Ist es das, was ich will? Genieße ich es? Macht mir diese Tätigkeit Freude? Passt sie zu mir? Bedeutet sie mir etwas? Gibt sie mir Energie? Nun sind das gewiss sehr viele Fragen, aber im Grunde lässt sich diese Selbsterforschung sehr schnell und intuitiv durchführen, so dass eine solche Haltung schon bald zu einer Lebenseinstellung und konstanten Gewohnheit wird. Sie führt dazu, dass Sie sich nur noch für Dinge (Menschen, Orte, Aktivitäten, Atmosphären, Ziele) entscheiden, die Ihnen wichtig sind, bei denen Sie sich wohlfühlen und die Ihren eigenen Werten entsprechen.

MIT VOLLER AUFMERKSAMKEIT

Eine dritte Qualität, die für Flow-Erfahrungen unabdingbar ist, besteht in der Fähigkeit, seine geistige Energie zu beherrschen. Will man den Inhalt seines Denkens kontrollieren, ist es wichtig, seine Aufmerksamkeit zu fokussieren und selbst entscheiden zu können, was man denken und worauf man seine Aufmerksamkeit richten will. Indem wir entscheiden, wofür wir unsere Energie aufwenden, gestalten wir alle Entscheidungen unseres Lebens. Diese Fähigkeit lässt sich auf unterschiedliche Bereiche unseres Lebens anwenden. Wenn es um unser Leben als Ganzes geht, um den Kurs, den wir darin einschlagen, und das Ziel, das wir anpeilen wollen, nennt man es »Selbstmanagement«: die Fähigkeit, unsere Aufmerksamkeit, unsere Zeit und unsere Gewohnheiten in Einklang mit unseren Zielen zu bringen. Geht es darum, bestimmte Aufgaben zu erfüllen, spricht man von »Konzentrationsvermögen«. Um in den Flow zu kommen, ist es wichtig, den Fokus sowohl auf die kurz- und langfristigen Ziele als auch auf die eigentliche Erfahrung selbst zu legen.

Indem wir entscheiden, wofür wir unsere Energie aufwenden, gestalten wir alle Entscheidungen unseres Lebens.

Um im Flow zu sein, muss man in einer Erfahrung aufgehen können, mit der man sich sehr verbunden fühlt, und dabei äußerst präsent sein. Gewiss ist es schwierig, hochkonzentriert und ohne sich ablenken zu lassen, tätig zu sein. Doch wenn man diese Konzentration nicht aufzubringen vermag, werden Flow-Erfahrungen kaum jemals möglich sein. Wenn die Gedanken in alle Richtungen flattern, stören sie die Konzentration und verhindern das notwendige Engagement. Es ist immer wieder sehr schmerzlich zu beobachten, wie manche daran scheitern. Ich habe schon öfter erlebt, dass es selbst sehr begabten und intelligenten Menschen mit zahlreichen Talenten und einem großen Flow-Potenzial nicht gelang, sich voll und ganz für etwas einzusetzen, obwohl sie alle Möglichkeiten und alle Gelegenheiten dazu hatten. Offenbar waren Sie innerlich blockiert oder unterschätzten die große Bedeutung, die es für sie hat, aufmerksam sein zu können.

Wenn wir uns einer Sache völlig widmen wollen, müssen wir uns in diesem Moment von anderen Gedanken lösen. Wir haben nur eine begrenzte Menge an Energie zur Verfügung und diese Energie können wir in diesem Moment nur ein einziges Mal nutzen. Obwohl einige anders darüber denken und auf Multitasking schwören, halte ich es für das Beste, diese Energie nicht für mehrere Prozesse gleichzeitig, sondern in ihrer Gänze einzusetzen. Um sich bewusst auf etwas zu fokussieren, müssen wir innerlich eine Art Schalter umlegen können und zu uns selbst sagen:»Nun mach ich nur das, alles andere später.« Die meisten Menschen finden dafür das Bild eines Lichtkegels ansprechend: Unsere Aufmerksamkeit gilt allein dem erleuchteten Teil, der Rest bleibt im Dunkeln und wird in diesem Moment ausgeblendet.

Alles steht oder fällt mit der Fähigkeit, die Intensität, den Fokus und die Dauer der eigenen Aufmerksamkeit zu kontrollieren und seiner Gedanken Herr zu sein. Diese Fähigkeit, die womöglich auch eine genetische Grundlage hat, geht zu einem Teil auf Übung und Disziplin, zu einem anderen auf einen persönlichen Entwicklungsprozess zurück. Wenn unsere Aufmerksamkeit ganz und gar von selbstbeobachtendem Denken, eigenen Bedürfnissen und möglichen Selbstschutzstrategien in Beschlag genommen wird, bleibt wenig für die Aktivitäten übrig, die wir uns vorgenommen haben – was dazu führt, dass wir uns nicht wirklich in sie vertiefen können und unsere Beschäftigung rein äußerlich bleibt. Um uns völlig einer Sache zu widmen und in den Flow zu kommen, brauchen wir einen ruhigen Geist. Je weniger wir von inneren Konflikten oder unangenehmen Gefühlen angefochten werden, desto freier fühlen wir uns in unserem Inneren und desto mehr Raum haben wir für äußere Dinge. Mit einem gesunden Selbst hat man viel Energie und Aufmerksamkeit, sich ganz einer Sache zu widmen.

2. Die motivierende Kraft der Flow-Kompetenzen

Die meisten Kompetenzen erwachsen aus Eigenschaften, die sich bei uns zu einer Lebenshaltung entwickelt haben. Wenn wir neugierig sind, entdecken wir automatisch Dinge, die uns in den Flow bringen. Wenn wir uns selbst kennen und wissen, wonach wir suchen, können wir schneller unseren Weg finden. Wenn wir aufmerksam und hingebungsvoll sind, können wir leichter etwas genießen und schneller in den Flow kommen. Aber es gibt auch Verhaltensweisen, die nicht unmittelbar aus einer Lebenseinstellung hervorgehen und die dennoch für die Erfahrung selbst wichtig sind.

Eine dieser Verhaltensweisen ist Disziplin. Disziplin ist nicht unbedingt ein populärer Begriff: Er erinnert an frühere Zeiten, an die Schule und daran, unangenehme Pflichten erledigen zu müssen, die wir eigentlich lieber umgehen wollten. Disziplin ist nicht gerade das, woran man denken will, wenn man sich Flow-Erfahrungen wünscht. Und sie wird auch in der Literatur selten thematisiert. Eine Ausnahme bilden die Bücher des amerikanischen Managementgurus Stephen Covey, der diesem Begriff ganze Seiten widmet. Denn für ihn gehören Vision, Leidenschaft, Gewissen und Disziplin zu den vier Grundeigenschaften eines proaktiven Lebens.

»Disziplin entsteht, wenn Vision mit einer inneren Verpflichtung verbunden wird« und »Disziplin heißt, den Preis dafür zu zahlen, seine Vision Wirklichkeit werden zu lassen«, schreibt er.[75] Disziplin besteht aus Willenskraft und persönlicher Opferbereitschaft und ist eine Eigenschaft, die allen erfolgreichen Menschen gemeinsam ist.

Disziplin besteht aus Willenskraft und persönlicher Opferbereitschaft und ist eine Eigenschaft, die allen erfolgreichen Menschen gemeinsam ist.

Praktisch hat Disziplin damit zu tun, Prioritäten zu setzen, viel Zeit in die eigenen Ziele zu investieren und sehr sparsam und sorgfältig mit seiner Zeit und seiner Energie umzugehen. Außerdem geht es bei diszipliniertem Vorgehen darum, zu strukturieren, Pläne aufzustellen, einem Ablaufplan zu folgen und sich daran auch dann zu halten, wenn man keine Lust dazu hat.

Wenn Sie irgendwann einmal Musik gemacht haben, wissen Sie, wie viel Disziplin man dafür aufbringen muss, bevor man dabei eine Erfahrung machen kann, die auch nur im Entferntesten einer Flow-Erfahrung nahekommt. Erst nach vielen Mühen, zähem Ringen und Durchhalten entdeckt man nach langer Zeit einen Klang, der sich ganz schön anhört. »Wie, war ich das?« Und dann beginnt es langsam richtig nett zu werden. Man erweist sich selbst einen guten Dienst, wenn man versucht, schon von Anfang an die ersten kleinen Schritte dieses Prozesses zu genießen. Doch auch dann wird es noch eine ganze Weile dauern, bis man die Ernte einfahren und wirklich Spaß daran haben wird. Ob Sportler, Musiker oder bildender Künstler, zu trainieren, zu üben und zu lernen bleibt keinem erspart, denn: »Von nichts kommt nichts.« Diese Redewendung habe ich früher oft von meiner Mutter gehört. Aber wenn ich heute sehe, wie sie als fast Neunzigjährige immer noch fast täglich Klavier spielt und andere Musiker begleitet, verstehe ich, dass sie nun die Früchte ihrer Mühen erntet. Ohne Disziplin wäre von ihrem Talent wohl kaum etwas übrig geblieben.

STUFENPLAN

Zur Disziplin gehört es, effizient mit seiner Zeit umzugehen und keine Energie an Dinge zu vergeuden, die keine Priorität haben. Den Stufenplan von Debbie Ford habe ich bereits erwähnt, es handelt sich um eine einfache Frageliste, mit der ich schon viele meiner Klienten froh gemacht habe. Die Liste besteht aus dreizehn Fragen, einer Zeitleiste und der Aufforderung, einzuhalten, was man sich vorgenommen hat.[76]

Die Fragen lauten: Was will ich erreichen, worin liegt meine Vision oder meine endgültiges Ziel? Welches Ziel wird mir helfen, meine Vision zu verwirklichen? Wann will ich es erreichen? Welchen Umfang hat das Projekt oder die Vision genau? Welche wichtigen Meilensteine gibt es auf dem Weg? Welche meiner Fertigkeiten können mir helfen, mein Ziel zu erreichen? Welche Fertigkeiten muss ich entwickeln, um das alles zu erreichen? Welche Hilfe oder Unterstützung brauche ich? Wie viel Zeit muss ich täglich oder wöchentlich dafür aufbringen? Wie werde ich diese Zeit in meinem Tagesablauf einplanen? Vor welchen Irrwegen sollte ich mich hüten? Wem gegenüber muss ich mich verantworten, wenn ich mich nicht an die Absprachen halte? Welche Folgen wird es haben, wenn ich mich nicht an meinen Plan halte? Welche Belohnungen erwarten mich, wenn ich mich an meinen Plan halte und mein Ziel erreiche?

Dann muss man nur noch aktiv werden, ab und an beurteilen, wie es läuft, und seinen Weg entsprechend etwas korrigieren. Für einen solchen Zwischenschritt eines kurzen Innehaltens, also für Reflexion, Evaluation und Feedback, scheinen sich die meisten Menschen wenig Zeit zu nehmen, wenn es um ihr eigenes Leben geht. Im Arbeitskontext gibt es bei einem solchen strukturierten Vorgehen meist irgendwann eine Leistungsbeurteilung oder ein Mitarbeitergespräch. Und wenn man selbst ein Projekt angeht, sollte man das ebenso halten.

Aber hier geht es nicht um einen Arbeitsauftrag, sondern um das Leben als Ganzes und die Aufgaben und Rollen, die man darin übernimmt, wie Elternschaft, Beziehung, engen Kontakt zum Partner, oder die eigenen Anteile und Anforderungen in sonstigen persönlichen Projekten. Einer familiären Beziehung, die keinen Flow mehr bietet, neues Leben einzuhauchen, erfordert auch ein gewisses zielgerichtetes Handeln und Anstrengung – zum Beispiel zu verabreden, sich jede Woche eine bestimmte Zeit zu reservieren, um wieder miteinander ins Gespräch zu kommen, und diese Absprache auch einzuhalten, vor allem wenn es keine Selbstverständlichkeit mehr ist, miteinander zu reden. Auch wenn sich das zunächst künstlich anfühlen mag, steht dahinter doch eine Art von Disziplin: Man hat eine Vision (man findet es sehr wichtig, einen guten Kontakt zu halten) und verbindet diese mit einem Engagement (man ist bereit, etwas dafür einzusetzen). Erst wenn es sich wieder wie von selbst ergibt, kann es sich in etwas Natürliches verwandeln.

TIPPS FÜR MEHR FLOW

Ein Leben im Flow hat etwas von einer Entdeckungsreise. Man geht auf eine Erkundungstour und erkennt an seinen eigenen Leidenschaften und Freuden, dass man etwas Gutem auf der Spur ist. Man merkt, wie man durch einfache Dinge in den Flow kommen kann, und versucht, täglich mehr solcher Erfahrungen zu machen.

Ein Leben im Flow hat etwas von einer Entdeckungsreise. Man geht auf eine Erkundungstour und erkennt an seinen eigenen Leidenschaften und Freuden, dass man etwas Gutem auf der Spur ist.

Csikszentmihalyi gibt zahlreiche Tipps für ein solches Leben im Flow, zum Beispiel:

- Entfalten Sie Seiten an sich, die Sie bisher vernachlässigt haben.
- Wechseln Sie regelmäßig von einer offenen (empfänglichen) in eine geschlossene (konzentrierte) Haltung.
- Wechseln Sie häufig die Perspektive.
- Räumen Sie sich Zeit für Besinnung und Entspannung ein.
- Beginnen Sie jeden Tag mit einem Ziel vor Augen und legen Sie sich die Latte immer höher.

Sein wichtigster Rat besteht darin, alle täglichen Aktivitäten auf die Möglichkeiten einer Flow-Erfahrung hin zu betrachten.

In vielen Büchern werden zahlreiche Fertigkeiten beschrieben, die hilfreich sind, um in den Flow zu kommen. In der Literaturliste ist eine ganze Reihe von Buchtiteln verzeichnet, die Sie bei diesem Prozess in unterschiedlicher Weise unterstützen können. Sie finden darin beispielsweise folgende Ratschläge:

- Schreiben Sie ein Wohlfühl-Tagebuch.
- Verwirklichen Sie »Mini-Flow-Aktivitäten«.
- Entwickeln Sie eine klare Vorstellung oder eine Vision Ihrer Ziele.

- Visualisieren Sie sich, sie erreicht zu haben.
- Tragen Sie wichtige Vorstellungen als Notizen mit sich.
- Schärfen Sie Ihre Sinne.
- Suchen Sie in jedem Menschen und in allem, was Sie umgibt, nach dem Guten und Besonderen.
- Hegen Sie liebe Erinnerungen.
- Rufen Sie sich Ihre glücklichsten Momente wieder in Erinnerung.
- Denken Sie positiv über sich selbst und machen Sie sich niemals klein.

Ein Rat spricht mich besonders an und das ist folgender: Wenn Sie sich selbst aus der Distanz heraus betrachten wollen, hilft es, Ihr Leben mit den Augen eines guten Freundes zu betrachten. Oft sehen Sie dann plötzlich ganz klar, wie Sie sich verhalten und ob Ihr Leben noch Ihren eigenen Werten und Zielen entspricht. Sie können mit diesem Freund auch in einen imaginären Dialog treten. Ihr Freund könnte beispielsweise nach Ihren Motiven für eine bestimmte Entscheidung fragen und dann immer weiter nachfragen (warum denn, wieso, weshalb) und Sie so zwingen, sich über Ihre Motive Klarheit zu verschaffen. Eine andere Möglichkeit besteht darin, an eine ältere weise Person oder an Sie selbst in einem hohen Alter von hundert Jahren zu denken. Was würden diese weisen Personen wohl zu Ihrem Leben sagen? Welche Ratschläge würden sie Ihnen geben?

Oder vielleicht können Sie sich selbst als Spion vorstellen, der herausfinden soll, ob in Ihrem Leben noch Harmonie zwischen Ihrem Sein und Ihren Zielen besteht. Was würde der Spion wohl entdecken? Sind Ihr Denken und Ihr tatsächliches Handeln kongruent? Stehen Ihre Gefühle, Taten und Gedanken miteinander im Einklang?

In vielen Büchern über Lebenskunst geht es um den Umgang mit Emotionen und darum, die Fähigkeit zu erlernen, im Hier und Jetzt aufmerksam zu sein. Beide Themen kommen in diesem Kapitel noch ausführlich zur Sprache. Eine umfassende Vision eines glücklichen Lebens oder eines Lebens im Flow finden Sie in Lyubomirskys Studie über Glücksstrategien. Daneben kann Ihnen womöglich der kompakte und praktische Ratgeber zum Selbstcoaching der englischen Lebensberaterin Lynda Field[77] hilfreich sein. Manche Autoren legen den Akzent auf ein bestimmtes Teilgebiet, so Julia Cameron (auf Kreativität), die Psychiaterin Judith Orloff (auf Energie und Inspiration) oder Carol Adrienne (auf die Suche nach einer Lebensbestimmung).

Ein anderer interessanter Autor zum Thema Flow ist der bereits genannte Jan Bommerez. Sein Buch *Minder moeten, meer flow* (Weniger müssen, mehr Flow) begleitet den Leser durch die imaginäre Verwandlung von der Raupe zum Schmetterling. Im Kontext dieses Kapitels ist seine Liste der Flow-Katalysatoren, die sogenannte »Liste der sieben Cs« wichtig. Sie setzt sich zusammen aus *Clarity*/Klarheit (einer klaren Vision), *Choice*/Wahl (einem selbstgewählten Ziel), *Centeredness*/Zentriertheit (im eigenen Fokus stehen), *Commitment*/Verbindlichkeit (zu etwas stehen), *Challenge*/Herausforderung (die Herausforderung suchen) und *Confidence*/Vertrauen (sich selbst und dem Prozess vertrauen). Später hat Bommerez dieser Liste noch *Congruence* hinzugefügt, Integrität und Treue zu den eigenen Werten und Prinzipien.

Die sieben Cs stellen eigentlich eine vollkommene Grundhaltung dar und umfassen alle Kompetenzen, die für die Flow-Erfahrung notwendig sind. Man hat eine klare Vision oder Mission, wählt seine Ziele aus seinem eigenen Kern heraus, steht zu ihnen, sucht die Herausforderung in seinem Tun, vertraut sich selbst und dem Prozess und bleibt dabei seinen eigenen Werten treu. Die sieben Cs sind ein praktisches Modell, um herauszufinden, welche Kompetenzen und Verhaltensweisen man noch entwickeln kann.

3. Inseln des Flows und des Glücks

Vor langer Zeit nahm ich an einem Kurs bei Robert Abraham teil, der damals in den Niederlanden Psychiatrieprofessor war. Die Kursteilnehmer, eine Gruppe von Psychiatern und Psychotherapeuten, befassten sich seinerzeit mit dem »Entwicklungsprofil« – einem Modell der menschlichen Entwicklung. Sie analysierten ihre schwierigsten Klienten mit Hilfe dieses Modells. Wir lernten eine bestimmte Methode, um unsere Klienten zu therapieren und unsere therapeutische Praxis in einer Supervision zu besprechen. Weil diese Klienten – beziehungsweise diese Patienten der Psychiater – so schwierig waren, wussten wir als Therapeuten manchmal einfach nicht, wo wir anfangen sollten. Bei so vielen Beschwerden und so vielen seltsamen Empfindungen und Verhaltensweisen schien es uns fast unmöglich, sofort einen guten Einstieg zu finden. Doch von Abraham lernten wir, unseren Blick erst einmal auf das zu richten, was dennoch gut war, und nach »den Inseln der Gesundheit« zu suchen. In jeder Person, wie erschüttert ihr Geist auch sein mag, gibt es immer einen gesunden Anteil, der trotz aller Probleme unbeschädigt und unberührt geblieben ist. Die Kunst besteht darin, dieses intakte und reine Stück zu finden. Eine solche Insel der Gesundheit ist ein stabiler Punkt, den man verstärken und innerhalb der Persönlichkeit erweitern kann.

Ich habe es immer als eine große Herausforderung gesehen, eine solche Insel bei einem Klienten aufzuspüren. Bei dem, was einige Menschen erlebt haben, kann man sich zuweilen kaum vorstellen, dass es sie noch geben kann. Doch ist es plötzlich da – ein schöner und bewegender Moment. Vielleicht entspricht das der Veranlagung des Menschen: Es kann vieles geschehen, man kann völlig kaputt, ja innerlich fast tot sein und sich dann dennoch – wie ein plattgetretenes Pflänzchen – mit der Haltung »Hier bin ich wieder!« wieder aufrichten. Auch wenn ich jetzt nicht mehr mit solch schwer betroffenen Klienten arbeite, bin ich weiterhin auf der Suche nach Inseln, aber nun nach Inseln des Flows und des Glücks. Aber selbst diese sind manchmal sehr schwer zu finden, obwohl es hier um verhältnismäßig gesunde Menschen geht. Worin liegt die Lebenskraft eines Menschen, wo steckt seine Energie, woraus besteht der natürliche Teil, den es einmal gab, der nun aber völlig aus dem Bild verschwunden ist?

Manchmal kommt ein Klient mit Beschwerden wie einem Burnout-Syndrom, Kummer und anderen Problemen in unterschiedlichsten Bereichen zu mir. Solange es sich nicht um eine echte Depression handelt, lohnt es sich auch hier, auf die Suche nach einem Lebensbereich zu gehen, in dem er noch einigermaßen zurechtkommt. Es gibt immer ein Gebiet, das relativ wenig in Mitleidenschaft gezogen worden ist und in dem sich der Klient noch ziemlich wohlfühlt. Wenn man eine solche Insel gefunden hat, kann man sie auf verwandte Bereiche ausweiten. In der Therapie läuft es darauf hinaus, dass diesen Bereichen, in denen sich ein Klient noch am stärksten und besten fühlt, anfangs die meiste Aufmerksamkeit entgegengebracht wird. Manchmal ist das nur ein sehr kleiner Bereich, wie etwa bei einem überarbeiteten Klienten, der monatelang in seinem Garten arbeitete und dort gewissermaßen die Ordnung schuf, die ihm in seinem Geist fehlte. Diese Leidenschaft war eine seiner Stärken – auch wenn er überhaupt keine Ambitionen hatte, Gärtner zu werden. Daher konnten die wichtigsten Merkmale dieser Leidenschaft verstärkt und auf andere Bereiche seines Lebens hin erweitert werden. Manchmal stoße ich zufällig auf eine »Flow-Insel«. Wie bei einem abgestumpften und erschöpften Klienten, der resigniert sein Leben lebte und das Hören der Musik von Mahler als den einzigen täglichen Glanzpunkt in seinem Leben bezeichnete. Das war interessant! Obwohl mein Klient sich eigentlich dafür schämte, war ich froh über diesen großartigen Ansatz für die Therapie eines Klienten, der sich selbst als gefühllos beschrieben hatte. Denn wo Mahler ist, ist das Gefühl nicht mehr weit.

Durch die Anwendung der Flow-Theorie bei nicht ganz so gravierenden Beeinträchtigungen des Lebens habe ich erkannt, dass das Flow-Gefühl von einem Lebensbereich auf einen anderen ausstrahlen kann. Wenn jemand keine Lebensfreude mehr hat und nur noch aufblüht, wenn er in seinem Schuppen mit Holz werkelt, ist diese Tätigkeit eine bedeutsame Insel, von der aus man weitersuchen kann. Was passiert da in diesem Schuppen? Was ist an dieser Arbeit mit Holz so bereichernd?

Geht es darum, etwas herzustellen, oder ist es wichtig, allein zu sein? Oder entspricht die Situation einem Bedürfnis nach Sicherheit und Geborgenheit? Schafft das Holz vielleicht eine Verbindung zur Natur? Geht es eher darum, Anspannung loszuwerden und sich abzureagieren? Oder ist die körperliche Betätigung ausschlaggebend? Das Aufspüren des richtigen Beweggrunds ermöglicht einen guten Einblick in die Bedürfnisse des Betreffenden. Vielleicht lässt sich das, was ihn in diesem Bereich antreibt, auch auf ganz andere Bereiche übertragen.

Durch die Anwendung der Flow-Theorie bei nicht ganz so gravierenden Beeinträchtigungen des Lebens habe ich erkannt, dass das Flow-Gefühl von einem Lebensbereich auf einen anderen ausstrahlen kann.

Viele entwickeln in ihrer Freizeit, etwa als Trainer im Fußballverein, ein Flow-Gefühl, das sie stärkt. Sie fühlen sich authentischer und erhalten Bestätigung von anderen. Dieses Gefühl der Stärke tragen sie auch in andere Lebensbereiche und heben diese damit auf ein höheres Niveau.

Es ist spannend, bei sich selbst herauszufinden, ob das funktionieren könnte. Welche »Parameter« kennzeichnen Ihre guten Erfahrungen? Können Sie diese auf Ihr Leben als Ganzes ausstrahlen lassen? Wo und bei welcher Tätigkeit fühlen Sie sich am wohlsten? Welche Ihrer Bedürfnisse werden dabei befriedigt? Und können Sie diese Erfahrung auch auf andere Situationen übertragen?

EINE BUNTE MISCHUNG

Mein eigener Gewinn aus der Arbeit mit der Flow-Theorie liegt darin, dass ich bei persönlichen Entscheidungen einer Flow-Erfahrung immer den Vorzug vor anderen Erfahrungen gebe und dafür Sorge trage, täglich möglichst viele Flow-Momente zu haben. Zu mir gehört eine Art »bunter Mischung« eigentlich einfacher Lebensbedürfnisse, die mich garantiert in den Flow bringt. Es sind Aktivitäten wie Joggen, Fotografieren, Schreiben, Studieren, Singen und der Kontakt zu geliebten und/oder inspirierenden Menschen. Meistens gelingt es mir, täglich vier von diesen Flow-Aktivitäten auszuüben. Sie erfordern nicht viel Vorbereitung, nur etwas Planung – die sich bei mir, da ich selbstständig arbeite, ziemlich einfach gestaltet. Diese einfachen Aktivitäten jeden Tag einzuplanen, erfordert keinen großen Aufwand, schließlich handelt es sich nicht um die Vorbereitung einer Bergtour im Ausland oder Ähnliches. Und doch sind diese kleinen Flow-Erlebnisse von großer Bedeutung, denn sie wirken sich in erheblichem Maße auf meine Tagesstimmung aus. Wenn es mir gelingt, jeden Tag einige dieser Momente zu erleben, bin ich viel glücklicher und zufriedener.

Daher stellt sich nun die Frage: Woraus besteht Ihre bunte Mischung? Welche fünf – oder vielleicht drei – einfachen Aktivitäten könnten Sie täglich ohne große Mühe einplanen? Lassen sie sich in Ihrem Tagesprogramm unterbringen und sind Sie dazu bereit, darüber mit sich selbst eine Abmachung zu treffen?

4. Positive Emotionen und Stimmungen

Der Umgang mit Emotionen ist vielleicht eines der schwierigsten Dinge auf der Welt. Kommt es nicht oft vor, dass unsere Stimmung von negativen Gefühlen beeinträchtigt wird, auf die wir gut und gerne verzichten könnten? Obwohl wir es uns kaum erklären können, sind wir nicht ruhig und zufrieden, sondern angespannt und genervt. Wir lesen schöne buddhistische Bücher und möchten in unserem Alltag gerne Milde, Mitleid und Geduld walten lassen, und dennoch überwiegen Unruhe und Verdruss. Wir versuchen, positiv zu denken und uns eine positive Haltung anzueignen, doch das erscheint uns ganz schön anstrengend und fühlt sich irgendwie künstlich an. Dann beschäftigen wir uns intensiv mit der Flow-Theorie, die Idee der »Freude durch mühelose Anstrengung« fasziniert uns und wir erkennen, dass wir darin finden, was wir gesucht haben. Wir streben nach Freude und einem tieferen inneren Gefühl des Wohlbefindens und Glücks, für das es keine externen Gründe geben muss. Wir wissen, dass Menschen, die oft im Flow sind, meistens glücklich sind und viele positive Gefühle haben. Der Weg zum Flow ist also offensichtlich eine Art und Weise, in der wir diesem Ziel näher kommen können.

Welche positiven Gefühle gibt es? Die amerikanische Psychologin und Wissenschaftlerin Barbara Frederickson nennt in einer Studie die folgenden Gefühle: Freude, Dankbarkeit, Heiterkeit, Anteilnahme, Hoffnung, Stolz, Spaß, Inspiration, Achtung und Liebe.[78] Sie untersucht in ihrer Studie eingehend, in welchem Maße diese zehn Gefühle unser Leben lebenswert machen. Frederickson hat dazu unterschiedliche Tests entwickelt. Sie rät dazu, sich in einer Art Selbstversuch bei jedem dieser Gefühle folgende Fragen zu stellen: Wann hatte ich dieses Gefühl zum letzten Mal? Wo war das? Was habe ich getan? Was bewirkt dieses Gefühl sonst noch bei mir? Kann ich weitere Ursachen dafür benennen? Was kann ich tun, um dieses Gefühl zu entwickeln? Natürlich geht es hier nur um authentische Gefühle, die echt sind und wirklich aus uns selbst hervorgehen. Wir können nicht so tun, als hätten wir Spaß oder ein Gefühl der Liebe, obwohl wir das innerlich gar nicht so empfinden.

Aus Fredericksons Studie geht hervor, dass es Menschen, die viele dieser positiven Gefühle haben, besser geht als anderen. Ihr Selbstbild ist positiver, sie sind offener, haben mehr Vertrauen zu anderen, sind freundlicher und fühlen sich stärker mit ihrem Umfeld verbunden. Sie sind kreativer, körperlich gesünder und gegen Schicksalsschläge besser gewappnet. Sie leben mehr im Hier und Jetzt, können intensiver genießen und machen sich weniger Sorgen um die Zukunft. Es handelt sich also um sehr glückliche Menschen mit sehr angenehmen Eigenschaften und vielen freudvollen Erfahrungen. Nun ist es natürlich nicht so, dass dies alles eine unmittelbare Konsequenz positiver Gefühle wäre. Denn in solchen Studien geht es nicht um kausale Zusammenhänge, sondern um Korrelationen. Daher kann man nur sagen, dass es bei Menschen, die sich glücklich fühlen, eine starke Korrelation zu Eigenschaften wie Selbstvertrauen, Freundlichkeit oder einer guten Gesundheit gibt. Aber man kann hier nie genau sagen, was in diesem Zusammenhang die Ursache und was die Folge ist. Dennoch gibt es eine Art Cluster von Verhaltensweisen und Erfahrungen, die oft zusammen in Erscheinung treten. Positive Gefühle zu haben, kann sowohl eine Ursache als auch eine Folge dieser Eigenschaften und Verhaltensweisen sein.

Wenn wir in unser Inneres schauen, erkennen wir mitunter, dass dort oft nicht diese zehn positiven, sondern ganz andere Gefühle vorherrschen. Denn neben den positiven machen auch die negativen Gefühle einen Teil der Gefühls- und Emotionspalette aus. Beide gehören zu uns, wobei negative Gefühle wie Angst, Einsamkeit, Wut, Frustration, Enttäuschung, Eifersucht, Verzweiflung, Abscheu und Verdruss uns nicht zwangsläufig beherrschen müssen. Natürlich gibt es sie auch, aber sie sollten keinesfalls überwiegen oder alle anderen Gefühle verdrängen. Oft können wir negative Gefühle als Signale dafür nutzen, dass etwas nicht gut läuft und unsere Aufmerksamkeit fordert. Doch ist es etwas ganz anderes, sich von solchen negativen Emotionen überwältigen zu lassen. Wichtig ist also immer das Verhältnis zwischen positiven und negativen Gefühlen, wobei für ein Gefühl der Erfüllung und Zufriedenheit die positiven Gefühle doch überwiegen müssen. Stellen Sie sich vor, dass Sie gegen Ihren Willen in einem Gefühl der Wut über ein Geschehnis oder eine Person verstrickt sind. Diese Emotion nimmt Ihr Denken in Beschlag, bestimmt Ihre Gefühle und beherrscht Sie völlig. Es ist klar, dass Sie in einer solchen Stimmung nicht für andere offen sind, nicht freundlich sein können, nichts genießen können und sich überhaupt nicht im Flow fühlen. Obwohl Sie nun eigentlich besonders viel Unterstützung oder Trost bräuchten, stecken Sie andere mit Ihrer negativen Ausstrahlung an, so dass sich diese auch noch von Ihnen fernhalten. Das ist so ein Moment, in dem Sie in sich gehen und danach Ausschau halten sollten, an welchen Mustern Sie gerade festhalten. Ist Ihre Reaktion auf das, was geschehen ist, noch sinnvoll oder sind Sie dabei, überzureagieren, weil alte Wunden aufgerissen wurden?

Im Allgemeinen entstehen Gefühle durch eine Interpretation von Tatsachen, Geschehnissen oder körperlichen Erfahrungen. Entscheidend ist weniger, ob ein Ereignis gut oder schlecht ist, es sind unsere Gedanken dazu, die bestimmte Gefühle auslösen. Unser Leiden wird also weniger durch das Geschehnis selbst als durch unsere Gedanken über das, was geschieht, und durch die Bedeutung, die wir dem ganzen geben, bestimmt. Wenn wir anders über eine Sache dächten, würden wir auch anders fühlen. In gewissem Sinne können wir also selbst bestimmen, in welcher Weise wir auf etwas emotional reagieren und wie wir uns nach einem Geschehnis den Rest des Tages fühlen werden.

Wenn wir anders über eine Sache dächten, würden wir auch anders fühlen.

Das bezeichnet man als »emotionale Freiheit«: Wir können unsere Emotionen beherrschen und selbst über unsere Gefühle Regie führen. Es geht also darum, sich nicht von seinen negativen Emotionen mitreißen zu lassen und sich nicht vollständig mit ihnen zu identifizieren, sondern Herr seines eigenen Gefühlslebens zu bleiben. Statt völlig in unseren Emotionen aufzugehen, nehmen wir sie zwar innerlich noch wahr, können aber in einem gegebenen Moment entscheiden, ob wir sie weiter anfachen oder es einfach sein lassen. Wir können uns also entscheiden, ob wir sie wahrnehmen und nachempfinden, um was es dabei eigentlich geht, oder uns völlig von Gefühlen wie Wut mitreißen lassen. Doch eine solche Einstellung verlangt uns einiges ab, vor allem wenn noch viele Gefühle, die aus alten Verletzungen stammen, in uns schlummern.

Bisher haben wir die Begriffe Emotion und Gefühl nicht miteinander vermengt. In den meisten Büchern werden sie nur unzureichend voneinander unterschieden. Ausnahmen bilden hierbei allerdings die Publikationen von Gehirnforschern wie Antonio Damasio, der als Neurologe immer genau den Unterschied zwischen den beiden Begriffen benennt. Kurz gefasst, besteht nach seiner Ansicht der entscheidende Punkt darin, dass eine Emotion vor allem etwas Körperliches ist. Eine Emotion nehmen wir körperlich wahr, bevor sie uns bewusst wird. Emotionen bestehen aus einfachen, auf das Überleben hin orientierte Reaktionen und haben eine neuronale und chemische Grundlage. Gedanken kommen erst auf, nachdem die Emotionen gestartet sind, die dann womöglich zu Gefühlen führen.

Wir haben also zunächst einmal Emotionen und erst später Gefühle. Damasio gibt dafür folgende Definition: »Ein Gefühl ist die Wahrnehmung eines bestimmten Körperzustandes in Verbindung mit der Wahrnehmung einer bestimmten Art zu denken und solcher Gedanken, die sich mit einem bestimmten Thema beschäftigen.«[79] Gefühle sind also eher etwas Geistiges, so dass wir selbst entscheiden können, wie und in welchem Maße wir auf unsere Emotionen reagieren. Wenn Emotionen längerfristig andauern, werden sie zu Stimmungen. Damasios Theorie fasst den Begriff der emotionalen Freiheit in großer Deutlichkeit: Es gibt einen Moment zwischen dem Auftreten einer Emotion und dem eines Gefühls, in dem die Gedanken der betreffenden Person eine Rolle spielen. Eine Emotion führt nicht zwangsläufig zu Gefühlen und muss ganz sicher nicht immer ausgelebt werden. Es gibt noch einen Moment dazwischen, in dem die Person selbst Einfluss nehmen kann. Ein Beispiel soll verdeutlichen, wie dies bei heftigen Emotionen und schwierigen Gefühlen funktioniert.

DER INNERE BEOBACHTER BEI DER ARBEIT

Stellen Sie sich einmal vor, es würde Sie grundsätzlich sehr verletzen, wenn jemand Sie für dumm oder schwer von Begriff hielte (Sie können auch etwas anderes einsetzen wie egoistisch, schlecht, gefühllos, hässlich ...). Dieses Gefühl ist für Sie ein altbekanntes Gefühl, das Ihnen schon aus Ihrer Kindheit vertraut ist. Sie achten genau darauf und reagieren auf jede hochgezogene Augenbraue und auf jeden Tonfall, der auf Geringschätzung hindeuten könnte. Bei solchen Erfahrungen reagieren Sie wie von der Tarantel gestochen: Sie spüren es am ganzen Körper, im Bauch wie im Herz, alles gerät in Wallung. Sie kennen das Gefühl gut und wissen auch, dass es nicht immer berechtigt ist, aber das hilft Ihnen nicht. Ihr Körper ist Ihnen immer schon ein Stück voraus und schon in kürzester Zeit sind Sie kurz davor zu explodieren, es ist nur eine Frage von Sekunden. Alles, was Sie jemals in solchen Situationen gefühlt haben, kocht plötzlich in Ihnen hoch.

In einem solchen Moment – dem Entscheidungsmoment – können Sie unterschiedlich reagieren. Sie können erstarren (nichts mehr fühlen, wie betäubt sein), Sie können kämpfen (sich selbst und andere davon überzeugen, dass das überhaupt nicht stimmt) oder Sie können flüchten (dafür sorgen, dass Sie nie wieder in Situationen kommen, in denen Ihnen so etwas passiert).

Mit diesem Modell *freeze, fight, flight* lassen sich die meisten primären emotionalen Reaktionen erklären. Aber es gibt auch noch eine weitere Reaktionsmöglichkeit: Man kann die eigenen Emotionen wahrnehmen und anschauen. Dabei wird man sich gewahr, wie die emotionale Reaktion aufkommt, und bewusst, was sie alles auslöst; man steht quasi neben ihr, schaut ihr zu und nimmt die Rolle ihres Beobachters ein.

In dieser Zeit spürt man zwar alles, was im eigenen Körper vorgeht, trägt aber auch Sorge dafür, dass die eigenen Emotionen nicht mit einem durchgehen. Man lässt sich von ihnen weder in Schlepptau noch als Geisel nehmen, sondern wird zu einem Zeugen der emotionalen Reaktionen, der immer noch selbst entscheiden kann, was er tun will.

Ein anderer Weg wäre der, sich dafür zu entscheiden, Ihre Emotionen zuzulassen, weil es schon sehr oft solche Situationen gab und Sie mittlerweile diese intensiven Reaktionen doch leid sind. Auch das ist eine bewusste Entscheidung, damit wählen Sie jedoch einen eher therapeutischen Weg. Sollten Sie sich dafür entscheiden, lassen Sie Ihre alten Gefühle jetzt »voll« zu sich vordringen. Wenn der alte Schmerz groß war, fühlen Sie nun auch die Heftigkeit Ihres Kummers, Ihrer Wut, Ihrer Angst und Einsamkeit. Das ist schmerzhaft, und sollten die Gefühle sehr schlimm sein, können Sie sie auch mit einer anderen Person teilen, denn schließlich kennt jeder solche Gefühle. Sie lassen diesen Gefühlen nun also freien Lauf, im vorliegenden Fall dem alten, auf eine früher häufig erlebte Demütigung und Verachtung zurückgehenden Gefühl.

Während der Entladung nimmt die Intensität der Emotion nach und nach ab und die Gefühle werden immer weniger schmerzhaft. Das dauert einige Zeit, manchmal Monate, aber danach reagieren Sie nicht mehr so heftig auf vermeintliche Geringschätzungen oder die Furcht davor. Sie fühlen es zwar noch irgendwo in Ihrem Innern, aber es schmerzt nicht mehr wie eine offene Wunde, sondern fühlt sich eher wie eine Narbe an und später nur noch wie eine kleine Schramme. Das ist sehr kurz gefasst der Prozess der »Heilung« und Genesung von inneren Wunden, eine Arbeit, die gewöhnlich in Begleitung eines Psychotherapeuten geleistet wird. Irgendwann kennt man dann die Auslöser für diese Gefühle, die aus der Vergangenheit stammen. Man weiß genau, was einen trifft und verletzt. Mit der Zeit kann man das alte Muster mit den Fallstricken, über die man immer wieder stolpert, fast schon vorhersehen. Wenn man die Ursachen der eigenen Reaktionsmuster versteht, ihre Entstehung und ihre Auslöser kennt, muss man nicht mehr jedes Mal auf alle Äußerungen, die sie hervorrufen könnten, anspringen. Man sieht das Ganze und betrachtet es als Herausforderung, damit umzugehen. Und schließlich lassen sich die Auslöser, auf die man so heftig reagiert, an einer Hand abzählen und sind daher auch leicht zu erkennen.

Wenn Sie das wissen und sich dafür entschieden haben, nicht mehr ständig darauf zu reagieren und stattdessen Ihre Emotionen nur wahrzunehmen, fühlen Sie sich schon ganz anders. Das, was Sie zunächst noch völlig aus der Fassung bringen konnte, berührt Sie nun nicht mehr so stark. Ihr Körper gibt Ihnen nur noch geringe Signale, die Sie sofort erkennen. Sie sehen gleich, dass es sich wieder um das altbekannte Muster handelt, aber nun haben Sie sich für eine andere Reaktion entschieden.

Zu guter Letzt verblassen die körperlichen Reaktionen ebenso wie die damit verbundenen Gefühle. Dabei ist es auch bedeutsam, dass die bestehenden eingeschliffenen Bahnen im Gehirn nicht weiter verstärkt werden, sondern sich durch den Mechanismus der Neuroplastizität neue Pfade und andere Verknüpfungen entwickeln. Die eingeschliffenen emotionalen Muster, die man gewohnt war, verändern sich also auch auf neurologischer Ebene.

VON HEFTIGEN EMOTIONEN ZU POSITIVEN GEFÜHLEN

Wie können wir wissen, dass es sich um ein »altes« Gefühl handelt, das wir auf diese Weise angehen können? Ich nutze dafür immer die Faustregel: Das alte Gefühl zeigt sich in allem, vor dem »zu« steht – in allem, auf das die emotionale Reaktion *zu* intensiv, *zu* schnell, *zu* lang anhaltend und in dem Sinne *zu* weitreichend ist, so dass sie die ganze Person beeinträchtigt. Es zeigt sich, wenn wir unverhältnismäßig reagieren und der Zusammenhang zwischen der Art des Ereignisses und dem Gefühl, das es auslöst, gering ist. Es zeigt sich auch, wenn die Reaktion Außenstehenden unangebracht zu sein erscheint, wenn für sie schwierig ist, sich in die Situation hineinzuversetzen, und wenn der Auslöser tatsächlich so persönlich ist, dass andere ihn kaum noch nachvollziehen können. Wenn etwas »zu« ist, geht es immer um alten Schmerz, der schon länger besteht und nun von etwas (einem Blick, einer Tonlage, einer Atmosphäre, einem Gefühl) ausgelöst wird, das dem ersten Auslöser gleicht. Der äußere Anlass ist aktuell, aber die wirkliche Ursache liegt im Inneren und war schon lange vorher da.

Wenn wir mit solchen Emotionen wie ein Beobachter umgehen, können uns diese äußeren Anlässe weniger verletzen. Wir bieten dann externen Ereignissen emotional weniger Angriffsfläche. Wir werden innerlich stärker und haben mehr Raum, uns den realen Dingen zu öffnen. Unsere Erlebnisse werden nicht mehr mit allen möglichen Deutungen befrachtet und führen nicht zwangsläufig zu emotionalen Reaktionen, die uns völlig vereinnahmen.

Neben den heftigen Reaktionen, die von altem Schmerz ausgelöst werden, gibt es auch weniger heftige Reaktionen, die wir wahrnehmen und auf ähnliche Weise angehen können – zum Beispiel negative Gedanken, bei denen man sich immer wieder ertappt. Oder die

Wir werden innerlich stärker und haben mehr Raum, uns den realen Dingen zu öffnen.

Gewohnheit, sich selbst immer kritisch zu betrachten und sein Verhalten mit einer Art innerer Stimme zu beurteilen oder abzuwerten. Denn auch das kann ein altes Muster sein, das sich bloß irgendwann einmal eingeschliffen hat und daher auch wieder verschwinden kann.

Es gibt viele solcher Gewohnheiten, die sich unbemerkt in unser Dasein geschlichen haben und uns viel von unserer Lebensfreude verderben können. Je mehr wir uns dieser Gewohnheiten bewusst werden und uns davon befreien, desto mehr Raum haben wir für positive Gefühle. Natürlich führt die Abwesenheit negativer Gefühle nicht wie von selbst zu Freude und Glück. Doch je weniger das Selbst durch die *freeze-*, *fight-* oder *flight*-Mechanismen geschützt werden muss, desto mehr Freiraum eröffnet sich dafür. Und wenn ein solcher Selbstschutz nicht mehr notwendig ist, entsteht wie von selbst eine völlig andere innere Haltung, die weniger reaktiv, ruhiger, präsenter und auch stärker mit dem ursprünglichen Selbst verbunden ist.

Wir können aber auch aktiv auf die Suche nach der Erfahrung positiver Gefühle gehen. Wir können sie bei uns selbst suchen, Situationen wahrnehmen, in denen sie auftreten, und einige solcher Gefühle bewusst entwickeln. Dankbarkeit als mögliche Glückstrategie habe ich schon genannt, ebenso wie Wissbegierde und Inspiration als Vorbedingungen für Flow-Erfahrungen. Auch Bewunderung wurde bereits thematisiert, desgleichen Freude und Spaß als Gefühle, die den Flow begleiten und aus ihm hervorgehen. All diese Gefühle liefern einen positiven Beitrag zu unserem Befinden und unserer Lebensfreude.

Zu der Reihe positiver Gefühle, die Frederickson nennt, gehört auch die Liebe als ein allumfassendes Gefühl, das alle anderen Gefühle einschließt. Der Wunsch nach einer Liebesbeziehung lässt sich nicht ohne Weiteres erfüllen, aber auch ähnliche Gefühle wie Freundlichkeit sind ein guter und gangbarer Weg hin zu einer positiveren Einstellung. Piero Ferrucci setzt in seiner Theorie über geistige Gesundheit bei der Freundlichkeit an. In seinem Buch *Nur die Freundlichen überleben* stellt er auf überzeugende Weise die Konsequenzen dar, die sich aus einer freundlichen Einstellung sich selbst und anderen gegenüber ergeben.[80] In seiner Studie erscheint Freundlichkeit als ein sehr einfacher, aber effektiver Weg, mehr positive Gefühle in allen Lebensbereichen zu erlangen.

5. Die geistige Qualität

Mit der Haltung des Gewahrseins nähern wir uns einer buddhistischen Lebenshaltung. In der buddhistischen Psychologie besteht schon seit Jahrhunderten ein ganz anderes Wissen über die Funktionsweise des Geistes als in der westlichen Psychologie. Als westliche Psychologin empfinde ich die östliche Psychologie als sehr erhellend und eigentlich als unverzichtbar für eine differenzierte Sichtweise des menschlichen Geistes. Die Genauigkeit, mit der in ihr über den geistigen Prozess nachgedacht wird, ist in der westlichen Literatur kaum zu finden. Doch allmählich gibt es, auch aufgrund des zunehmenden Interesses an der buddhistischen Meditationsform der Achtsamkeit immer mehr Berührungsflächen. In vielen Trainings wird Achtsamkeit jedoch oft bloß als eine effektive Methode beziehungsweise Technik angeboten, obwohl sie eigentlich Teil einer umfassenden buddhistischen Lebenshaltung ist.

In der buddhistischen Psychologie wird große Aufmerksamkeit auf den Umgang mit Emotionen, Gedanken und körperlichen Signalen gelegt. Wohl ist auch dem Buddhismus an der Erkenntnis der wahren menschlichen Natur gelegen – also daran, zu erkennen, wer man wirklich ist –, aber er verfolgt damit eine andere Intention und beschreitet einen anderen Weg dorthin. Die westliche Psychologie ist auf den Prozess der Individuation ausgerichtet, auf die Entwicklung des Einzelnen zu einer authentischen Person, die sich mittels Selbsterkenntnis ihrer hemmenden emotionalen und konditionierenden Muster bewusst wird. Über diesen Prozess der Bewusstwerdung und die damit zusammenhängenden Dynamiken haben sich in den verschiedenen psychotherapeutischen Strömungen große Wissensbestände und ein hohes Maß an Erkenntnissen angesammelt.

Die östliche Philosophie ist dagegen mehr auf den Prozess des Gewahrseins selbst und das Erkunden und Loslassen von Emotionen und Denkgewohnheiten ausgerichtet, um durch Lücken im Gedankenstrom mit dem dahinterliegenden Raum in Verbindung zu treten. Gedanken und Wahrnehmungen werden im Moment ihrer Entstehung beobachtet und als ein Produkt des Geistes betrachtet. In ihm sind sie entstanden und dort können sie auch wieder aufgelöst werden, wodurch es möglich wird, dass die sich gewöhnlich anschließenden Reaktionen unterbleiben. Die Unterscheidung zwischen Gedanken und Gewohnheiten erfordert einen wachen Geist, eine Haltung der Ruhe und Achtsamkeit und einen andächtig nach innen gerichteten Blick.

Um diese geistige Haltung zu erreichen, muss die Qualität des Geistes durch buddhistische Meditation entwickelt werden. Sie übt den Meditierenden darin, sich dem Hier und Jetzt zu öffnen durch die Wahrnehmung dessen, was präsent ist oder aufkommt, ohne inhaltlich darauf Bezug nehmen. Durch die Ausübung von Meditation wird der Geist – in einem Zustand des »Seins« statt des »Handels«, »Habens« oder »Erreichens« – stiller und leerer. Diese Art des Seins ist eine Haltung der aufmerksamen gegenwärtigen Präsenz, die sich auch außerhalb der Meditation zu einer Lebenshaltung entwickelt. Diese veränderte Seinshaltung ist auch auf den Hirnscans von Menschen, die viel meditieren, erkennbar: In ihren Gehirnen zeigen sich eine andere Hirnaktivität und andere Hirnwellen als bei Menschen, die nicht meditieren.

Auch in psychologischer Hinsicht ergeben sich durch Meditation Veränderungen. Menschen, die oft meditieren, treten in Kontakt mit ihrer »grundlegenden Güte« und erkennen diese Güte auch in anderen wieder. Diese typisch buddhistische Qualität verweist zurück auf die ursprüngliche Natur des Menschen – seine ihrem Wesen nach gute Essenz –, so dass der Meditierende nicht unter Beweis stellen muss, dass er gut ist. Er lebt stärker in Harmonie mit sich selbst und seiner Umgebung und fühlt sich innerlich zufriedener und glücklicher. Eine innere Kraft, die eigentlich immer schon da war, für die man nun aber erst empfänglich wird, wird spürbar.

Eine innere Kraft, die eigentlich immer schon da war, für die man nun aber erst empfänglich wird, wird spürbar. In einem fortgeschrittenen Zustand tritt man in Form kreativer Inspirationen, Visionen und intuitiver Eingebungen in Verbindung mit einem transpersönlichen Raum.

EIN ANDERES BEWUSSTSEINSNIVEAU

Dieser offene Raum und diese Quelle der Kreativität werden von Künstlern und Wissenschaftlern oft als Inspirationsquellen benannt. Wenn der denkende Geist zur Ruhe kommt, entsteht Raum für Sein auf einem anderen Bewusstseinsniveau. Diese Errungenschaften eines entspannten Geistes werden also nicht nur beim Meditieren, sondern auch im Flow erlebt, zum Beispiel von Künstlern in einem kreativen Prozess. Beide Zugänge können zu einem anderen Bewusstseinsniveau führen, auch wenn der Weg ein völlig anderer ist.

Der Flow ist der aktive Modus, in dem wir etwas tun, in dem wir völlig in etwas aufgehen und darin Erfüllung und Freude finden. Im meditativen Zustand wird die Arbeit dagegen eher innerlich geleistet. Der Zustand des Wohlbefindens wirkt, von außen betrachtet, passiv, geht aber ebenfalls aus einem wachen Geist hervor. Auch der Flow führt zu einem ruhigen Gefühl des Wohlbefindens und der Zufriedenheit, jedoch eher nach als während bestimmter Aktivitäten. Die Erfüllung im Handlungsmodus ebenso wie im Seinsmodus besteht darin, mit dem wahren Selbst und dessen besonderen Qualitäten, wie Kraft, Lebensenergie und Kreativität in Kontakt zu treten. Die Erfahrung der Verbindung mit unserem wahren Wesen – mit dem Kern unserer einzigartigen Möglichkeiten – kann uns einen Zugang zu einer anderen, transpersonalen Welt verschaffen, die das Persönliche übersteigt.

Ebenso wie die Meditation ist die Flow-Erfahrung schon jahrhundertealt. Sie ist mit dem Begriff Tao, einer Lebensweise der totalen Hingabe, vergleichbar. Csikszentmihalyi beschreibt die übereinstimmenden Flow- und Tao-Erfahrungen aus Sicht der Flow-Theorie: »Der Auftritt eines berühmten Geigers oder die Leistungen eines großen Mathematikers scheinen ähnlich unheimlich (wie das Tao), auch wenn sie durch die unaufhörliche Verschärfung der Herausforderungen und verbesserte Fähigkeiten geklärt werden können. Wenn meine Interpretation stimmt, treffen sich in der *flow*-Erfahrung (oder im Tao) Ost und West: In beiden Kulturen entsteht Ekstase aus der gleichen Quelle.«[81]

In seinem späteren Werk spricht er explizit von einem transzendierten Selbst, in dem die Person mit den Kräften des Universums eins wird. Ein solcher Mensch ist ein *Transcender*, für den der Flow-Zustand Normalität ist. Er hat ein starkes spirituelles Bewusstsein von der Ordnung und Schönheit in der Welt und in der Natur, und er empfindet große Verantwortung dafür. Auch in anderen Publikationen werden Musiker und Wissenschaftler erwähnt, die während ihres kreativen Prozesses ein anderes Bewusstseinsniveau und einen anderen Daseinszustand erreichen, in dem sie von einer großen Kraft getragen werden.

Das ist ein interessanter Bereich, über den wir noch wenig wissen und in den sich Wissenschaftler nur selten vorwagen. Ich selbst erwarte mir hier einiges an Erkenntnissen von der Hirnforschung, die subjektive Erfahrungen mit messbaren Veränderungen des Bewusstseinszustands koppelt. Daraus ergibt sich die spannende Frage, ob Menschen mit häufigen Flow-Erfahrungen die gleichen Veränderungen ihrer Hirnaktivitäten aufweisen wie Meditierende. Oder ist Meditation oder ein kontemplativer Lebensstil womöglich eine Vorbedingung dafür, in einen ekstatischen Flow-Zustand zu kommen?

KONTEMPLATIVER FLOW

Es gibt mehrere Wege zu vergleichbaren Erfahrungen: eine *vita activa*, ein Leben der Tat, und eine *vita contemplativa*, ein Leben in Besinnung. Aktivität und Besinnung können sich gegenseitig ergänzen und unterstützen. Für ein Leben im Flow ist es daher ebenso sinnvoll, Energie in die Entwicklung seines Bewusstseins wie in eine bestimmte Aktivität zu stecken. Denn nicht nur mühelose Anstrengung, sondern auch geistige Qualität bringt uns in den Flow. Ein ruhiger, empfänglicher Geist trägt wesentlich zur Ekstase einer Flow-Erfahrung bei. Daher scheint es in jeder Hinsicht der Mühe wert, Erfahrungen mit Meditation zu sammeln, nicht nur um in den Flow zu kommen, sondern auch um diese Erfahrung zu vertiefen.

> *Für ein Leben im Flow ist es daher ebenso sinnvoll, Energie in die Entwicklung seines Bewusstseins wie in eine bestimmte Aktivität zu stecken.*

Während eines Flow-Erlebnisses Kontakt mit einer anderen Bewusstseinsebene oder einer tieferen Quelle aufzunehmen, ist eine Erfahrung, die noch einen Schritt darüber hinausgeht und wahrscheinlich eine außergewöhnliche Bewusstseinsqualität erfordert. Die dafür einzunehmende Haltung ist wohl mit dem für die Meditation bedeutsamen Sein vergleichbar und Folge eines intensiven innerlichen Prozesses. Aber das sind nur Vermutungen, die auf der plausiblen Annahme beruhen, dass ein ruhiger Geist sowohl gewöhnlichen wie außergewöhnlichen Erfahrungen und Wahrnehmungen mehr Raum bietet als ein Gehirn, das von Emotionen und Gedanken vollkommen in Beschlag genommen wird.

Eine Zwischenform, in der sich Flow und Meditationserfahrungen annähern, hat der bekannte Buddhist und Übersetzer des Dalai-Lama Matthieu Ricard beschrieben. Er bezeichnet diesen Zustand, in dem mühelose und andauernde Aufmerksamkeit erreicht werden kann, ohne eine bestimmte Tätigkeit auszuüben, als »kontemplativen Flow« – als Entspannung und innerliche Ruhe eines Bewusstseins, das klar und aufmerksam ist. »Diese Erfahrung ist eine Quelle inneren Friedens und verhilft uns zu Offenheit gegenüber unseren Mitmenschen und der übrigen Welt. Irgendwann erstreckt sich die Erfahrung des meditativen Fließens auf unsere gesamte Wahrnehmung der Welt und ihrer Wechselbeziehungen. Man könnte sagen, dass der erwachte Mensch ständig in einem gelassenen, lebhaft klaren und selbstlosen Flow-Zustand lebt.«[82] Auch dieser Seinszustand ist das Resultat eines langwierigen Prozesses und wird oft als eine stille Form des Glücks erlebt.

Dieser gemeinschaftliche Bereich, in dem beide Erfahrungsmöglichkeiten zusammentreffen und ein Zustand der Transzendenz erreicht werden kann, ist ein außergewöhnlich spannendes, noch wenig erforschtes Thema. Wenn wir kurz an den Komponisten Penderecki zurückdenken, der es genoss, durch seinen Garten zu wandeln, während die Musik »aus dem Kosmos« auf ihn einströmte, will man doch mehr davon erfahren! Und er ist nicht der Einzige, der von solchen Erfahrungen berichtet. Sehr viele Künstler und Erfinder schildern, wie sie von etwas inspiriert wurden, das in ihrer Wahrnehmung außerhalb ihrer selbst lag.

Eine Aufgabe der Positiven Psychologie könnte darin bestehen, die Errungenschaften des östlichen und westlichen Wissens zu vereinen. Beide haben unterschiedliche Zugänge zur Entwicklung des Bewusstseins und beide sind notwendig, um die inneren Prozesse und das gewaltige Potenzial des Menschen eingehender zu erforschen.

6. In Harmonie mit dem Körper

Neben Kompetenzen, Emotionen, Gefühlen und Gedanken hat auch unser körperlicher Zustand Einfluss auf die Qualität und Intensität von Erfahrungen. Dabei geht es darum, sich in seiner Haut wohlzufühlen oder in seinem Körper zu Hause zu sein. Die Rolle des Körpers wurde sowohl in der Psychotherapie als auch in der Spiritualität lange Zeit unterschätzt. Nachdem die Psychologie jahrelang dem Körper und den körperlichen Wahrnehmungen kaum Aufmerksamkeit geschenkt hat, scheint in dieser Hinsicht nun einiges in Bewegung geraten zu sein. In der Psychologie schien der Mensch nur aus einem Kopf zu bestehen, mit dem er alles fühlen und erfahren konnte. Eine Ausnahme bildeten hier allein die Ideen des amerikanischen Psychologen Eugene Gendlin zu seiner Methode *Focusing*, die ich im folgenden Teil dieses Kapitels vorstelle.

In den vergangenen zehn Jahren hat die wissenschaftliche Forschung wesentlich zu einer Neubewertung der körperlichen Erfahrung beigetragen. Auf das Werk von Candace Pert, die erkannt hat, wie emotionale Erfahrungen im Zellgedächtnis des Körpers gespeichert werden, habe ich bereits hingewiesen. Dieses Werk und andere molekulare Untersuchungen haben zu einer stärker körperlich geprägten Wahrnehmung von Problemen wie Trauma oder Burnout geführt. Zur Verarbeitung eines Traumas werden in der Therapie die im Körper gespeicherten Erinnerungen freigesetzt, so dass die Energie wieder fließen kann. Dabei wird die blockierte Energie auch auf körperliche Weise gelöst und nicht wie früher allein durch Gespräche. Wenn die emotionale Blockade aufgehoben ist, kann der Klient wieder mit seinem Körper als Ganzem in Kontakt kommen. Erst wenn ihm seine Lebensenergie zugänglich wird, kann er sich wieder mit sich selbst verbunden fühlen.

Diese neuen Erkenntnisse finden auch auf der positiven Seite des Spektrums menschlicher Erfahrungen Anwendung. Um Flow-Erfahrungen zu machen und glücklich zu sein, ist auch ein gutes Körpergefühl wichtig, denn eigentlich beginnt alle Erfahrung als Gefühl im Körper und nicht im Kopf. Die Fähigkeit, seinen Körper zu spüren und sich auf unterschiedliche körperliche Wahrnehmungen einzustellen, trägt ebenfalls sehr zur Offenheit und Empfänglichkeit für besondere Erfahrungen bei. Auf körperliche Signale zu achten, ermöglicht es uns, intuitiv unsere Wahl zu treffen oder zu entscheiden. Aus Studien wissen wir, dass wichtige Entscheidungen oft auf der Grundlage einer körperlichen Empfindung getroffen werden und erst später, in zweiter Instanz, Gründe bedacht werden, um die Wahl zu rechtfertigen.

Um Flow-Erfahrungen zu machen und glücklich zu sein, ist auch ein gutes Körpergefühl wichtig, denn eigentlich beginnt alle Erfahrung als Gefühl im Körper und nicht im Kopf.

Eine andere Konsequenz der neuesten wissenschaftlichen Studien ist das gesteigerte Interesse an der psychischen Bedeutung des Herzens. Das Herz hat großen Einfluss auf unser Wohlbefinden und auf die Offenheit für unsere Umgebung. »Sein Herz zu öffnen«, ist nicht nur eine Metapher für Hingabe, sondern auch die Beschreibung einer bestimmten körperlichen Haltung, die man sich aus tiefstem Herzen aneignen kann.

INNERE HARMONIE

Im Folgenden werden drei körperorientierte Methoden vorgestellt: *Focusing*, Herzintelligenz und Achtsamkeit. Natürlich gibt es, sowohl in der therapeutischen Arbeit als auch in unterschiedlichen östlichen Weltanschauungen, noch eine Menge weiterer Ansätze. Aber mit den hier vorgestellten Methoden, sich seines Körpergefühls bewusst zu werden, bin ich sowohl aus eigener Erfahrung als auch durch die Arbeit mit Klienten vertraut. Alle drei tragen zum Streben nach innerer Harmonie bei und sind daher wichtig für die Flow-Erfahrung.

Flow hat etwas damit zu tun, zu fließen und sich mittragen zu lassen. Um in dieser Erfahrung aufgehen zu können, nutzen wir unsere körperliche Energie. Wir lassen uns vom Fluss unserer Erfahrung mittragen. Die Vorstellung, mit einem größeren Energiefeld in Verbindung treten zu können, setzt in jedem Fall voraus, mit der eigenen Energie verbunden zu sein. Erst wenn wir uns mit der Lebensenergie unseres eigenen Körpers verbunden fühlen, entsteht eine Harmonie, die eine mühelose Erfahrung ermöglicht. Denn dann sind nicht nur Denken, Fühlen und Handeln im Einklang, sondern es herrscht auch Harmonie zwischen Körper und Geist.

Bei Flow-Erfahrungen geht es immer darum, im Einklang zu sein. Wenn keine Übereinstimmung zwischen Gefühlen und Gedanken, Haltung und Intention, Aufmerksamkeit und Fokus besteht, wird es schwierig, in den Flow zu kommen. Und das gilt erst recht, wenn körperliche Blockaden bestehen, dann wird die Erfahrung nicht einmal wahrgenommen. Wenn kein Zusammenklang entsteht, wird viel Energie durch Widersprüche zwischen Gedanken, Emotionen und Motivationen vergeudet. Obwohl eine Flow-Erfahrung mühelos wirkt, kommt sie doch erst zustande, wenn diese unterschiedlichen Elemente in Übereinstimmung sind. Erst wenn alle inneren Bewegungen in Harmonie miteinander stehend demselben Ziel zustreben, wird eine grenzüberschreitende Erfahrung möglich. Es ist einleuchtend, dass ein gutes Körperbewusstsein viel dazu beiträgt. Es bieten sich viele Möglichkeiten, durch körperliche Aktivitäten in den Flow zu kommen, und die meisten Erfahrungen entstehen auch durch den Körper oder in einem intensiven Kontakt mit dem eigenen Körper. Die einfachsten Handlungen können schon Genuss und Erfüllung bereiten, wobei es hier nicht darum geht, *was* man tut, sondern *wie* man es tut. Wenn wir in der Lage sind zu spüren, was wir tun, können wir uns unserem Körper zuwenden und ein Feedback über die Anstrengung und die noch bestehenden Herausforderungen erhalten. Bei allen körperlichen Aktivitäten (wie Sport, Wandern, Tanzen, Sex, Yoga, Schauen, Hören, Essen) geht es darum, Fertigkeiten zu entwickeln und sich abhängig von der eigenen Erfahrung Ziele zu setzen. Daher ist es so wichtig, die körperlichen Empfindungen wahrzunehmen. Denn mit unserem Körper fühlen wir, ob und wie etwas funktioniert, und mit unserem Körper können wir es auch genießen.

FOCUSING

Focusing wurde zum ersten Mal im Jahre 1978 von dem Psychologieprofessor Eugene Gendlin beschrieben. Ausgangspunkt des *Focusing* ist die Erkenntnis, dass der Körper selbst eine gewisse Weisheit in sich trägt, der wir uns nähern können, wenn wir auf unseren Körper hören.

In vielen Situationen reagiert unser Körper, lange bevor wir darüber nachdenken können, wie wir etwas oder jemanden einschätzen. So zum Beispiel bei einer Begegnung: Noch bevor wir darüber nachgedacht haben, hat unser Körper uns schon ein Signal gegeben. Wir können davon ausgehen, dass unser Körper nicht lügt und uns sehr deutlich macht, was etwas oder jemand uns bedeutet. Dieses Körperempfinden können wir nun ignorieren und über vernünftige Argumente und logische Erklärungen nachdenken, wir können es aber auch wahrnehmen. Unser Körper sendet uns eine Botschaft, die uns helfen kann, mit etwas in Kontakt zu kommen. Die Methode, um das erreichen zu können, ist offenbar sehr einfach. Man setzt sich irgendwo ruhig hin und stellt sich Fragen wie: Wie fühlt sich das Problem an? Oder: Was bedeutet das wirklich für mich? Dann lenkt man seine Aufmerksamkeit nach innen und spürt seinen körperlichen Empfindungen nach. Nach einiger Übung wird man gewisse Wahrnehmungen registrieren, die man mit einem Satz, Wort oder Bild umschreiben kann.

Wenn man den Eindruck hat, dass die Beschreibung richtig ist und sie die vage Empfindung gut wiedergibt, geht eine Art Erschütterung durch den Körper, die sich gut anfühlt: »Ja, das ist es.« Man verharrt noch ein wenig bei diesem Gefühl, diesem Satz oder diesem Bild, und wenn es wirklich richtig ist, fühlt man eine Art körperliche Entspannung. Eine Reaktion, die wohl am ehesten der Entspannung gleicht, die man erlebt, wenn man sich plötzlich an etwas erinnert, was man zuvor vergessen hatte – wie den Namen einer Person oder den Ort, an den man einen Gegenstand gelegt hat. Oft wird dieses Gefühl mit einem tiefen Seufzer der Erleichterung begleitet.

Wenn man in der Beantwortung einer persönlichen Frage einmal mit diesem Gefühl in Kontakt gekommen ist, kann man auf die gleiche Weise auch andere Fragen stellen und tiefere Einsichten für sich gewinnen. Die Antwort kommt spontan im Körper auf, ohne dass man aktiv über sie nachdenken müsste. Aus Erfahrung weiß ich, dass diese Methode sehr wirkungsvoll ist, aber dass es sinnvoll ist, sie unter Anleitung zu erlernen. Ein Kurs von einigen Abenden bietet genug an Erfahrung, um sie anschließend eigenständig erfolgreich anwenden zu können.

HERZINTELLIGENZ

Herzintelligenz oder auch *Heartmath* geht von einer Verbindung zwischen Herz und Gehirn aus. Diese in einem kalifornischen Institut entwickelte und getestete Methode wurde bei uns durch ein Buch des französischen Psychiaters David Servan-Schreiber bekannt.[83]

Wenn der Rhythmus des Herzens und das Gehirn – beziehungsweise der Teil des Gehirns, der für unsere Emotionen zuständig ist – miteinander harmonieren, entsteht ein Gefühl des Wohlbefindens, das es uns leichter macht, in den Flow zu kommen. Das Herz reagiert auf emotionale Veränderungen und gibt durch den Rhythmus des Herzschlags Signale an das Gehirn weiter, das wiederum darauf reagiert. Eine ruhige Herzenergie wirkt sich unmittelbar auf das Gehirn aus und umgekehrt. Positive Emotionen fördern einen ruhigen Herzrhythmus, eine »Kohärenz« des Herzens. Und das lässt sich mit der Methode der Herzintelligenz erlernen. Das ist relativ einfach, vor allem wenn man dafür ein Computerprogramm oder einen Apparat verwendet, der etwa so groß ist wie ein I-Pod und »Emwave« genannt wird.

Wie bei einer Meditation beginnt man damit sich ruhig hinzusetzen. Aber nun richtet man seine Aufmerksamkeit nicht nur auf die Atmung, sondern auch auf das Herz. Man versucht gewissermaßen, durch das Herz ein- und auszuatmen. Nach einer Weile, wenn man durch diese Übung sehr ruhig geworden ist, versucht man ein Gefühl der Liebe, der Wertschätzung oder der Schönheit in sich wachzurufen. Man füllt sein Herz damit an und spürt die Wärme in seinem Inneren. Dieses Gefühl versucht man so lange wie möglich festzuhalten und sich, wenn man abzuschweifen droht, immer wieder darauf zu besinnen.

Dieser Zustand der Herzkohärenz hat einen wohltuenden und positiven Effekt auf unseren Geist und den ganzen Körper. Nach und nach entwickelt sich ein Gleichklang zwischen den unterschiedlichen Systemen von Kopf und Herz, man fühlt sich wohl und ist ruhig und klar. In diesem Moment ist die Weisheit des Körpers sehr zugänglich, man kann sich selbst Fragen stellen und die Antwort – die man in seinem Inneren fühlt – einfach abwarten.

Ich arbeite mit einem Emwave, einem Apparat, der mit einem Ohrsensor verbunden ist und unterschiedliche Signale gibt. An der Farbe eines aufleuchtenden Lämpchens kann ich erkennen, ob ich kohärent bin oder nicht. Zu Beginn ist die Farbe Rot, doch wenn ich ruhiger werde, geht sie langsam in Blau über. Damit sie grün wird – was im optimalen Zustand der Kohärenz eintritt –, muss ich mir ein Bild vergegenwärtigen, das mich mit Wärme und Glück erfüllt. Im Laufe der Zeit habe ich bestimmte Vorstellungen ausprobiert und einige entdeckt, die sehr gut funktionieren. Ich denke zum Beispiel an meine Kinder und die Liebe, die ich für sie empfinde. Oder ich erinnere mich an ein Pferd, zu dem ich eine besondere Verbindung habe, oder ich visualisiere mir das Bild einer Landschaft im Himalaja, auf die ich vom Dach eines Klosters lange herabgeschaut und mich dabei sehr glücklich gefühlt habe. Wenn ich mich in diese Atmosphäre zurückversetze, springt das Lämpchen auf Grün; ich fühle dann in meinem Geist ebenso wie in meinem Körper eine tiefe Ruhe. Doch sobald ich etwas denke wie »Toll, das läuft aber gut heute«, springt das Lämpchen wieder auf Rot. Die Vergegenwärtigung der warmen Bilder ist eine Qualität des Herzens, während die selbstbeobachtenden Gedanken eine Aktivität des Gehirns sind – die von dem Gerät gleich registriert beziehungsweise »abgestraft« wird.

Es ist eine ungewöhnliche Erfahrung. Wenn man einmal erlebt hat, wie diese Methode funktioniert, kann man sie immer und überall praktizieren. Dann hat man seine Himalajas – oder was auch immer – ständig bei sich. Weil man auf sein Fühlen und Denken ein so unmittelbares Feedback erhält, finde ich es leichter, mit dieser Methode zu beginnen als mit einer Meditation, in der ich mich manchmal dabei erwische, minutenlang an alles Mögliche gedacht zu haben. Oft wird diese Methode auch zur Vorbereitung auf eine Meditation genutzt oder um zumindest in die entsprechende Stimmung zu kommen.

Im Übrigen gibt es auch noch andere Biofeedback-Methoden, die mit allen möglichen Formen von Messgeräten funktionieren. Ein ähnliches Feedback kann man auch erhalten, wenn man mit sensiblen Tieren wie Pferden arbeitet. Wenn man ein Pferd durch seine Konzentration lenkt, kann das eine ganze Weile gut gehen, bis man so etwas denkt wie: »Oh, das geht aber gut, nicht zu glauben, dass so ein großes Tier einfach auf mich hört.« Und schon funktioniert nichts mehr, das Pferd verliert seine Konzentration und schaut dich an, als wollte es sagen: »He, was machen wir da gerade, stehen wir noch miteinander in Kontakt?« Das ist eine Reaktion, die sich ohne Weiteres mit dem roten Lämpchen vergleichen lässt, das anzeigt, dass man – weil man angefangen hat zu denken – nicht mehr auf der Erfahrungsebene ist. Dann kann man erneut anfangen und sich wieder auf sein Herz konzentrieren. Sobald man auf diese Weise wieder eine Verbindung zueinander aufgenommen hat und harmonisch miteinander arbeitet, würde das grüne Lämpchen aufleuchten. Dass es hierbei zu einer Verbindung der

Herzen kommt, lässt sich allein schon aus der Tatsache ableiten, dass es ohne große Anstrengung einfach funktioniert.

Diese Erfahrung der Verbundenheit und des Einklangs ist nichts anderes als das Flow-Gefühl, das man natürlich bei allen Aktivitäten haben kann. Wenn man sich wirklich in eine Erfahrung vertieft und seine Aufmerksamkeit beibehalten kann, geht alles mühelos. Sobald man jedoch zu denken beginnt und sich selbst beobachtet, verliert man seine Konzentration und verlässt die Erfahrungsebene.

Wenn man sich wirklich in eine Erfahrung vertieft und seine Aufmerksamkeit beibehalten kann, geht alles mühelos.

Was immer Ihre Lieblingsmethode ist, mit der Herzintelligenz können Sie sie leicht erlernen. Sie werden ständig von der Wirkung der Ihren Gedanken und Gefühlen innewohnenden Kraft überrascht sein.

Und Sie werden sich dessen bewusst werden, wie viel Einfluss Sie auf Ihren Körper haben und welches Ausmaß an Energie dabei freigesetzt werden kann. Die eigenen Fortschritte werden belohnt und das gibt einem wiederum das Selbstvertrauen weiterzumachen.

Auch bei dieser Methode ist es sinnvoll, einige Stunden Einzel- oder Gruppenunterricht zu nehmen. Herzintelligenz wird inzwischen von vielen Unternehmen dazu genutzt, den Stress ihrer Mitarbeiter zu verringern und so den Krankenstand zu senken.

ACHTSAMKEIT

Achtsamkeit ist vor zwanzig Jahren in Amerika durch die Studie des emeritierten Medizinprofessors Jon Kabat-Zinn bekannt geworden. Sein Werk ist ein gutes Vorbild für die Vereinbarkeit östlicher und westlicher Ansätze sowie die Integration von ganzheitlicher Medizin und Schulmedizin. Kabat-Zinn kommt aus einer buddhistischen Tradition und hat seine Mediations- und Yogaerfahrungen in einem Trainingsprogramm zur Aufmerksamkeitssteigerung miteinander vereint.

In seinem inspirierenden und weisen Buch *Gesund und stressfrei durch Meditation*[84] spricht er von »Aufmerksamkeits-Meditation oder Bewusstseins-Meditation«, die er mit der Wendung »wissen, was man tut, während man es tut« beschreibt. Ich lasse ihn hier kurz selbst zu Wort kommen:»Jeder Mensch hat die Fähigkeit zu solcher Achtsamkeit – sie muss allerdings geschult werden. (…) Nur selten kommt uns zu Bewusstsein, wie viel Energie wir gewohnheitsgemäß und aus Unwissenheit mit automatischen, unreflektierten Reaktionen auf unsere Umwelt oder das eigene innere Erleben vergeuden. Achtsamkeit zu kultivieren bedeutet, zu lernen, wie man seine Energien konzentriert und bewusst lenkt, anstatt sie zu verschwenden, und das wiederum bedeutet, Geist und Körper so weit zu beruhigen, dass ein tiefer innerer Entspannungszustand eintritt – Voraussetzung für jede körperliche und geistige Regeneration. Gleichzeitig gewinnt man ein klareres Verständnis hinsichtlich des eigenen Lebens und ist so fähig, Veränderungen herbeizuführen, die der Gesundheit zuträglich sind und die Lebensqualität entscheidend verbessern.«[85]

Die Auswirkungen seines Programms wurden an tausenden von Teilnehmern ausführlich getestet und als überzeugend und überwiegend positiv bewertet. Eine Besonderheit seiner Methode liegt darin, dass sich die Achtsamkeitsübungen aus unterschiedlichen Elementen zusammensetzen. Man beginnt zunächst mit der normalen, auf die Atmung ausgerichteten buddhistischen Meditation, daran schließt sich ein »Körperscan« an, bei dem die Aufmerksamkeit nach und nach auf alle Teile des Körpers gelenkt wird; man lernt dadurch, sich seiner Empfindungen bewusst zu werden. Dann folgen eine Gehmeditation, in der man seine Aufmerksamkeit auf die körperliche Erfahrung des Gehens lenkt, sowie eine Reihe von Yogastellungen, die teils am Boden, teils stehend eingenommen werden. Am Ende erhalten die Kursteilnehmer verschiedene Aufträge, die sie in ihrem Alltag ausführen sollen, zum Beispiel sich angenehme und unangenehme Ereignisse bewusst zu machen und sich die körperlichen Empfindungen, Gedanken, Bilder, Stimmungen, Gefühle und Emotionen zu notieren, die man dabei wahrnimmt.

Ein Kurs, der nach einem bestimmten Übungsschema durchgeführt wird, dauert insgesamt etwa acht Wochen. Je nach eigener Bedürfnislage kann man sich aber auch bestimmte Teile selbst zusammenstellen und als ein festes Ritual in das tägliche Leben einbauen. Letztlich entwickelt sich diese sehr bewusste Haltung dadurch zu einer Seins- oder Lebensweise. Heute gibt es überall Achtsamkeitskurse, die auch therapeutisch eingesetzt und von den meisten Krankenkassen finanziell gefördert werden.

Die Integration einer bewussten Haltung in das eigene Leben ist ein gemeinsames Ziel von *Focusing*, Herzintelligenz und Achtsamkeit. Ihnen allen geht es um eine Verbindung zwischen Körper und Geist und eine bewusste Wahrnehmung und Selbstbeeinflussung unserer inneren Vorgänge. Sie streben nach geistiger und körperlicher Harmonie und einem Gefühl der Einheit, das uns eine ganzheitliche Wahrnehmung unserer selbst ermöglicht.

KAPITEL 7:

LEBEN ALS FLOW-MENSCH

In diesem letzten Kapitel werden Sie etwas über die Phasen der Persönlichkeitsentwicklung erfahren. Wahrscheinlich werden Sie sich darin wiedererkennen und eine annähernde Vorstellung von dem Verlauf Ihres Wachstumsprozesses bekommen. Dabei können Sie sich von Eigenschaften inspirieren lassen, die allen kreativen Menschen gemeinsam sind. Die Beschreibung von Lebenswegen macht deutlich, dass es sehr unterschiedliche Pfade und Wege gibt. Letztendlich entscheiden Sie sich selbst für den Lebensweg, auf dem Sie sich am besten entfalten können.

1. Das selbstaktualisierende Individuum bei Maslow

Wie sieht es in einem glücklichen Menschen aus, der viele Flow-Erfahrungen hat, kreativ arbeitet, einer Berufung folgt und dem das Leben anscheinend keine Mühen bereitet? Der erste Forscher, der sich mit solchen Fragen auf dem Gebiet der Psychologie befasst hat, war der amerikanische Psychologe Abraham Maslow (1908–1970) – der eigentliche Urvater der Positiven Psychologie. Im Verbund mit dem Psychologen Carl Rogers (1902–1987) gehört er zu den Pionieren der Humanistischen Psychologie, deren Grundlagen sie gemeinsam erarbeitet haben. Die Humanistische Psychologie entstand in Reaktion auf den Behaviorismus und die Psychoanalyse in dieser Zeit. Im Gegensatz zu diesen Strömungen besitzt der Mensch aus Sicht der Humanistischen Psychologie die Freiheit, seine eigenen Entscheidungen zu treffen, und wird von dem Wunsch nach Selbstentfaltung angetrieben. Das Bedürfnis sich zu verwirklichen ist angeboren und eine starke Triebfeder dafür, die Talente und die Kreativität eines Menschen voll zur Entfaltung zu bringen.

Das Bedürfnis sich zu verwirklichen ist angeboren und eine starke Triebfeder dafür, die Talente und die Kreativität eines Menschen voll zur Entfaltung zu bringen.

Die Humanistische Psychologie geht vom Guten im Menschen aus. Und sie hält ihn für fähig, dieses Gute zum Ausdruck zu bringen, indem er danach strebt, seinem Wesenskerns entsprechend zu leben. Dieses Vertrauen in das Gute ist mit der »grundlegenden Güte« im Buddhismus vergleichbar. Die Humanistische Psychologie wählt damit einen ganz anderen Ausgangspunkt als so manche christliche Religion, die von vorneherein davon ausgeht, dass der Mensch schlecht sei und sich das Gute – in der Regel durch Leid – erst verdienen müsse *(no pain, no gain)*. In gleicher Weise wie heute innerhalb der Positiven Psychologie lag der Fokus der Humanistischen Psychologie auf der Entfaltung des gesunden Menschen, auf Themen wie Autonomie, Sinngebung, Motivation, Kreativität und auf positiven Emotionen wie Liebe und Flow (bei ihr als »Spitzenerlebnis« bezeichnet) sowie auf anderen Faktoren, die zu einer optimalen Entwicklung beitragen können.

WISSENSCHAFT ODER PHILOSOPHIE

Als ich zu Beginn der Siebzigerjahre Psychologie studierte, konnte man innerhalb der klinischen Fachrichtung Themen aus dem Bereich der Humanistischen Psychologie wählen. Neben der Beschäftigung mit der in dieser Zeit vorherrschenden quantitativen Psychologie mit ihrer Vielzahl von Laboruntersuchungen mit Ratten, war es für mich ein wahrer Genuss, die philosophisch orientieren Psychologen Maslow und Rogers zu studieren. Ihre Bücher behandelten Themen, die für das Leben aller Menschen relevant waren, sie waren gut lesbar und zudem auch persönlich bereichernd. Vor allem aber waren sie spannend, da sie sich mit Themen wie der Suche nach einer Bestimmung, nach selbstloser Liebe, mystischen Erfahrungen, Vertrauen in das intrinsisch Gute des Menschen und dessen Entwicklungsdrang befassten – mit Themen also, die damals kaum thematisiert wurden. Ihr Gedankengut sprach mich sehr an, so wurde ich eine *rogerianische* Psychotherapeutin und später sogar Lehrtherapeutin und Supervisorin, die zukünftige Kollegen – angehende Psychiater und Psychotherapeuten – mit dem humanistischen Gedankengut und der therapeutischen Arbeitsweise vertraut machte. Erst vor Kurzem ist mir klar geworden, dass meine Mission eigentlich immer gleich geblieben ist: psychologische Erkenntnisse, von denen man auch in seinem Alltag stark profitieren kann, zu entdecken, anzuwenden und zu vermitteln.

Aber das Philosophische dieser psychologischen Strömung, das ich anfangs so anziehend fand, war auch die Ursache für mein nachlassendes Interesse an ihr in den darauf folgenden Jahren. Denn es wurde darin oft mit beschreibenden Studien gearbeitet, in denen die Kernbegriffe nicht operationalisiert wurden, so dass deren Ergebnisse kaum messbar waren. Sie gingen nicht von empirischen Untersuchungen aus, sondern nahmen Fallstudien zur Grundlage, die phänomenologisch beschrieben wurden und daher in dieser Hinsicht nichts zur landläufigen wissenschaftlichen Forschung beitrugen. Dadurch gerieten die Lieblingsthemen der Humanisten für eine ganze Weile ins Hintertreffen. Bis Csikszentmihalyi 1990 dieselben Themen, allerdings auf der Grundlage empirischer Studien, in seinen Büchern erneut aufgriff. Erst zehn Jahre später entwickelte sich unter seiner und Seligmans Ägide die neue Strömung der Positiven Psychologie. Sowohl Maslow als auch Seligman waren zuvor Vorsitzende der *American Psychological Association* gewesen, die mehr als 160.000 Mitglieder zählt. Über die Anfänge der Positiven Psychologie berichtet Seligman Folgendes:»Im Redenhalten bin ich erfahren, ich habe hundert Reden vor unterschiedlichstem Publikum über erlernte Hilflosigkeit und erlernten Optimismus gehalten. Gleichwohl – auf die Reaktionen auf meine Reden über Positive Psychologie war ich nicht vorbereitet. Zum ersten Mal in meinem Leben habe ich *Standing Ovations* bekommen. Und zum ersten Mal habe ich Menschen während eines Vortrags Tränen vergießen sehen. Eine Psychologin hat mir gesagt: ›Ich bin geboren für die Positive Psychologie, aber ich habe sie verschmäht und an ihrer statt diesen ganzen Psycholeidenskram gemacht‹.«[86]

Ich wünschte mir, ich wäre mit dabei gewesen. Ich hätte bestimmt auch heftig geweint, denn das entsprach genau meinem Gefühl, endlich wieder bei der Psychologie im eigentlichen Sinne angekommen zu sein: bei einem facettenreichen Studium des ganzen Menschen in all seinen Entwicklungsstadien – reif und unreif, gesund und ungesund.

MASLOWS BEDÜRFNISHIERARCHIE

Nach dieser Vorgeschichte und diesem persönlichen Bekenntnis werden wir uns nun Abraham Maslow zuwenden. Er hat wohl die größte Bekanntheit durch die Darstellung einer Bedürfnishierarchie erlangt: der Maslow-Pyramide. Obwohl sie oft erwähnt wird, möchte ich hier noch einmal kurz auf ihre Grundgedanken eingehen. In der untersten Ebene der Pyramide steht das Bedürfnis zu überleben, das sich in organischem und körperlichem Verlangen äußert. In der darüberliegenden Ebene steht das Bedürfnis nach Sicherheit. Die dritte Ebene wird von dem Bedürfnis nach sozialem Kontakt und dem Wunsch, zu einer Gruppe dazuzugehören, eingenommen. Dann folgt das Bedürfnis, akzeptiert zu werden und Wertschätzung und Anerkennung zu erfahren. Die Spitze der Pyramide bilden schließlich das Bedürfnis nach Selbstverwirklichung und der Wunsch, sich selbst zu aktualisieren und möglichst weitgehend zu entfalten. Gegen Ende seines Lebens hat

Maslow diesem Konzept noch das Bedürfnis nach Transzendenz hinzugefügt: den Wunsch, etwas zu erlangen, das wie in einer mystischen Erfahrung oder einem intensiven Flow-Erlebnis über die menschliche Erfahrungsdimension hinausgeht.

Diese Bedürfnisse bauen hierarchisch aufeinander auf: Wenn die niedrig eingestuften Bedürfnisse nicht befriedigt sind, besteht auch kein Verlangen nach Befriedigung eines höher eingestuften Bedürfnisses. Wenn man Hunger leidet oder kein Dach über dem Kopf hat, verspürt man nicht unbedingt den brennenden Wunsch, ein Museum oder ein Violinkonzert zu besuchen. Die Pyramidenform macht deutlich, dass niedriger eingestufte Bedürfnisse höheren Zielen – etwa sich für eine Mission zu engagieren oder einen wichtigen Beitrag für die Welt zu leisten – immer vorausgehen.

Maslow ist auch wegen seiner Forschung zum »Spitzenerlebnis« bekannt, für die er eine große Zahl von Menschen interviewt hat. Inhaltlich haben diese Erlebnisse Ähnlichkeit mit Flow-Erfahrungen, und sie werden auch auf die gleiche Weise beschrieben und mit Kreativität in Verbindung gebracht. Maslows Spitzenerlebnisse scheinen sich allerdings eher zufälliger zu ergeben als Flow-Erfahrungen. Es sind außergewöhnliche Erlebnisse, die Menschen tief greifend verändern können, aber eigentlich recht selten vorkommen. Menschen, die diese wesentlichen Daseinserfahrungen durchlebt haben, bezeichnet Maslow als Z-Menschen. Ihre charakteristischen Eigenschaften decken sich stark mit denen von Csikszentmihalyis T-Personen. Während eines Spitzenerlebnisses ist man seinem Wesenskern am nächsten. Maslow sagt dazu:»Das heißt, die größte Errungenschaft der Identität – Autonomie oder Selbstheit – ist in sich gleichzeitig eine Transzendenz seiner Selbst, ein Hinausgehen über und jenseits der Selbstheit. Der Mensch kann dann relativ ichlos werden.«[87] Der Betreffende ist in einem solchen Moment in Harmonie mit sich selbst und seiner Umgebung, er ist besonders kreativ und befindet sich auf dem Höhepunkt seiner Fähigkeiten. Er hat kaum Zweifel oder abschweifende Gedanken, er hat ein deutliches Ziel vor Augen und das Gefühl, die Situation zu beherrschen, er verhält sich spontan, spielerisch und ungekünstelt und er verhält sich seiner Umgebung gegenüber offen. Sein Handeln ist mühelos und unangestrengt. Er ist ganz präsent im Hier und Jetzt, er *ist* einfach und das ist eine freudvolle Erfahrung. Aus Dankbarkeit für dieses besondere Erlebnis verspürt die Z-Person den Wunsch, der Welt etwas zurückzugeben. Maslow betrachtet diesen Daseinszustand als Realisierungsform einer vollkommenen Identität.

Auf diese Weise kann man sich also über die Befriedigung niedrig eingestufter Bedürfnisse hinaus weiterentwickeln und schließlich mittels eines derartigen Spitzenerlebnisses zu einem vollendeten Menschen werden. Menschen, die keine Spitzenerlebnisse kennen, werden unvollständig bleiben und immer nach etwas streben, was ihnen fehlt und was sie vermissen.

VON DER SELBSTANNAHME ZUR SELBSTTRANSZENDENZ

Obwohl der Sprachgebrauch in Maslows Werk etwas altmodisch wirkt, gibt es darin viele Übereinstimmungen zur Flow-Theorie. Auf seine Weise hat Maslow viele Begriffe trotz seiner begrenzten Untersuchungsmethoden aufgrund seiner umfassenden Bildung und seiner klinischen Erfahrung schon recht gut dargestellt und klar analysiert. Im Grunde liefert er bereits eine Beschreibung des Flow-Menschen und der psychologischen Stufen, die dieser durchschreitet. Ein Vorteil seines nicht streng wissenschaftlichen Vorgehens liegt darin, dass er es wagt, jahrhundertealtes Wissen aus Taoismus und Buddhismus in seine Theorie aufzunehmen, und auch nicht zögert, östliche Philosophen zu zitieren.

Der Übergang vom psychisch gesunden, sich selbst verwirklichenden Menschen zu einem sich in mystischen Erfahrungen selbst übersteigenden Menschen vollzieht sich bei Maslow als natürlicher Prozess. Im transzendenten Seinszustand wird der Mensch nicht mehr von seinen Bedürfnissen, sondern von seinen Werten und Prinzipien bestimmt. Maslow beschreibt diese Seinswerte – Wahrheit, Schönheit, Gerechtigkeit, Schlichtheit, Heiterkeit und noch ein Dutzend anderer – auf überzeugende Weise und ganz im Geiste seiner Zeit oder – wie man vielleicht eher sagen sollte – im Geiste aller Zeiten. Im psychologischen Prozess ist Selbstannahme, die »Liebe zu sich selbst, so wie man ist«, ein Grundbegriff und die Basis alles Folgenden. Auf ihrer Grundlage entwickelt sich das selbstaktualisierende Individuum zu einem kreativen Menschen. Maslow schreibt dazu: »Der Bürgerkrieg im Inneren des Durchschnittsmenschen zwischen den Kräften der inneren Tiefen und den Kräften der Abwehr und Kontrolle schien bei meinen Versuchspersonen aufgehoben worden zu sein; sie waren weniger gespalten. Als Folge davon steht ihnen mehr von ihnen selbst zur Verfügung, zu eigener Freude und für kreative Zwecke. Sie verschwenden weniger von ihrer Zeit und Energie, indem sie sich selbst gegen sich selbst schützen.«[88]

Kreative Fähigkeiten sind also das Endergebnis eines ganzen Prozesses, der mit Selbstannahme beginnt und zu dessen »Nebenerscheinungen« wohl auch die Glückserfahrung zu zählen ist. Erst wenn wir uns keine Sorgen über uns selbst machen müssen, können wir unser Potenzial ganz entfalten. Erst dann können wir aus dem Vollen schöpfen, über uns selbst hinausgehen und dabei Erfüllung finden und uns glücklich fühlen. In meiner Arbeit komme ich ziemlich oft mit Menschen in Kontakt, die plötzlich spirituell werden, manchmal sogar in einem Maße, dass sie sich selbst als »erleuchtet« betrachten. Sie hatten eine außergewöhnliche Erfahrung – ähnlich der, die Maslow als Spitzenerlebnis beschreibt – oder eine besondere Erkenntnis und haben nun das Gefühl, sie seien auf ein höheres Bewusstseinsniveau transzendiert worden. Das gestaltet sich vor allem in Bezug auf ihre Arbeit und ihre Beziehung, also auf ihren Alltag, nicht immer unproblematisch.

Erst wenn wir uns keine Sorgen über uns selbst machen müssen, können wir unser Potenzial ganz entfalten.

Bei einer näheren Untersuchung zeigt sich dann, dass dieses höhere Stadium nicht infolge eines Prozesses erreicht worden ist, der mit Selbsterkenntnis und Selbstannahme beginnt, sondern auf einem Pfad, der aus einem Hadern mit sich selbst vom Selbst wegführt. Den ganzen Weg haben sie der Einfachheit halber überschlagen, so dass ihre alten Muster, Fallstricke und ihr unnatürliches Verhalten weiterhin erhalten bleiben, lediglich vom Mantel der Spiritualität verdeckt und unter ihm versteckt sind.

Es fällt mir immer schwer, diesen Klienten mitzuteilen, was ich darüber denke. Vor allem deshalb, weil sie diese neue Identität, die sie manchmal auch Transformation nennen, verteidigen, als hinge ihr Leben davon ab. Sie reagieren so, als würde ich in Abrede stellen, dass es so etwas wie Transzendenz tatsächlich gibt. Vor Jahren las ich bei John Welwood, einem amerikanischen klinischen Psychologen und Buddhisten, eine Erklärung für dieses Verhalten, das er als »spirituellen Bypass« bezeichnet.[89] Es ist die Tendenz, emotionale und persönliche – also irdische! – Dinge, die noch nicht gelöst sind, umschiffen zu wollen, indem man sie mit einem Schlag übersteigt. Vielen erscheint das zwar als eine sehr verlockende Möglichkeit, aber sie funktioniert auf Dauer nicht und steht einer Weiterentwicklung eher im Weg. Denn eine persönliche Entwicklung verläuft in Phasen und eine dieser Phasen besteht darin, sich der alten Muster bewusst zu werden, sich von ihnen zu lösen und seinen Frieden mit sich zu machen. Erst danach kann man in Bezug auf seine emotionale Intelligenz, seine Verbundenheit mit anderen oder seine Sinngebung weiterwachsen. Wie einschneidend ein Spitzenerlebnis auch sein mag, man kann nie mit einem Mal den Sprung auf die höchste Ebene der Pyramide machen und all die kleinen Zwischenschritte einfach übergehen.

Auch, oder besser gesagt, *gerade* ein Flow-Mensch hat an sich gearbeitet, denn er ist zu dem geworden, der er ist, weil er jahrelang alle Facetten seines Selbst entwickelt hat. Es ist illusorisch zu glauben, man könne durch eine einzige Erfahrung eine beständige Transformation erreichen. Im folgenden Teil werden einige dieser psychologischen Zwischenschritte genauer dargestellt.

2. Persönliche Entwicklungsphasen

Auch in den Niederlanden hat man ein Modell entwickelt, das das persönliche Wachstum im Laufe eines ganzen Menschenlebens umfasst. Der geistige Vater dieses »Entwicklungsprofils« ist der zuvor bereits erwähnte Robert Abraham.[90] Ebenso wie Maslow hat er nicht nur einen Blick für den Menschen mit psychischen Problemen, sondern auch für den gesunden Menschen, der sein Leben bereichern will, in dem er das Beste aus sich macht. In diesem Sinne ist Abraham ein Positiver Psychiater vor der Zeit der Positiven Psychologie. Er nutzte für seine Theorie seine jahrzehntelange klinische Erfahrung, aber auch solide wissenschaftliche Forschung. Sein Modell wurde über viele Jahre hinweg getestet und korrigiert und wird heute von Psychologen, Psychotherapeuten und Psychiatern dazu verwendet, um das Profil eines Patienten zu erstellen.

Dieses Profil umfasst zehn Niveaus (Niveau null bis neun), die von einem niedrigen zu einem hohen Grad psychischer Reife reichen. Jedes Niveau ist wiederum in zehn Entwicklungslinien (zum Beispiel Selbstbild, Bedürfnisse, Sozialverhalten, problemlösendes Verhalten) unterteilt, woraus sich hundert Kästchen ergeben, in denen die Charakteristika des Klienten oder Patienten festgehalten werden können. Die unteren Ebenen, die bei Menschen mit psychischen Problemen gemessen werden, enthalten unreife Muster. Ab dem sechsten Niveau handelt es sich um relativ gesunde Menschen und auf dem höchsten Niveau spricht man von einer reifen Persönlichkeit mit einer Mission und einer weisen Lebenshaltung, die bereit ist, sich selbst zurückzustellen.

Weil es sich um ein einzigartiges Modell handelt, das den ganzen Menschen in all seinen Phasen und Verhaltensmerkmalen einschließt, und da ich selbst in meiner Arbeit sehr davon profitiert habe, stelle ich hier die vier höchsten Phasen kurz vor.

Auf dem Niveau sechs, dem der *Individuation*, ist die Person primär auf Selbstverwirklichung hin ausgerichtet und auf der Suche nach einer passenden Lebensweise. Sie ist gesellschaftlich produktiv, sieht andere als gleichwertig an, hat ein authentisches Selbstbild und leitet ihren eigenen Wert davon ab, echt zu sein und gemäß ihrer eigenen Entscheidungen zu handeln. Prinzipiell geltende Normen und Werte werden mit der Person verbunden. Ihre Bedürfnisse sind auf die Konsolidierung der eigenen Identität und das Treffen richtiger Entscheidungen in den Bereichen Partnerschaft, Elternschaft, Ausbildung, Arbeit, Religion, Politik, Hobby und Sport ausgerichtet. Die Person gibt sich und dem Leben auf eine persönliche Weise Bedeutung und ist dazu in Lage, Frustrationen auszuhalten, emotionale Reaktionen zurückzustellen, ihre Wünsche abzuändern und sich selbst zu beherrschen. Ihr Verhalten ist selbstsicher und sie ist von sich und ihrem Eigenwert überzeugt.

Darauf folgt mit dem Niveau der *Verbundenheit* eine schon etwas reifere und geistig gesündere Phase. In ihr bildet sich als zentrales Thema die Verbundenheit mit anderen Menschen und mit einem größeren Ganzen heraus – was übrigens keineswegs bedeutet, dass die eigene Persönlichkeit zurücktreten müsste. Die Person teilt ihr Leben mit einem Partner und ist zufrieden mit der Beziehung. Ihre sozialen Kontakte sind befriedigend und bedeutungsvoll. Die Person ist wichtig für andere, und diese sind ihrerseits wichtig für sie. Ihr Selbstbild ist authentisch und wird von dem Wert bestimmt, gemeinsam mit anderen angemessene Aktivitäten zu unternehmen. Was diesen Wert anbetrifft, geht sie von ihren eigenen Entscheidungen aus, nimmt hierbei jedoch Rücksicht auf die Wünsche und Sehnsüchte anderer. Sie hat ein Bedürfnis nach Intimität und gewinnt Freude und Erfüllung aus gemeinsamen Aktivitäten, Gesprächen und Sex mit ihrem Partner. Die Person ist im Stande, ihr eigenes Verhalten zu erklären und Ambivalenzen (wie die Tatsache, dass wichtige Menschen oder Ereignisse immer eine positive und eine negative Seite haben) zu akzeptieren. Sie kann sich mit anderen zusammenschließen, ohne die eigene Verantwortung aus den Augen zu verlieren, und sich empathisch in andere und deren Bedeutungswelt hineinversetzen.

ZWEI NIVEAUS HOHER REIFE

Das darauf folgende Niveau geistiger Gesundheit wird als *Generativität* bezeichnet und ist davon gekennzeichnet, dass sich die Person ernsthaft für die Gemeinschaft einsetzt. Sie fühlt sich für das Wohlergehen anderer verantwortlich und ist bereit, für andere zu sorgen und, wo nötig, ihre Hilfe anzubieten. Ihr Selbstbild ist persönlich und existenziell geprägt und beruht vor allem auf der Übereinstimmung ihres Handelns mit ihrem Lebensplan. Sie hat ein großes Bedürfnis nach Integrität, danach, dass ihre Werte, ihre Normen und ihr Handeln immer mit ihren persönlichen Überzeugungen in Einklang stehen. Die Person kann ihr eigenes Handeln gut begründen und auch aus ihren eigenen Motiven und Beweggründen her gut interpretieren. Es ist ein großes Maß an Selbsteinsicht vorhanden, die auch anderen vermittelt werden kann. Bei Stress nutzt sie ihre Fähigkeit, die Situation manchmal auch mit Humor und Selbstkritik zu relativieren. Sie ist tatkräftig und packt Probleme an, um sie zu lösen. Auf der Ebene der Generativität ist die Person bereit, von eigenen Wünschen und Absichten abzusehen, und dazu fähig, bedeutsame Verluste zu verkraften.

Dieser sehr weit entwickelten und weisen Persönlichkeit folgt die Person auf dem höchsten Niveau, das einfach *Reife* heißt. Ein wichtiges Merkmal dieser Ebene ist die Fähigkeit der Person, sich selbst und die eigenen Interessen zurückzustellen. Die Person zieht sich, wenn es notwendig und wünschenswert ist, freiwillig aus bestimmten sozialen Aktivitäten zurück. Sie setzt sich aus altruistischen Motiven für andere ein, die Hilfe brauchen, ohne dafür eine Gegenleistung zu erwarten. Die Bedeutung oder der Wert, den sie sich selbst beimisst, beruht auf dem Grad der Übereinstimmung ihrer Persönlichkeit mit der eigenen Lebensphilosophie. Diese Lebensphilosophie bildet auch den Maßstab für ihre Werte und Normen. Die Person hat ein Bedürfnis nach Sinngebung und sieht ihr Leben gern in einen größeren Kontext eingebettet. Sie kann sich die Vergangenheit vergegenwärtigen und das Kind in sich selbst wiedererkennen. Bei Problemen werden konträre Themen harmonisch miteinander verbunden und neue und kreative Lösungen gesucht. Die Person wagt es, der eigenen Sterblichkeit gefasst entgegenzutreten, ohne dabei ihre Verbundenheit mit dem Leben einzubüßen.

Ebenso wie in Maslows Theorie sind auch in Abrahams Modell die großen Entwicklungslinien gut nachzuvollziehen: Von einem Bedürfnis nach einem ursprünglichen Selbst zu einem Bedürfnis nach Verbundenheit mit anderen Menschen und mit einem größeren Ganzen. Von einer Verantwortung für das Wohlergehen anderer zu einem Engagement für die Gesellschaft als Ganzes. Und schließlich zu einer Phase der Transzendenz, in der eigene Bedürfnisse untergeordnete Bedeutung haben und universelle und überzeitliche Werte wichtiger werden. Es ist der Lebensweg eines Menschen, der vom Wunsch getrieben wird, Neues zu entdecken, und der intensiv lebt und so immer in Bewegung bleibt.

3. Kreative Forscher und Künstler

Seit Beginn seiner wissenschaftlichen Laufbahn an war Csikszentmihalyi auf der Suche nach den charakteristischen Merkmalen geistig gesunder Menschen, die kreativ sind und eine Mission haben. Er veröffentlichte eine Studie über Kreativität, an der sich 91 kreative Menschen beteiligt hatten. Diese Menschen hatten alle einen Beitrag entweder zur Welt der Kunst (als Schriftsteller, bildende Künstler, Architekten, Dichter, Komponisten, Musiker und Artisten) oder zur Wissenschaft (als Historiker, Philosophen, Biologen, Ärzte, Chemiker, Physiker, Astronomen, Psychologen und Sozialwissenschaftler) geleistet. Außerdem nahmen auch einige Politiker, Erfinder, Manager und Philanthropen daran teil. Unter ihnen befanden sich viele bekannte Namen und mehrere Nobelpreisträger. Ziel seiner Studie war es, die Lebenswege von »außergewöhnlichen Menschen« zu beschreiben, »die eine Möglichkeit gefunden haben, *flow* zu einem konstanten Faktor ihres Lebens zu machen und gleichzeitig zu der Evolution der Kultur beizutragen.« Am bemerkenswertesten an diesen Menschen war ihre große Neugier. Schon als Kinder hatten sie über die sie umgebende Welt gestaunt und sich gewundert. Sie hatten den Drang, über mindestens einen Aspekt ihrer Umgebung mehr erfahren zu wollen, und behielten diese Einstellung meist ihr ganzes Leben lang bei. Anfangs war ihr Interesse weitgefächert, erst später wurde es spezifischer und richtete sich auf ein bestimmtes Gebiet.

In ihrer Jugend waren sie nicht besonders beliebt bei ihren Altersgenossen. Weil sie schon früh ihren eigenen Weg gingen, hatten sie das Gefühl, anders zu sein als die andern. Viele erinnern sich an eine einsame Jugendzeit als Außenseiter. Später fanden die meisten von ihnen schnell einen Partner, mit dem sie dreißig, vierzig oder manchmal auch mehr als fünfzig Jahre verheiratet waren. Ihre stabilen Beziehungen ermöglichten es ihnen, sich auf ihren kreativen Prozess zu konzentrieren. Außerdem waren die meisten der Partner stimulierend und unterstützend.

Für viele nahmen auch andere Personen, die ihre Begabung erkannten, die Rolle eines ermutigenden Mentors ein. Manche dieser Kreativen hatte allerdings überhaupt keine Unterstützung erfahren. Es gab also zwei Extreme: Einige waren sehr stark, andere gar nicht unterstützt worden. Unter den Letzteren befanden sich relativ viele Personen, die ohne Vater aufgewachsen waren. Csikszentmihalyi erklärt sich ihre Kreativität aus der Notwendigkeit und Möglichkeit, sich selbst zu erfinden, ohne sich einer kritischen Vaterfigur gegenüber rechtfertigen zu müssen. Kreative Menschen sind schon im Allgemeinen – stärker als andere – dazu gezwungen, ihre Werke ohne Vorbild oder Rollenmodell zu gestalten. Für sie gibt es meist keine vorgezeichneten Wege oder etwas, dem sie sich anschließen könnten, sie müssen ihr Werk und ihre Karriere völlig neu erschaffen. Ein anderer Aspekt ihrer Persönlichkeit war ihre Beharrlichkeit bei der Erkundung ihres Interessengebietes. Sie waren oft so von ihren Themen gefesselt, dass sie sich nicht leicht entmutigen ließen. Wenn Ihnen etwas misslang, hielten sie sich nicht lange damit auf, sondern nahmen den Faden gleich wieder auf.

Fast alle hatten eine intrinsische Motivation: Kaum einer von ihnen tat seine Arbeit, um reich und berühmt zu werden. Sie taten, was sie wollten, und hatten Freude daran. Die Resultate ihres besonderen Talents und ihrer Anstrengung waren ihnen nicht wichtiger als der

Flow, den sie auf dem Weg zu diesen Resultaten erlebten. Sie beschrieben ihr Leben als Flow-Erfahrung: Sie genossen es, sich mit ihrem Lieblingsthema zu beschäftigen, waren dankbar für die Chancen, die sie – sowohl in ihrer Arbeit wie auch in der Liebe – bekamen, und sagten meistens ungefragt, dass sie selten oder nie etwas getan hätten, was sie nicht wirklich wollten.

Im Hinblick auf ihre Werte war es auffallend, wie häufig hierbei Ehrlichkeit und Aufrichtigkeit ins Spiel kamen. Künstler sprachen von Gefühlstreue, Dichter nannten es »ihrem Herzen folgen«, Naturwissenschaftler berichteten von Wahrnehmungstreue der Verlässlichkeit empirischer Fakten und Wirtschaftsleute und Politiker sprachen von der großen Bedeutung, die Ehrlichkeit in ihren Beziehungen zu anderen Menschen habe. Die meisten von ihnen hatten diesen Wert schon von Haus aus mitbekommen.

WIDERSPRÜCHLICHE CHARAKTERZÜGE

Eine der bemerkenswertesten Entdeckungen ist die Tatsache, dass kreative Menschen in ihrer Persönlichkeit oft gegensätzliche Seiten vereinen. Sie lassen sich schwerer typisieren als andere Menschen, weil sie in ihrer Person oft Extreme verbinden und in diesem Sinne komplexe Persönlichkeiten sind. Meistens geht es dabei um die Integration von Aktivitäten der beiden unterschiedlichen Hirnhälften, so dass sie gleichzeitig Träumer, Denker und Macher sein können. Kreative Menschen haben viel körperliche Energie, sind aber dennoch oft ruhig oder still. Sie können gut mit ihrer Energie umgehen und konzentrieren diese in manchen Momenten stärker auf ihre außergewöhnlichen Ziele, in anderen auf Entspannung und Besinnung.

Sie sind in der Regel klug, gleichzeitig aber auch naiv, manchmal sind sie weise und kindlich zugleich. Sie können konvergentes und divergentes Denken miteinander kombinieren. Ersteres braucht man beim rationalen Lösen von Problemen, während es bei der zweiten Form um eine Beweglichkeit im Denken sowie die Fähigkeit geht, unterschiedliche Ideen zu finden, flexibel seinen Standpunkt zu wechseln und originelle Bezüge herzustellen. Konvergentes Denken wird in Intelligenztests gemessen, divergentes Denken in Kreativitätstests. Beide braucht man im Gesamtverlauf eines kreativen Prozesses, sowohl für das Auffinden kreativer Ideen als auch dafür, gute von schlechten Einfällen zu unterscheiden.

Eine dritte augenscheinlich paradoxe Kombination ist die Verbindung von Verspieltheit und Disziplin. Ein kreativer Geist hat oft etwas Verspieltes und Kindliches, daneben aber auch Eigenschaften wie Geduld und Beharrlichkeit bei der Ausarbeitung seiner kreativen Eingebungen. Ähnlich gegensätzlich wirkt die Kombination von Fantasie und starkem Realitätssinn. Beides benötigt man im kreativen Prozess, sowohl um Ideen zu kreieren als auch dafür, sie umzusetzen. Csikszentmihalyi macht dazu die geistreiche Bemerkung:»Normalbürger sind selten originell, aber mitunter bizarr. Kreative Menschen sind offenbar originell, ohne bizarr zu sein. Das Neue, das sie erkennen, ist in der Realität verankert.«[91]

Auch was Extrovertiertheit und Introvertiertheit angeht, lassen sich kreative Menschen nur schwer in Schubladen einteilen, weil sie beide Tendenzen in sich vereinen. Um etwas zu erschaffen, muss man gut allein sein können, aber für den kreativen Prozess ist es auch notwendig, mit anderen Ideen auszutauschen und Feedback zu erhalten. Phasen der Reflexion und der Kreativität wechseln sich daher mit sozialen Kontakten und inspirierenden Interaktionen ab.

Ein weiteres bemerkenswertes Charakteristikum liegt in der Kombination von Bescheidenheit und Stolz. Diese Eigenschaften sind oft sehr ausgeprägt in derselben Person vereint. Aus Respekt vor dem Werk der Vorgänger auf ihrem Fachgebiet, im Bewusstsein, selbst einfach Glück gehabt zu haben, und aufgrund der Neigung, sich immer wieder neuen Herausforderungen zu stellen, verweilen sie nicht lange selbstbewusst bei früheren Erfolgen. Für sie geht das Leben einfach weiter. Eine andere widersprüchliche Kombination, die sich bei vielen von ihnen zeigte, besteht in der Verbindung von Ehrgeiz und dem Kampf nach Anerkennung einerseits und Selbstlosigkeit und der Bereitschaft, die eigene Erfüllung dem Gelingen eines Projektes unterzuordnen andererseits. Viele kreative Menschen erklärten, dass sich ihre Ziele im Laufe ihres Lebens von egoistischen zu altruistischen Ideen hin verschoben hätten. In der Regel fühlten sie sich verantwortlich für ihre Mitmenschen und die Weltentwicklung.

Eine weitere interessante, augenscheinlich gegensätzliche Verbindung ist jene von männlichen und weiblichen Persönlichkeitsaspekten. Csikszentmihalyi spricht hier von»psychologischer Androgynität«: von der Fähigkeit, typisch männliche und typisch weibliche Eigenschaften in sich zu vereinen und so seine Persönlichkeit und deren Verhaltensrepertoire gewissermaßen zu verdoppeln.

Eine andere Kombination stellt die Verbindung sowohl konservativer und traditioneller als auch rebellischer und unabhängiger Charakterzüge dar. Um die Regeln des Fachs zu erlernen, muss sich ein kreativer Mensch zunächst die Zeit nehmen, sie intensiv zu studieren und sich ihnen zu unterwerfen. Danach muss er es aber wagen, diese Komfortzone zu verlassen, das Risiko einzugehen, etwas völlig Neues zu erschaffen und mit der Tradition zu brechen.

Die nächste Besonderheit besteht in der Verbindung von Leidenschaft und Objektivität. Ersteres erfordert ein großes Engagement und eine enge Verbundenheit mit dem Sujet, Letzteres erfordert Distanz und ein unabhängiges Urteil; beides ist für die kreative Arbeit unerlässlich. Kreative Menschen sind aufgrund ihrer Empfänglichkeit und ihrer Sensibilität verletzlich und leicht zu bekümmern, sie sind andererseits aber auch sehr offen für Genuss und Erfüllung. Eine sensible Seele ist empfindsam für Unsicherheit, Angst oder Einsamkeit, aber auch für die Freuden und den Flow einer kreativen Phase. Die Intensität ihres Erlebens hat offenbar zwei Seiten, die zusammengehören. Gerade ihre Sensibilität befähigt sie dazu, intensiv zu genießen und Neues zu entdecken. Für das Bewusstsein einer kreativen Persönlichkeit ist nichts charakteristischer als der Flow-Zustand.

BEGEISTERTE FÜHRUNGSPERSÖNLICHKEITEN

In einer Studie über Führungsqualitäten, die Csikszentmihalyi sieben Jahre später publizierte, hatte er keine Wissenschaftler und Künstler erforscht, sondern visionäre Führungspersönlichkeiten.[92] Für diese Studie interviewte er weltweit fast vierzig Personen aus unterschiedlichen Sektoren des Wirtschaftslebens, zu denen auch einige bekannte Topmanager gehörten. Ihre Kreativität wurde in der Vision deutlich, mit der sie ihr Unternehmen leiteten. Teil ihrer Kreativität waren aber auch ihre Gefühle und ihre Intuition, die sich in der Leidenschaft widerspiegelten, mit der sie ihre Führungsrolle ausfüllten. Da man die Interviewpartner aufgrund ihrer Fähigkeit ausgewählt hatte, hohe Leistungsbereitschaft und starkes moralisches Engagement zu vereinen, war ihre Begeisterung oft von dem Wunsch getragen, etwas zur Gesellschaft oder der Menschheit im weitesten Sinne beizutragen. Die Gruppe bestand also aus begeisterten oder beseelten Menschen, die sich für etwas engagierten und sich zum Ziel gesetzt hatten, ihre Organisation ebenfalls dafür zu begeistern.

Worin lagen ihre psychologischen Charakteristika und inwiefern glichen sie denen von Künstlern und Wissenschaftlern? Beseelte Menschen haben vor allem einen grenzenlosen Optimismus. Sie denken vorwiegend positiv über ihre Mitmenschen und die Zukunft und haben großes Vertrauen in ihre eigene Problemlösungsfähigkeit. Sie können ihr Leben sehr genießen, sind aber auch dazu bereit, sich für das Wohlergehen anderer einzusetzen. Viele von ihnen haben eine Berufung oder eine Mission und das Gefühl, dazu vorbestimmt zu sein, Großes zu leisten. Meistens hat dieses Gefühl schon früh in ihrem

Beseelte Menschen haben vor allem einen grenzenlosen Optimismus.

Leben eingesetzt und sie sind langsam hineingewachsen. Es kann aus der Berufung bestehen, sich auf einem gewissen Gebiet auszuzeichnen, oder aus der Mission, etwas in der Welt zu verbessern, oder darin, anderen die Möglichkeit zu geben, Flow-Erfahrungen an ihrem Arbeitsplatz zu erleben.

Ein weiteres ausgeprägtes Merkmal ist – ebenso wie in der Gruppe der Kreativen – ihr starker Glaube an Integrität und ihr großes Vertrauen in sich selbst und in ihre Mitmenschen.
Als wichtige Werte werden auch Transparenz und Authentizität genannt. Sie betrachten ihre grundlegenden Werte als moralischen Kompass und versuchen sie zu schärfen, indem sie andere Sichtweisen fortwährend mit ihren eigenen vergleichen.

Ein weiteres Merkmal von Flow-Menschen ist ihr starker Glaube an Integrität und ihr großes Vertrauen in sich selbst und in ihre Mitmenschen.

Weitere ihrer charakteristischen Eigenschaften sind Ehrgeiz und Ausdauer. Das zeigt sich deutlich darin, dass sie nach neuen Herausforderungen suchen, um die Latte immer wieder höher zu legen, dass sie das Bedürfnis haben, über Altbekanntes hinauszugehen, und dass sie an selbstgesetzten Zielen festhalten. Und natürlich prägt sie auch eine große Neugier und Offenheit für neue Erfahrungen. Zu guter Letzt ist diese Gruppe offenbar zu großer Empathie fähig, die sich in Sensibilität für die Bedürfnisse anderer, in Respekt und Vertrauen äußert.

Im Allgemeinen sind das alles Eigenschaften, die wir auch schon bei Flow-Menschen beobachtet haben. Doch verglichen mit Wissenschaftlern und Künstlern legen diese visionären Führungspersönlichkeiten größeren Nachdruck auf die Bedeutung der sozialen Intelligenz in Form von Vertrauen, Empathie und Respekt. Sie sind auch seltener allein tätig und profitieren vor allem von ihrer Fähigkeit, gut mit unterschiedlichsten Menschen umgehen zu können. Das gelingt ihnen so gut, weil sie die Kompetenzen ihrer Mitarbeiter erkennen, sie stärken und deren kreative Prozesse begleiten. Im Wesentlichen aber decken sich bei beiden Gruppen die Haltung zu sich selbst und der Welt: Beide beschreiben ihre Begeisterung und Leidenschaft für ihre Arbeit als Flow.

4. Sich selbst zu einem kreativen und inspirierten Menschen entwickeln

Welchen Gewinn können Sie selbst aus diesen Studien für sich ziehen? Wie könnten Sie selbst zu einem kreativen Menschen werden? Die hier beschriebenen Flow-Menschen sind vielfältige und komplexe Persönlichkeiten, die sicherlich auf der höchsten Stufe der Maslow-Pyramide stehen würden. Auch in Abrahams Profil befänden sie sich wahrscheinlich auf der Ebene der *Generativität* oder der *Reife*. Die Frage, die sich nun für Sie stellt, ist, ob Sie vergleichbare Eigenschaften haben, die Sie entwickeln könnten?

Bemerkenswerte Eigenschaften, die immer wieder genannt werden, sind Optimismus und positives Denken. Alle Studien belegen die große Bedeutung einer positiven Lebenseinstellung. Wie wir im vierten Kapitel bereits gesehen haben, können Sie sogar bei einem pessimistischen Naturell lernen, optimistisch zu werden, auch wenn das nicht ganz leicht sein wird. Sie können beispielsweise damit beginnen, sich dabei zu ertappen, wenn Sie wieder einmal wie selbstverständlich davon ausgehen, dass etwas scheitern oder doch hinter Ihren Erwartungen zurückbleiben wird. Das kann alles Mögliche sein: eine Anstellung, eine neue Wohnung, eine Beziehung, eine Lebensweise, ein Urlaub oder eine Passion wie Malen oder Schreiben. Wenn Sie schon zu Beginn einer neuen Beziehung befürchten, dass diese genauso schlecht ausgehen wird wie die letzte, können Sie nicht gerade von sich behaupten, eine positive Einstellung zu haben. Das sind also Momente, in denen Sie trübe Gedanken bewusst durch hoffnungsvollere und positivere ersetzen sollten.

Eine positive Haltung hat natürlich viel mit Vertrauen zu tun, mit Vertrauen in sich selbst, in seine Mitmenschen und in einen guten Gang der Dinge. Darauf zu vertrauen, dass die Welt oder das Leben uns wohlgesinnt sind und es doch nur gut mit uns meinen, können wir lernen, ohne in Naivität oder Gutgläubigkeit zu verfallen. Jedes Mal, wenn Sie Gedanken oder Gefühle haben, die dieser Einstellung widersprechen, können Sie sich zurückpfeifen und sich daran erinnern:»Oh ja, ich wollte doch versuchen, Vertrauen zu zeigen.«

Außerdem geht aus allen Studien hervor, wie wichtig es ist, von etwas bewegt oder angezogen zu werden, was man spannend oder gar fesselnd findet. Es erfordert schon an sich eine besondere Kompetenz, inspirierende und faszinierende Dinge zu entdecken, über die man so gerne mehr erfahren möchte. Doch es ist möglich, solche Dinge zu finden, wenn man nur auf seinem Weg für neue Begegnungen immer offen bleibt. Hilfreich ist dabei, selbst ein Gespür dafür zu entwickeln, bei welchen Themen oder welchen Tätigkeiten man sich am wohlsten fühlt. Und auch das kann man lernen – durch den Aufbau von Selbsterkenntnis und ein aufmerksames und bewusstes Leben.

Es erfordert schon an sich eine besondere Kompetenz, inspirierende und faszinierende Dinge zu entdecken, über die man so gerne mehr erfahren möchte.

Fast alle in den Studien befragten Personen waren sehr zielstrebig darin, ihre Passionen auszuleben und ihre Berufung oder Mission zu verwirklichen. Beharrlichkeit ist eine wichtige Eigenschaft, ohne die nur wenige kreative Einfälle jemals in die Praxis umgesetzt würden. Doch ebenso wichtig ist auch die Eigenschaft, zu erkennen, wann man ein Ziel aufgeben sollte, eine Fähigkeit, die genaues Hinsehen erfordert und der Erfahrung bedarf. Angenommen, Ihr lang gehegter Wunsch besteht darin, ein Kinderbuch zu schreiben, doch die Arbeit daran fällt Ihnen schwer. Selbst nach mehreren Jahren haben Sie kaum etwas zu Papier gebracht. Dennoch haben Sie dazu viele Ideen, an denen Sie sich auch eifrig festklammern, denn Sie wissen, dass man an seinen Zielen festhalten soll. Keiner Ihrer Freunde bringt noch den Mut auf, Sie nach Ihren Fortschritten zu fragen, und mit der Zeit fühlen Sie sich immer unglücklicher.

In einer solchen Situation rate ich meinen Klienten grundsätzlich, ihr Ziel aufzugeben: Es ist erledigt. Sie können es lassen! Wenn sie das tun, merken sie schnell – manchmal geradezu physisch –, wie sich das anfühlt. Sind sie erleichtert, dass sie es los sind, war es die richtige Entscheidung. Manche meiner Klienten sehen mich so dankbar an, als hätte ich ihnen die Zustimmung gegeben, sich von einer schweren Last zu befreien. Hüpfenden Schrittes verlassen sie die Praxis und sind Wochen später noch immer froh. Doch wenn sich einer meiner Klienten nach einer solchen Entscheidung traurig fühlt, als hätte er etwas verloren, und bedauert, dass er sein Ziel nun niemals erreichen wird, dann war es die falsche Entscheidung. In diesem Fall beäugt er mich womöglich misstrauisch, als wüsste ich sein Talent nicht zu schätzen und als hätte ich ihm etwas sehr Schönes genommen. Wenn er sich so fühlt, sollte er sich selbst noch eine Chance geben und herausfinden, was ihn immer wieder blockiert.

SICH SELBST VERDOPPELN

Ein weiteres spannendes Ergebnis der Studien sind die in den Persönlichkeiten kreativer Menschen verankerten Kontraste. Häufig scheitert man bei dem Versuch, eine Person zu charakterisieren, weil man erkennt, dass sie sich nicht so eindeutig beschreiben lässt. Sie ist zu vielschichtig, zu komplex und zu vielgestaltig strukturiert, um sie einfach in eine bestimmte Schublade packen zu können. Wahrscheinlich handelt es sich dabei um einen kreativen Menschen, der viele Facetten seiner Per-

Die Vorstellung, man könnte sich selbst verdoppeln, indem man das Gegenteil einer gewohnten Eigenschaft entwickelt, ist ein spannender Gedanke, der es wert ist, einmal ausprobiert zu werden.

sönlichkeit verwirklicht hat. Die Vorstellung, man könnte sich selbst verdoppeln, indem man das Gegenteil einer gewohnten Eigenschaft entwickelt, ist ein spannender Gedanke, der es wert ist, einmal auszuprobieren zu werden. Denken Sie zum Beispiel an Eigenschaften wie sozial kompetent, engagiert und gesellig. Angenommen, Sie verfügen über diese Eigenschaften, haben manchmal jedoch auch das Bedürfnis allein zu sein, um ruhig nachzudenken, schöne Gedanken zu Papier zu bringen, zu musizieren oder einfach einen Tag in der Natur zu verbringen. Sie möchten beides, Sie sehen in sich sowohl einen sozialen Menschen als auch einen Solisten. Sie sind auch beides, denn Sie brauchen diese beiden Seiten, um sich wohlzufühlen.

Für viele ist es schwierig, eine Balance zwischen zwei so unterschiedlichen Bedürfnissen zu finden. Natürlich ist es für jeden angenehm, wenn zwischen den Wünschen nach Individualität und nach Verbundenheit ein Gleichgewicht besteht. Das scheint eine universelle menschliche Eigenschaft zu sein, und dennoch entscheidet sich mancher ganz für einen der beiden Pole.

Wenn Sie sich dafür entscheiden, immer unter Menschen zu sein und einer Gruppe anzugehören, werden Sie sich wahrscheinlich glücklich fühlen, denn schließlich ist das Zusammensein mit anderen Menschen die größte Quelle für Glück und Flow. Doch für kreative Inspiration ist es auch erforderlich, regelmäßig allein zu sein. Sie müssen es wagen, sich – im buchstäblichen wie im metaphorischen Sinne – allein auf den Weg zu machen, sich von anderen abzusetzen und die sichere und gesellige Gruppe, bei der Sie sich heimisch fühlen, verlassen. Den Mut und die Fähigkeit zu haben, alleine zu sein, ist wirklich eine Kunst: Aus unzähligen Autobiografien geht deutlich hervor, wie sehr Menschen damit gerungen haben. Aber wenn man nicht dazu fähig ist und ständig mit anderen in Kontakt ist (alles gemeinsam unternimmt, ständig mailt, telefoniert, twittert, alles teilt, miteinander bespricht und vergleicht), wird es schwierig, in den für den kreativen Prozess erforderlichen Flow zu kommen. Es wäre gut, hier eine Balance zu finden und ein Gefühl dafür zu entwickeln, wann man das Bedürfnis nach geselliger Lebendigkeit hat und wann man sich lieber in die Einsamkeit zurückzieht. Das sind Wünsche, die einfach nebeneinander bestehen und die beide zu Ihren charakteristischen Eigenschaften gehören können. Sie müssen sich nicht nur für einen der beiden Wünsche entscheiden. Wenn Sie sie gut integrieren können, dann haben Sie Ihr Verhaltensrepertoire und sich selbst verdoppelt und Ihre Möglichkeiten enorm erweitert.

Ein anderer Kontrast – und eine weitere Möglichkeit sich zu verdoppeln – bilden die sogenannten typisch männlichen und weiblichen Eigenschaften. Auch hier scheint es zunächst so, als müsse man sich für das eine oder andere entscheiden. Obwohl natürlich jeder beide Seiten besitzt. Jeder kann kraftvoll und zärtlich, fürsorglich und bestimmend, sensibel und forsch, rational und emotional sein, wenn es die Situation oder die Beziehung erfordert. Bin ich denn dann noch ich selbst? Oder gleiche ich schon einem Chamäleon, das mal diese, mal jene Farbe annimmt, könnte man sich fragen. Ich betrachte solche Aspekte eher als unterschiedliche Verhaltensformen und gehe davon aus, dass jeder Mensch ein sehr großes Potenzial davon in sich trägt und im Prinzip viele Rollen und Haltungen einnehmen kann. Man würde sich sicherlich sehr stark einschränken, wenn man sich selbst von vorneherein als emotional abhängig oder verletzbar betrachten würde und davon ausginge, dass daran eben nichts zu ändern sei. Wenn man lange so denkt oder sich über eine längere Zeit in einem Umfeld bewegt, in dem so über einen gedacht wird, beginnt man selbst daran zu glauben und entwickelt sich dann auch in diese Richtung.

Viele Menschen machen auch ihre Kindheit für bestimmte unerwünschte Eigenschaften verantwortlich: Die häusliche Atmosphäre, ihre Eltern, ihr Glauben oder bestimmte Erfahrungen seien daran schuld, dass sie so geworden sind, und daran ließe sich nun eben nichts mehr ändern. Einige versuchen, ihre Ängste oder Eigenheiten mit Erfahrungen aus einem früheren Leben zu erklären, in dem sie bedroht oder gefangen gehalten worden wären. Im ersten Fall handelt es sich oft um zutreffende Analysen, die von großer Einsicht in menschliche Interaktionen zeugen. Reinkarnationserfahrungen kann ich nicht beurteilen, aber sie scheinen sehr belastend zu sein und lassen sich kaum bearbeiten.

Wie dem auch sei, im Allgemeinen bin ich nicht dazu bereit, die Folgen negativer Erfahrungen als etwas Unabänderliches zu betrachten, mit dem man sich abfinden müsse. Natürlich sind Veränderungen hierbei nicht leicht, denn oft geht es um gravierende Einschränkungen oder familiär ererbte Belastungen, aber dennoch lasse ich nicht davon ab, immer an dem Glauben an die Möglichkeit von Veränderung und Wachstum festzuhalten.

Es kann eine große Herausforderung sein – ein Flow-Projekt! –, mit dem Gegensätzlichen zu einer gewohnten Verhaltensweise zu experimentieren. Versuchen Sie einmal herauszufinden, wie weit es Ihnen gelingt, sich die andere Seite Ihrer Persönlichkeit zu eigen zu machen. Wir haben schließlich alle eine linke und eine rechte Hirnhälfte und je mehr Verbindungen wir zwischen diesen beiden Seiten herstellen, desto mehr

Es kann eine große Herausforderung sein, mit dem Gegensätzlichen zu einer gewohnten Verhaltensweise zu experimentieren.

können wir aus dem machen, was bereits da ist, sich manchmal aber versteckt, und so zu einer vielfältigen und kreativen Persönlichkeit heranwachsen.

Ich denke noch mit Rührung (und Stolz!) an den Moment zurück, in dem mir eine meiner Klientinnen nach einer Jahre währenden Psychotherapie zum Abschied ein Geschenk überreichte. Es war eine Kristallform mit geschliffenen Flächen, die das einfallende Licht in viele verschiedene Farben brach. Sie schenkte sie mir, weil sie fand, dass in unseren Gesprächen ebenso viele Facetten von ihrer Persönlichkeit ans Licht gekommen seien und sie nun in allen Farben des Regenbogens leuchten könne. Es ist vielleicht schon fünfundzwanzig Jahre her, aber der kleine Kristall steht noch immer als Symbol für die vielen Möglichkeiten, die ein Mensch in sich trägt, auf meinem Schreibtisch.

5. Ein mäandernder oder ein authentischer Lebensweg

Zu den schönsten Seiten meines Berufes gehört es, dass meine Klienten mir so viele unterschiedliche Lebensgeschichten erzählen. Ich lese gerne Autobiografien und Interviews in Zeitschriften, aber eine Lebensgeschichte, die ich an einem gewöhnlichen Arbeitstag zu hören bekomme, finde ich meistens weitaus spannender. Das liegt mit daran, dass es sich um eine lebensechte Situation handelt, in der mir jemand persönlich gegenübersitzt und von seiner Geschichte ganz ergriffen ist. Ich nehme die Emotionen wahr, höre den Klang der Stimme, bemerke Zweifel, Zögern oder auch Stolz. Und ich spüre, ob die Geschichte authentisch ist oder beschönigt wird. In meiner fast dreißig Jahre währenden Praxis habe ich schon ziemlich viele Geschichten gehört. Ich betrachte es als Privileg, gewissermaßen in der ersten Reihe zu sitzen und von völlig Fremden auf diese Weise ins Vertrauen gezogen zu werden. Meine Klienten erzählen mir oft Geheimnisse, die sie noch nie jemandem erzählt haben. Als staatlich anerkannte Psychologin und Psychotherapeutin unterliege ich der Schweigepflicht, und das gibt ihnen das Gefühl der Sicherheit, das sie brauchen, um so ehrlich auf ihr Leben zurückzublicken. Denn das ist nicht immer leicht, vor allem wenn dieses Leben nicht so verlaufen ist, wie man es sich gewünscht hat, und man sich darüber klar wird, dass man andere Entscheidungen treffen soll oder vielmehr noch: hätte treffen sollen. Bevor ich als Therapeutin angefangen habe, mit dem Flow zu arbeiten, habe ich meine Klienten oft über Jahre begleitet und aus nächster Nähe gesehen, welche Konsequenzen ihre Entscheidungen auf ihren Beruf, ihre Beziehung oder ihr persönliches Wachstum hatten. Ich empfand oft Bewunderung für Klienten, die trotz mangelnder Bildung, vererbter Belastungen und inkompetenter Eltern noch viel aus ihrem Leben machten. Mit

Lage, sich für etwas zu entscheiden. Sie bemühen sich zwar, aber aus irgendeinem Grund gelingt es ihnen nicht. Zum einen liegt das an ihrer Angst zu scheitern und zum anderen an ihrem Wunsch nichts zu verpassen. Je älter sie werden und je mehr Umwege sie gemacht haben, desto mehr verstärkt sich ihre Unsicherheit und manchmal stehen sie – abgekämpft und tief enttäuscht – kurz davor sich ganz aufzugeben. Mein Rat für sie besteht darin, wieder eine Verbindung zu ihrem eigenen Kern zu suchen und mit Fragen wie »Was fand ich immer schon schön und was habe ich immer schon genossen?« auf die Suche nach ihren ursprünglichen Zielen zu gehen. Auch wenn sie gerne der Illusion anhängen, dass das Beste noch kommen würde, lohnt es sich doch eher, einmal getroffene Entscheidungen wertzuschätzen und dazu zu stehen. Denn selbst für eine vielseitige Person mit zahlreichen Interessen ist es wichtig, sich für etwas Adäquates zu entscheiden, sich darauf zu fokussieren und all seine Energie dafür zu investieren.

Der zweite Lebensweg ist *der schmale gerade Weg* von Menschen, die ein vorhersehbares Leben in einer sicheren und fast risikolosen Komfortzone führen. Andere Möglichkeiten werden von ihnen missachtet und so bleibt für sie jahrelang alles beim Alten. Auch diese Menschen sind nicht besonders zufrieden und erfahren wenig innere Befriedigung. Sie haben selten Freude am Leben und entwickeln sich persönlich wenig weiter. Mein Rat an Menschen mit diesem Profil besteht darin, sich regelmäßig aufrichtig zu fragen, ob das Leben ihnen noch das bietet, was sie suchen, ob sie sich noch für die richtigen Dinge engagieren und ob es nicht doch Möglichkeiten gäbe, die ihnen näherlägen.

Solchen Menschen begegne ich in meiner Praxis nicht so oft, eigentlich nur, wenn sie – zum Beispiel durch eine plötzliche Kündigung oder die Untreue ihres Partners – in eine Krise geraten und unter einer Depression oder psychosomatischen Beschwerden leiden. Ihr Wunsch besteht dann meistens eher darin, möglichst schnell wieder den Status quo herzustellen, und nicht so sehr darin, herauszufinden, wodurch ihre Probleme eigentlich entstanden sind. Je nachdem, wie viel Mut zur Selbsterforschung sie aufbringen und wie viel Ehrlichkeit, zuzugeben, dass ihre größte Triebfeder ihre Angst ist, ziehen sie dennoch auch vorsichtige Veränderungen in Erwägung. Weil es dabei oft um eine Grundhaltung, also Persönlichkeitsmerkmale geht, sind die Veränderungen allerdings meistens bescheidener Natur, doch immerhin gerät ihr Leben etwas in Bewegung. Und das kann vielleicht wieder zu mehr Zufriedenheit oder gar Glück führen.

Der dritte Lebensweg ist *der Weg nach unten*. Menschen mit einem solchen Lebensweg beginnen – wie die Menschen auf dem mäandernden Weg – mit großen Potenzial, einer positiven Einstellung und viel Energie, aber irgendwann schlägt das alles ins Gegenteil um. Durch eine Reihe falscher Entscheidungen in ihrer Jugend oder durch ein schreckliches Erlebnis (ein Unglück, Diskriminierung oder den Tod eines geliebten Menschen) werden sie aus der Bahn geworfen und dadurch sehr vorsichtig. Ihr Integritätsgefühl ist verletzt und ihnen fehlen die Kraft und die inneren Ressourcen, sich davon zu erholen. Manchmal scheinen auch Loyalitätsgefühle ihre weitere Entwicklung und ihren Erfolg zu verhindern und so bleiben sie in einer negativen, zuweilen sogar destruktiven Einstellung befangen. Weil sie keine Möglichkeit finden, mit ihrer Enttäuschung umzugehen und es ihnen nicht gelingt ihre Träume zu verwirklichen, fühlen sie sich unglücklich und in zunehmendem Maße mit ihrem Leben unzufrieden. Ihnen rate ich oft zu einer Psychotherapie, die das Ziel haben sollte, ihre ursprünglichen Erwartungen zu erkunden, ihre persönlichen Qualitäten wieder schätzen zu lernen und sich wieder positiven Möglichkeiten zu öffnen.

Zu dieser Gruppe gehören auch Menschen, die äußerlich gesehen durchaus erfolgreich sind, sich innerlich aber nicht so fühlen, weil sie von ihren grundlegenden Werten abgekommen sind. Auch bei ihnen geht es um die Verletzung ihrer persönlichen Integrität, weil sie nicht mehr nach ihren eigenen Werten leben. Wie die zuvor bereits erwähnten Manager, die am Ende ihrer erfolgreichen Karriere bemerkten, dass sie ihre Leiter an die falsche Mauer gelehnt hatten. Sie waren zwar immer höher gestiegen, taten aber Dinge, die nicht zu ihnen passten und nicht ihrem Wertesystem entsprachen. Selbst wenn sie diese Entdeckung schon frühzeitig in ihrem Leben machen, sehen sie zuweilen keine andere Möglichkeit, als einfach weiterzumachen. Auch sie fühlen sich unglücklich und schauen auf ein Leben zurück, das sich für sie wie ein Misserfolg anfühlt.

Aus meiner eigenen Praxis kenne ich eine Reihe von Ärzten – medizinische Spezialisten oder Hausärzte – die zu Beginn ihrer beruflichen Laufbahn die Motivation hatten, Menschen zu heilen. Aber sich Jahre später in einer unpersönlichen, geschäftsmäßigen Arbeitsatmosphäre wiederfinden, die von distanzierten oder verhassten Patientenkontakten und Verwaltungsproblemen geprägt wird. Auch sie haben viele Konzessionen gemacht und sind so immer weiter von ihren ursprünglichen Kernwerten abgekommen. Ihre persönliche Integrität und alles, für das sie einst standen, ist stark in Frage gestellt, und wenn dieser Prozess zu lange anhält, verlieren sie all ihre Energie, entwickeln ein Burnout-Syndrom oder brechen zusammen.

LEBENSWEGE INS GLÜCK

Der vierte Lebensweg ist *der Weg des Siegers*. Sieger haben eine positive Einstellung, treffen für sich adäquate Entscheidungen, stellen sich Herausforderungen und gehen jedes Mal gestärkt aus ihnen hervor. Nicht dass es ihnen immer glänzend gegangen wäre, auch sie hatten Tragödien in ihrem Leben, aber sie betrachten sie als überwindbare Rückschläge. Dafür greifen sie auf ihre inneren Ressourcen zurück, eine optimistische Haltung, Selbstvertrauen, Vertrauen in die Welt, Autonomie und innere Kraft. Diese Strategie, durch Schmerz und Traumata an Kraft zu gewinnen und gestärkt aus einer Krise hervorzugehen, bezeichnet man als »posttraumatisches Wachstum«.

Um sich in einer Krise zu schützen, greifen Sieger ziemlich oft auf den Mechanismus der Leugnung zurück, um den ersten Schmerz besser zu ertragen. In Zusammenhang mit der Studie bemerkten die Wissenschaftler, dass diese Menschen bei einem schwerwiegenden Verlust, wie dem Tod eines Kindes oder des Partners, die Erinnerung an den Verstorbenen in sich bewahren und wachhalten. Menschen auf diesem Weg sind zufrieden mit sich und ihrem Leben.

Das gilt auch für diejenigen auf dem fünften Weg: *dem authentischen Weg*. Ihn gehen Menschen, die regelmäßig erkunden, ob ihr Leben noch in die richtige Richtung läuft. Sie spüren Quellen der Unzufriedenheit auf, greifen flexibel auf frühere Entscheidungen zurück, vergleichen Alternativen, arbeiten weiter an sich selbst und pflegen das Gefühl der inneren Authentizität.

Von allen Menschen auf den fünf Lebenswegen gelingt es ihnen am besten, ihr wirkliches Selbst zu entfalten und ihr gesamtes Potenzial zu realisieren. Sie bleiben auch dann offen für neue Entwicklungsmöglichkeiten, wenn sie nicht durch eine Krise oder Depression dazu gezwungen sind. So bleiben sie in Bewegung und kommen Csikszentmihalyis T-Person und dem selbstaktualisierenden Individuum von Maslow am nächsten. Sie erreichen einen hohen Grad an Zufriedenheit, obwohl sie ebenso wie andere in ihrem Leben ein Quantum Leid erfahren haben. Weil sie ganz bei sich selbst bleiben, halten sie an ihrem eigenen Weg, ihren persönlichen Interessen, Werten und Passionen auch dann fest, wenn andere darin nichts Besonderes sehen. Sie nehmen sich selbst als kongruent und in Gleichklang mit ihrem Umfeld war. Da ihr Bedürfnis nach Komfort und Sicherheit gering ist, neigen sie eher dazu, nach außen zu gehen, um neue Dinge zu erforschen. Ihr Fokus ist eher auf das ausgerichtet, was sie schön finden und noch tun möchten, als darauf, was in der Vergangenheit schiefgegangen ist. Ihr Interesse an einer Balance zwischen Veränderung und Stabilität, zwischen einer aktiven und einer reflexiven Einstellung, ist für sie bezeichnend, daher achten sie immer darauf, dass dieses Gleichgewicht funktioniert. Sie setzen sich gerne für andere ein, weil sie ihrem Leben einen Sinn geben möchten. Sie möchten gerne etwas Bleibendes hinterlassen und haben oft eine Mission zu erfüllen. Außerdem ist es für sie charakteristisch, sich leicht mit Dingen abzufinden, die nicht machbar sind oder anders laufen, als sie es gerne hätten. Sie jagen nicht dem Unmöglichen nach und können ihre Wünsche gegebenenfalls aufgeben. Diese Kompetenz ist eine wichtige Form der Lebenskunst, denn man kann sich viele Ziele setzen, doch man sollte auch wissen, wann man seine Wünsche besser aufgibt und seine Ziele revidiert.

Es ist der Weg des Flow-Menschen, der das Leben in vollen Zügen lebt und sich dabei zufrieden und erfüllt fühlt. Vielleicht erkennen Sie in dieser Darstellung etwas von Ihrem eigenen Lebensweg wieder oder werden durch sie inspiriert, mehr Leben in Ihr eigenes Leben zu bringen.

6. Ihr eigener Flow-Weg

Wenn Sie dieses Buch aufmerksam gelesen und wirklich über die zahlreichen Fragen nachgedacht haben, die Ihnen dabei gestellt wurden, haben Sie dabei sicherlich eine Menge über sich selbst erfahren. Sie wissen, was Sie in den Flow bringt, kennen Ihre Werte, wissen, welche Qualitäten Sie auszeichnen, was Sie motiviert, was Sie sich wünschen, wofür Sie eine Passion haben und was Sie inspiriert. Dieses Wissen, das Sie nun gesammelt haben, können Sie auf Ihrer weiteren Entdeckungsreise gut gebrauchen.

Inzwischen haben Sie sich selbst zugestanden, das Leben zu führen, das Sie sich wünschen, und vertrauen darauf, damit Ihre Möglichkeiten am besten ausschöpfen zu können. Sie achten aufmerksam auf Hinweise und Helfer auf Ihrem Weg und spüren an körperlichen Signalen, ob Sie noch auf dem rechten Pfad sind. Sie erkennen Ihre wiederkehrenden Fallstricke und Muster und haben eine Möglichkeit gefunden, damit umzugehen. Mit Hilfe des Lebenskreises stehen Ihnen Ihre Ziele, die Sie für realisierbar halten, klar formuliert und deutlich vor Augen. Sie haben eine Vision, auf die Sie zusteuern, und wenn Sie Ihre Augen schließen, sehen Sie alles schon vor sich. Nach und nach wagen Sie sich, stärker darauf zu vertrauen, dass alles so läuft, wie Sie es sich erhoffen. Sie geben sich diesem Zutrauen hin und lassen sich vom Strom Ihrer Erfahrungen mittragen.

In Ihrer Arbeit können Sie so sehr aufgehen, dass es fast an eine Berufung grenzt. Sie haben eine Vorstellung davon, worin Ihr Beitrag für diese Welt bestehen kann, auch wenn Sie das Wort Mission noch zu anmaßend finden. Sie haben einen guten Überblick über unterschiedliche Glücksvorstellungen und sind sich bewusst, dass Sie nichts geschenkt bekommen, sondern sich selbst dafür einsetzen müssen. Aber glücklicherweise wissen Sie, dass alles, was Sie dazu brauchen, in Ihnen selbst liegt. Sie müssen es nur wiederentdecken, zu neuem Leben entfachen und weiterentwickeln. Wenn Sie davon einmal überzeugt sind, machen Sie sich auf die Suche nach Strategien, die Ihnen dafür nützlich erscheinen. Langsam aber sicher verändert sich Ihre Einstellung zu sich und der Welt. Allmählich haben Sie ein wenig Ähnlichkeit mit einem Flow-Menschen. Es fällt Ihnen immer leichter, schöne und angenehme Dinge zu genießen. Sie betrachten es als Ihre Lebensaufgabe, dafür Sorge zu tragen, dass alle Ihre Entscheidungen im Einklang mit Ihnen stehen. Außerdem haben Sie sich dafür entschieden, jeden Tag einigen Ihrer Lieblingsaktivitäten nachzugehen.

Da jetzt alles so harmonisch verläuft, werden Sie innerlich ruhiger und merken, dass Sie häufiger im Flow sind. Sie entwickeln mehr von Ihren einzigartigen Qualitäten und fühlen sich energiegeladener und beweglicher. Manchmal haben Sie sogar eine außergewöhnliche Erfahrung, die Sie leicht aus dem Gleichgewicht bringt; irgendwann entdecken Sie Ihre Freude daran und lassen sich dadurch auch herausfordern. Sie sind neugierig auf neue Dinge und haben viele Ideen, die Sie selbst sehr kreativ finden. Ihre Motivationen sind deutlich, Ihre Entscheidungen klar und deren Resultate geben Ihnen ein gutes Gefühl. Und so werden Sie immer mehr zu einem Flow-Menschen.

Anderen fällt auf, dass Sie fröhlicher aussehen und sich in Ihrer Haut wohler fühlen, vor allem merken sie, dass es angenehmer ist, in Ihrer Nähe zu sein. Sie sind ein Mensch, der anderen Kraft gibt und sie froh macht. Sie fühlen sich immer stärker mit Ihren Mitmenschen verbunden und es tut Ihnen gut, mit anderen auf die gleichen Ziele hinzuarbeiten. Langsam werden Ihre Ziele Wirklichkeit und Sie suchen neue Chancen, die Ihnen Herausforderungen und Entfaltungsmöglichkeiten bieten.

Das ist das Idealbild des Prozesses, den Sie in diesem Buch kennengelernt haben und an den ich selbst fest glaube. Meine Arbeit mit der Flow-Theorie hat mich inzwischen davon überzeugt, dass dieser Prozess genau so verlaufen kann und es für Sie sehr lohnend sein kann, diesen Weg zu wählen. Für mich und die meisten meiner Klienten hat sich der Flow-Lebensweg als ein guter Weg erwiesen. Es ist ein authentischer Weg, weil er widerspiegelt, wofür Sie sich in Ihrem Leben einsetzen wollen und was Sie von dem Rüstzeug, das Sie mitbekommen haben, nutzen wollen. Allein Sie selbst entscheiden, in welche Richtung Sie gehen wollen, denn nur Sie selbst wissen, was für Sie das Beste ist.

DANKSAGUNG

Zunächst möchte ich meiner Familie für ihr Engagement für dieses Buch und das Lesen der ersten Fassung danken. Danke Elise, Daniël und Kees Tromp, Hendrikje Terstegge-Fase und Bram Moerland!

Meine Kinder Elise und Daniël haben einen Teil ihrer Weihnachtsferien geopfert, um das Manuskript kritisch durchzusehen, obwohl sie als Studenten lieber ganz andere Bücher gelesen hätten. Trotzdem hatten sie zahlreiche wertvolle Anmerkungen, ebenso wie Kees, der mich beim Schreiben immer ermutigte.

Ich danke meiner Mutter Hendrikje, die in jeder Hinsicht sehr positiv mitdenkt und für mich ein gutes Beispiel eines wahren Flow-Menschen ist. Auch Bram begleitet meine Gedanken schon seit Jahren sehr unterstützend. Unsere vielen Gespräche und unsere gemeinsam Kurse zu den Themen Flow und Gnostik haben mich sehr inspiriert.

Außerdem möchte ich mich bei meinen Klienten bedanken, die mich voller Vertrauen in ihr Leben ließen und mich so viel über die Funktionsweise und Möglichkeiten des Geistes gelehrt haben.

Darüber hinaus bin ich den Positiven Psychologen der ersten Stunde für ihre Pionierarbeit dankbar.

Und schließlich danke ich dem Verleger Maarten van Steenbergen vom Lannoo Verlag und den Lektoren Katelijne De Man und Timon Meynen für ihren Enthusiasmus, ihre hingebungsvolle Arbeit und ihre kreativen Ideen.

Anmerkungen

1   Leo Bormans: *Glück*, 2011.
2   Ruut Veenhoven in: Bormans: *Glück*, 2011, S. 338
3   Jan Auke Walburg: *Mentaal vermogen*, 2009.
4   Maxim Vengerov in: *NRC Handelsblad*, 12. Januar 2004.
5   Mihaly Csikszentmihalyi, Flow. Das Geheimnis des Glücks, 2001, S. 99
6   Mihaly Csikszentmihalyi: *Flow im Beruf*, 2004, S. 109.
7   Mihaly Csikszentmihalyi, *Flow im Beruf*, 2004, S. 50.
8   Mihaly Csikszentmihalyi: *Flow im Beruf*, 2004, S. 86.
9   Martin Seligman, *Der Glücks-Faktor*, 2005, S. 38.
10 Lewis Richmond: *Je levenswerk* [Dein Lebenswerk], 2005.
11 Gerben Westerhof und Ernst Bohlmeijer: *Psychologie van de levenskunst*, 2010.
12 Mihaly Csikszentmihalyi: *Flow im Beruf*, 2004, S. 204.
13 Debbie Ford: *Het beste jaar van je leven*, 2005, S. 125.
14 Danah Zohar und Ian Marshall: *SQ – Spirituelle Intelligenz*, 2000.
15 Margriet Sitskoorn: *Du willst es doch auch*, 2012, S. 114.
16 Mihaly Csikszentmihalyi, *Flow im Beruf*, 2004, S. 231.
17 Marc Gafni: *Soulprints*, 2001, S. 201.
18 Siehe www.authentic-happiness.org
19 Judith Orloff: *Positive Energie*. 2004, S. 190.
20 Jaap van Zweeden, Fernsehinterview in der Sendung *Zomergasten*, VPRO, August 2009.
21 Krzysztof Penderecki in: *NRC Handelsblad*, 4. Januar 2010.
22 Mihaly Csikszentmihalyi, *Kreativität*, 1997, S. 201.
23 Janet Bray Attwood und Chris Attwood: *Passion-Test*, 2007.
24 Jan Bommerez, *Minder moeten, meer flow*, 2007, S. 235.
25 Howard Cutler und Dalai Lama: *Glücksregeln für den Alltag*, 2004.
26 Sonja Lyubomirsky: *Glücklich sein*, 2008.
27 Julia Cameron: *Der Weg des Künstlers*, 2000.
28 Joseph Campbell: *Der Heros in tausend Gestalten*, 1978, S. 57.
29 Debbie Ford, *Het beste Jaar van je leven*, 2005, S. 172.
30 Tal Ben-Shahar: *Glücklicher*, 2007, S. 210.
31 Marianne Williamson: *Rückkehr zur Liebe*, 1993, S. 181.
32 Judith Sills: *The comfort trap, or what if you're riding a dead horse?*, 2005.
33 Mihaly Csikszentmihalyi: *Flow. Das Geheimnis des Glücks*, 1992, S. 274.
34 Carol Adrienne: Erkenntnis und Zufall, 2001. S. 247.
35 Suzanne C. Segerstrom, *Optimisten denken anders*, 2010, S. 27.
36 Marinus Knoope: *De Creatiespiraal*, 1998. S. 138–139.
37 Candace Pert: *Je Go(e)d voelen*, 2007, S. 218–219.
38 Jean Jenson: *Die Lust am Leben wiederentdecken*, 2003; Ingeborg Bosch: *Der Schlüssel zur inneren Heilung*, 2011.
39 Jeffrey Young, Janet Klosko & Marjorie Weishaar: *Schematherapie. Ein praxisorientiertes Handbuch*, 2005; Jeffrey Young und Janet Klosko: *Sein Leben neu erfinden*, 2006.
40 Don Richard Riso und Russ Hudson: *Die Weisheit des Enneagramms*, 2000.
41 Mihaly Csikszentmihalyi: *Lebe gut*, 1999, S. 178.
42 John Gray: *So bekommst du, was du willst, und willst, was du hast*. 2000.
43 Mihaly Csikszentmihalyi: *Flow. Das Geheimnis des Glücks*, 1992.
44 Victor Frankl: *... trotzdem Ja zum Leben sagen*, 1979, S. 126.
45 Candace Pert: *Je Go(e)d voelen*, 2007.
46 Debbie Ford: *Het beste jaar van je leben*, 2005.
47 Suzanne C. Segerstrom: *Optimisten denken anders*, 2010.

48 Jan Bommerez: *Minder moeten, meer flow*, 2007, S. 272.
49 Mihaly Csikszentmihalyi: *Kreativität*, 1997, S. 516.
50 Mihaly Cszikszentmihalyi: *Flow. Das Geheimnis des Glücks*, 1992, S. 283.
51 Sonja Lyubomirsky: *Glücklich sein*, 2008, S. 220.
52 Mihaly Csikszentmihalyi, *Flow im Beruf*, 2004, S. 209.
53 John Schuster: *Volg je roeping*, 2004, S. 17.
54 Mihaly Csikszentmihalyi, *Flow im Beruf*, 2004, S. 213.
55 Marc Gafni: *Soulprints*, 2001.
56 Martin Seligman: *Der Glücks-Faktor*, 2005.
57 Unter anderem von den Büchern von Marc Gafni, John Schuster, Jan Bommerez, Lenette Schuijt, Carol Adrienne und Marsha Sinetar.
58 Laurie Beth Jones: *Die Macht der Mission*, 2003, S. 16.
59 Jaap van Zweden in: *Zomergasten*, VPRO, August 2009.
60 Janet Bray Attwood und Chris Attwood: *Passion-Test*, 2007.
61 Mihaly Csikszentmihalyi: *Lebe gut!*, 1999, S. 107.
62 Mihaly Csikszentmihalyi: *Flow. Das Geheimnis des Glücks*, 1992, S. 199.
63 Marco Iacoboni: *Woher wissen wir, was andere denken und fühlen. Das Geheimnis der Spiegelneuronen*, 2011.
64 Richard Layard, *Die glückliche Gesellschaft*, 2005, S. 44.
65 Richard Layard: *Die glückliche Gesellschaft*, 2005, S. 61.
66 Tal Ben-Shahar: *Glücklicher. Lebensfreude, Vergnügen und Sinn finden.* 2007, S. 242.
67 Sonja Lyubomirsky: *Glücklich sein*, 2008.
68 Daniel Goleman: *Soziale Intelligenz*, 2006, S. 258, die folgende Zitate: S. 367 und 324.
69 Daniel Goleman: *EQ² – der Erfolgsquotient*, 2000, S. 70.
70 Martin Seligman: *Der Glücks-Faktor*, 2003, S. 182.
71 Julia Cameron: *Der Weg des Künstlers*, 2000, S. 106.
72 Barry Schwartz: *Anleitung zur Unzufriedenheit*, 2006, S. 117.
73 Irvin D. Yalom: *In die Sonne schauen*, 2010, S. 55.
74 Mihaly Csikszentmihalyi: *Kreativität*, 1997, S. 495.
75 Stephen Covey: *Der 8. Weg*, 2006, S. 81.
76 Debbie Ford: *Het beste jaar van je leven*, 2005, S. 97–102.
77 Lynda Field: *Weekend life coach*, 2004.
78 Barbara Frederickson: *Die Macht der positiven Gefühle*, 2011.
79 Antonio Damasio: *Der Spinoza-Effekt*, 2005, S. 104.
80 Piero Ferrucci: *Nur die Freundlichen überleben*, 2005.
81 Mihaly Csikszentmihalyi: *Flow. Das Geheimnis des Glücks*, 1992, S. 201.
82 Matthieu Ricard: *Glück*, 2009, S. 335.
83 David Servan-Schreiber: *Die neue Medizin der Emotionen*, 2006.
84 Jon Kabat-Zinn: *Gesund und stressfrei durch Meditation*, 2006.
85 Jon Kabat-Zinn: *Gesund und stressfrei durch Meditation*, 2006, S. 26–27.
86 Martin Seligman: *Der Glücks-Faktor*, 2003, S. 415–416.
87 Abraham Maslow: *Psychologie des Seins*, 1973, S. 115.
88 Abraham Maslow: *Psychologie des Seins*, 1973, S. 146.
89 John Welwood, *Psychotherapie & Buddhismus*, 2010.
90 Robert Abraham: *Het ontwikkelingsprofiel*, 1997.
91 Mihaly Csikszentmihalyi: *Kreativität*, 1997, S. 97.
92 Mihaly Csikszentmihalyi: *Flow im Beruf*, 2004.
93 Susan Krauss Whitbourne: *The search for fulfillment*, 2010.

Literaturliste

In den vergangenen Jahren habe ich mich von vielen Büchern über Flow, Glück, persönliche Entwicklung und Lebenskunst inspirieren lassen. Eine Reihe dieser inspirierenden, gut lesbaren Werke, die ich auch in meinen Kursen und Coachings verwende, möchte ich hier nennen. Ich bin überzeugt von der Methode der *Bibliotherapie* und glaube an die heilsame Wirkung des richtigen Buches zur richtigen Zeit.

CSIKSZENTMIHALYIS WERKE ZU FLOW UND GLÜCK

Csikszentmihalyi, Mihaly: *Flow. Das Geheimnis des Glücks.* Klett-Cotta, Stuttgart, 1992. (*Flow. The psychology of optimal experience.* HarperCollins, New York, 1990.)

Csikszentmihalyi, Mihaly: *Dem Sinn des Lebens eine Zukunft geben. Eine Psychologie für das 3. Jahrtausend.* Klett-Cotta, Stuttgart, 1995. (*The evolving self: a psychology for the third millennium.* HarperCollins, New York, 1993.)

Csikszentmihalyi, Mihaly: *Kreativität. Wie Sie das Ungewöhnliche schaffen und Ihre Grenzen überwinden.* Klett-Cotta, Stuttgart, 1997. (*Creativity. Flow and the psychology of discovery and invention.* HarperCollins, New York, 1996.)

Csikszentmihalyi, Mihaly: *Lebe gut. Wie Sie das Beste aus Ihrem Leben machen.* Klett-Cotta, Stuttgart, 1999. (*Finding flow. The psychology of engagement with everyday life.* Basic Books, New York, 1997.)

Csikszentmihalyi, Mihaly: *Flow im Beruf. Das Geheimnis des Glücks am Arbeitsplatz.* Klett-Cotta, München, 2004. (*Good business. Leadership, flow, and the making of meaning.* HarperCollins, New York, 2003.)

WERKE ANDERER AUTOREN ZUM THEMA FLOW UND GLÜCK

Ben-Shahar, Tal: *Glücklicher. Lebensfreude, Vergnügen und Sinn finden.* Riemann, München 2007.

Berg, Maarten C.: *Pluk het geluk.* Kosmos, Utrecht, 2003.

Bommerez, Jan: *Minder moeten, meer FLOW. Ontdek opnieuw de magie uit je kinderjaren.* Nieuwe Dimensies/Altamira-Becht, Haarlem, 2007.

Bormans, Leo: *Glück. The world book of happiness.* DuMont, Köln, 2011.

Fredrickson, Barbara L: *Die Macht der guten Gefühle. Wie eine positive Haltung Ihr Leben dauerhaft verändern kann.* Campus, Frankfurt am Main/New York 2011.

Heckman, Frank & Steven de Bie: *Reis van de held.* Bruna, Utrecht, 2004.

Hoggard, Liz: *How to be happy.* BBC Books, London, 2005.

Layard, Richard: *Die glückliche Gesellschaft. Kurswechsel für Politik und Wirtschaft.* Campus, Frankfurt am Main/NewYork, 2005.

Leimon, Averil & Gladeana McMahon: *Positive psychology for dummies.* Wiley, Chichester, 2009.

Lyubomirsky, Sonja: *Glücklich sein. Warum Sie es in der Hand haben, zufrieden zu leben.* Campus, Frankfurt am Main/New York, 2008.

Segerstrom, Suzanne C.: *Optimisten denken anders. Wie unsere Gedanken die Wirklichkeit erschaffen.* Huber, Bern, 2010.

Seligman, Martin E. P.: *Der Glücks-Faktor. Warum Optimisten länger leben.* Ehrenwirth, Bergisch Gladbach, 2003.

Walburg, Jan Auke: *Mentaal vermogen. Investeren in geluk.* Nieuw Amsterdam, Amsterdam, 2009.
Westerhof, Gerben & Ernst Bohlmeijer: *Psychologie van de levenskunst.* Boom, Amsterdam, 2010.
Whitbourne, Susan Krauss: *The search for fulfillment. Revolutionary new research that reveals the secret to long-term happiness.* Ballantine, New York, 2010.

BÜCHER ZUR PERSÖNLICHEN ENTWICKLUNG AUS PSYCHOLOGISCHER SICHT

Abraham, R. E.: *Het ontwikkelingsprofiel. Een psychodynamische diagnose van de persoonlijkheid.* Van Gorcum, Assen, 1997.
Bosch, Ingeborg: *Der Schlüssel zur inneren Heilung.* Ullstein, Berlin, 2011.
Bosch, Ingeborg: *Illusies. Over bevrijding uit de doolhof van onze emoties.* Veen, Amsterdam/Antwerpen, 2003.
Ekman, Paul: *Gefühle lesen. Wie Sie Emotionen richtig erkennen und richtig interpretieren.* Elsevier, München/Heidelberg, 2004.
Ferrucci, Piero: *Nur die Freundlichen überleben.* Allegria, Berlin, 2005.
Gendlin, Eugene: *Focusing.* Rowohlt, Reinbek bei Hamburg, 1998.
Gladwell, Malcolm: *Blink. Die Macht des Moments.* Piper, München/Zürich, 2007.
Goleman, Daniel: *Emotionale Intelligenz.* Deutscher Taschenbuch Verlag, München, 2007.
Goleman, Daniel: *EQ². Der Erfolgsquotient.* Deutscher Taschenbuch Verlag, München, 2000.
Goleman, Daniel: *Soziale Intelligenz. Wer auf andere zugehen kann, hat mehr vom Leben.* Droemer, München, 2006.
Jenson, Jean: *Die Lust am Leben wiederentdecken. Eine Selbsttherapie.* Beltz, Weinheim/Basel, 2003.
Maslow, Abraham H.: *Psychologie des Seins.* Kindler, München, 1973.
Maslow, Abraham H.: *Motivation und Persönlichkeit.* Walter, Olten, 1977.
Miller, Alice: *Das Drama des begabten Kindes und die Suche nach dem wahren Selbst.* Suhrkamp, Frankfurt am Main, 1979.
Peck, M. Scott: *Der wunderbare Weg.* Bertelsmann, München, 1986.
Riso, Don Richard & Russ Hudson: *Die Weisheit des Enneagramms.* Goldmann, München, 2000.
Servan-Schreiber, David: *Die neue Medizin der Emotionen.* Goldmann, München, 2006.
Schwartz, Barry: *Anleitung zur Unzufriedenheit. Warum weniger glücklicher macht.* Ullstein, Berlin, 2006.
Sills, Judith: *The comfort trap, or what if you're riding a dead horse?* Penguin, New York, 2005.
Williams, Mark, John Teasdale, Zindel Segal & Jon Kabat-Zinn: *Der achtsame Weg durch die Depression.* Arbor, Freiburg, 2009.
Williamson, Marianne: *Rückkehr zur Liebe.* Goldmann, München, 1993.
Wilson, Timothy: *Vreemden voor onszelf.* Contact, Amsterdam/Antwerpen, 2005.
Young, Jeffrey & Janet Klosko: *Sein Leben neu erfinden. Wie Sie Lebensfallen meistern.* Junfermann, Paderborn 2006.
Young Jeffrey, Janet Klosko & Marjorie Weishaar: *Schematherapie. Ein praxisorientiertes Handbuch.* Junfermann, Paderborn, 2005.
Zohar, Danah & Ian Marshall: *IQ? EQ? SQ? Spirituelle Intelligenz – das unentdeckte Kapital.* Kamphausen, Bielefeld, 2010.

WERKE ZUR NEUROPSYCHOLOGIE

Damasio, Antonio: *Descartes Irrtum. Fühlen, Denken und das menschliche Gehirn.* List, München, 1995.

Damasio, Antonio: *Der Spinoza-Effekt. Wie Gefühle unser Leben bestimmten.* List, Berlin, 2005.

Pert, Candace B: *Everything you need to know to feel Go(o)d.* Hay House, Carlsbad (CA), 2006.

Iacoboni, Marco: *Woher wissen wir, was andere denken und fühlen. Das Geheimnis der Spiegelneuronen.* Goldmann, München, 2011.

Sitskoorn, Margriet: *Du willst es doch auch. Warum uns das Gehirn sündigen lässt.* Lübbe, München, 2012.

WERKE ZUR PERSÖNLICHEN UND SPIRITUELLEN ENTWICKLUNG, MIT FRAGELISTEN UND ÜBUNGEN

Adrienne, Carol: *Erkenntnis und Zufall. Den Sinn des Lebens finden.* Heyne, München, 2001.

Beth Jones, Laurie: *Die Macht der Vision.* Universitas, München, 2003.

Bray Attwood, Janet & Chris Attwood: *Passion-Test. Entdecken Sie Ihre Leidenschaft.* Kamphausen, Bielefeld, .

Cameron, Julia: *Der Weg des Künstlers. Ein spiritueller Pfad zur Aktivierung unserer Kreativität.* Knaur, München, 2000.

Field, Lynda: *Der Weekend life coach. In 48 Stunden zu einem glücklichen Leben.* Mvg, Frankfurt am Main, 2004.

Ford, Debbie: *Das Geheimnis des Schattens.* Goldmann, München, 2003.

Ford, Debbie: *The best year of your life.* Harper, San Francisco, 2005.

Gafni, Marc: *Soulprints.* Simon & Schuster, New York, 2001.

Gray, John: *So bekommst du, was du willst, und willlst du, was du hast. Der praktische Wegweiser zum Erfolg.* Goldmann, München 2000.

Knoope, Marinus: *Die Kreationsspirale. Wie wir Wünsche Wirklichkeit werden lassen können.* Urachhaus, Stuttgart 2002.

McKenna, Paul: *Ein neues Leben in 7 Tagen.* Goldmann, München 2007.

Miedaner, Talane: *Coach dich selbst, sonst coacht dich keiner.* Mvg, Frankfurt am Main, 2002.

Orloff, Judith: *Positive Energie. Wie Sie Stress und Angst in Vitalität und Leben verwandeln.* Goldmann, München, 2004.

Orloff, Judith: *Emotional freedom.* Harmony, New York, 2009.

Schuijt, Lenette: *Praktijkboek De kracht van bezieling.* Asoka, Rotterdam, 2005.

Schuster, John P: *Answering your call. A guide for living your deepest purpose.* Berrett-Koehler, San Francisco, 2003.

Sinetar, Marsha: *Do what you love, the money will follow.* Random House, New York, 1987.

Tolle, Eckhart: *Jetzt! Die Kraft der Gegenwart.* Kamphausen, Bielefeld, 2000.

Zukav, Gary & Linda Francis: *The heart of the soul.* Simon & Schuster, New York, 2001.

WERKE ÜBER PERSÖNLICHES WACHSTUM UND EINE VERTIEFUNG IN DEN WEG DES BUDDHISMUS

Chödron, Pema: *When things fall apart*. Shambhala, Boston, 1997.

Howard Cutler & Dalai Lama: *Die Regeln des Glücks*. Lübbe, Bergisch Gladbach, 1999.

Dalai Lama & Howard Cutler: *Glücksregeln für den Alltag*. Herder, Freiburg, 2004.

Dalai Lama & Frédérique Hatier: *The spirit of peace*. Thorsons, London, 2002.

Kabat-Zinn, Jon: *Gesund und stressfrei durch Meditation. Das große Buch der Selbstheilung*. Fischer, Frankfurt am Main, 2006.

Kornfield, Jack: *Nach der Erleuchtung Wäsche waschen und Kartoffeln schälen*. Goldmann, München, 2010.

Napthali, Sarah: *Der kleine buddhistische Erziehungsratgeber*. Barth, Frankfurt am Main, 2006.

Ricard, Matthieu: *Glück*. Knaur, München, 2009.

Richmond, Lewis: *A whole life's work*. Atria, New York, 2004.

Mipham, Sakyong: *Den Alltag erleuchten. Die vier buddhistischen Königswege*. Deutscher Taschenbuch Verlag, München, 2007.

Trungpa, Chöyam: *Das Buch vom meditativen Leben*. Barth, München, 1986.

Welwood, John: *Psychotherapie & Buddhismus. Der Weg persönlicher und spiritueller Transformation*. Arbor, Freiburg, 2010.

ALLGEMEINE PHILOSOPHIE

Campbell, Joseph: *Der Heros in tausend Gestalten*. Suhrkamp, Frankfurt am Main, 1978.

Chopra, Deepak: *Die göttliche Kraft*. Lübbe, Bergisch Gladbach, 2000.

Frankl, Viktor E: *… trotzdem Ja zum Leben sagen. Ein Psychologe erlebt das Konzentrationslager*. Kösel, München, 1979

Moore, Thomas: *Seel-Sorge. Tiefe und Spiritualität im täglichen Leben finden*. Drœmer, München, 1993.

Yalom, Irvin D.: *In die Sonne schauen. Wie man die Angst vor dem Tod überwindet*. Btb, München, 2010.

Zohar, Danah & Ian Marshall: *SQ – Spirituelle Intelligenz*. Scherz, Bern/München/Wien, 2000.

WERKE ÜBER PRAKTISCHE ANWENDUNG IM WIRTSCHAFTS- UND FÜHRUNGSBEREICH

Covey, Stephen R.: *Die sieben Wege zur Effektivität*. Campus, Frankfurt am Main/New York, 1992.

Covey, Stephen R.: *Der 8. Weg. Mit Effektivität zu wahrer Größe*. Gabal, Offenbach, 2006.

Über die Autorin

Marlies Terstegge studierte Psychologie der Berufswahl an der Akademie *Mens en Arbeid* (Mensch und Arbeit) und klinische Psychologie an der staatlichen Universität Utrecht. Nach einigen Jahren als wissenschaftliche Mitarbeiterin an einem Forschungsinstitut durchlief sie eine psychotherapeutische Ausbildung, die sie als staatlich anerkannte Psychotherapeutin und Psychologin im Gesundheitsweisen abschloss. Sie arbeitete viele Jahre als klientenzentrierte Therapeutin, Beziehungs- und Familientherapeutin, Sexualwissenschaftlerin, Lehrtherapeutin und Supervisorin. Daneben war sie als Verhaltensforscherin an einem universitären Graduiertenkolleg tätig.

2005 Jahren gründete sie die therapeutische Praxis *Praktijk voor flow & inspiration* (Praxis für Flow & Inspiration), in der sie Kurse anbietet und Klienten auf ihrem Weg in ein glücklicheres Leben begleitet.

Marlies Terstegge wurde von der Humanistischen und Positiven Psychologie inspiriert, vor allem von dem Werk des geistigen Vaters des Flow-Konzepts: Mihaly Csikszentmihalyi

Ihr Interesse liegt vor allem auf der Funktionsweise des menschlichen Geistes und den Möglichkeiten, dieses geistige Potenzial zu entdecken und zu nutzen.

Sie betrachtet es als ihre Mission, psychologisches Wissen über Flow auf das tägliche Leben zu übertragen und so vielen zugänglich zu machen. Auf ihrer Website www.flowinjeleven.nl finden Sie weitere Informationen über ihre Arbeit.